ARBEITSBUCH
SCHULISCHE ERZIEHUNGSHILFE

ARBEITSBUCH
SCHULISCHE ERZIEHUNGSHILFE

herausgegeben von
Günther Opp

2003

VERLAG JULIUS KLINKHARDT • BAD HEILBRUNN/OBB.

Die Deutsche Bibliothek – CIP-Einheitsaufnahme

Ein Titelsatz für diese Publikation ist bei
der Deutschen Bibliothek
erhältlich.

2003.5.Khg. © by Julius Klinkhardt
Das Werk ist einschließlich aller seiner Teile urheberrechtlich geschützt.
Jede Verwertung außerhalb der engen Grenzen des Urheberrechtsgesetzes ist ohne
Zustimmung des Verlages unzulässig und strafbar. Das gilt insbesondere für
Vervielfältigungen, Übersetzungen, Mikroverfilmungen und die
Einspeicherung und Verarbeitung
in elektronischen Systemen.
Gesamtherstellung: WB-Druck, Rieden
Printed in Germany 2003.
Gedruckt auf chlorfrei gebleichtem alterungsbeständigem Papier
ISBN 3-7815-1267-3

Phantasiereise 9

Vorwort 11

1. Qualitätsstandards in der Schule zur Erziehungshilfe 17

   Ergebnisse der Schulqualitätsforschung im Überblick 18
         Zentrale Fragestellungen 19
   Schulkultur 25
   Schulqualität auf verschiedenen Ebenen der Schulorganisation 27
         Klassenebene 27
         Schulebene 29
   Zusammenfassung 33

   Fußnoten Kapitel 1 36
   Literatur Kapitel 1 40

2. Begriffliche Grundlagen 43

   Erscheinungsformen und Häufigkeiten von Gefühls- und
   Verhaltensstörungen 43
         Symptomatik und Prävalenz 44
   Erziehung und Erziehungsschwierigkeiten 46
         Erziehung als „Ortshandeln" 47
         Erziehung als pädagogischer Bezug 50
   Von den Schwierigkeiten der Begriffsbestimmung von Gefühls-
   und Verhaltensstörungen 54
   Migrantenkinder in der Schule zur Erziehungshilfe 56
   Abschließende Bemerkungen 61

   Fußnoten Kapitel 2 62
   Literatur Kapitel 2 63

3. Schule zur Erziehungshilfe als lernende Organisation 65

Flexible und interdisziplinäre Hilfen bei Gefühls-
und Verhaltensstörungen 65
    Die Bedeutung von Schulen zur Erziehungshilfe 66
    Schulentwicklung in Schulen zur Erziehungshilfe 67
Die lernende Schule 70
    Reflexive Erziehungshilfe 70
    Die Schule zur Erziehungshilfe als lernende Organisation 72
    Organisationsmerkmale 74
    Welche Fragen leiten sich aus diesen Zusammenhängen
    für eine Schule zur Erziehungshilfe ab? 74
    Lernebenen 76
Professionelle in der schulischen Erziehungshilfe 78
    Die Pädagoginnen und Pädagogen 78
    Das Team 82
    Die Teamleitung 88
    Umgang mit Konflikten 90
    Phasenmodell der Konfliktverarbeitung mit Hilfe
    von Moderation 95
Konzepte und Arbeitsprogramme in Schulen zur Erziehungshilfe ... 98
    Wie kann ein Arbeitsprogramm entwickelt werden? 101

Fußnoten Kapitel 3 106
Literatur Kapitel 3 107

4. Schule als fürsorgliche Gemeinschaft 109

Die Gestaltung der Schule zur Erziehungshilfe als Lebensraum ... 113
    Standort – Planung – Analyse 120
    Gestaltung von Ritualen und Höhepunkten des Schullebens ... 121
Schulinterne Kooperation 124
    Sozialarbeit in der Schule zur Erziehungshilfe 128
    Zusammenarbeit im Unterricht 131
    Zusammenarbeit bei schulinternen Aktivitäten 132
    Zusammenarbeit in individuellen Problemlagen
    und im Umfeld schulischer Konfliktsituationen 132
    Zusammenarbeit im außerschulischen Bereich 133
    Gestaltung der innerschulischen Kooperation 134
    Organisation der schulinternen Kooperation 137

Aktivitäten der Schülerinnen und Schüler 138

Fußnoten Kapitel 4 143
Literatur Kapitel 4 143

5. Arbeitsfelder in der schulischen Erziehungshilfe 145

    Diagnostik 145
    Erziehungsplanung 161
    Unterrichtsgestaltung 164
        Fragen zur Unterrichtsgestaltung 168
        Der andere Unterricht –
        Abkehr von traditionellen Unterrichtsformen? 171
        Leichter gesagt als getan –
        Hindernisse und Grenzen alternativen Unterrichtens 176
        Pädagogisch - therapeutische Arbeitsformen 178
        Pädagogische Maßnahmen an der Schule zur Erziehungshilfe 185
    Beratung 187
    Elternarbeit 193

    Fußnoten Kapitel 5 196
    Literatur Kapitel 5 197

6. Schule zur Erziehungshilfe
   als Kooperationspartner im Jugendhilfeverbund 201

    Kollegiale Zusammenarbeit mit integrativer Zielsetzung 202
    Kooperation im Jugendhilfeverbund 205
    Schule zur Erziehungshilfe im Erziehungshilfeverbund 208
    Perspektiven moderner Schulverwaltung: Die (teil)autonome Schule 211

    Fußnoten Kapitel 6 215

7. Realisierung und Evaluation eines Schulkonzeptes 217

    Schritte der Realisierung eines Arbeitsprogrammes 217
        Weniger ist oft mehr 218
        Vertrauen und Solidarität schaffen 218
        Bewährtes nicht vorschnell aufgeben
        bzw. Bewährtes berücksichtigen 218

Kleine Schritte gehen 218
Betroffene werden zu Akteurinnen und Akteuren 219
Aktivierung 219
Impulse und Unterstützung von außen holen 220
Methoden für die Prozessgestaltung entwickeln 220
Verlässliche Strukturen schaffen 220
Pädagoginnen und Pädagogen nicht überfordern 221
Evaluation als Instrument von professioneller Planung
und Entwicklung 222
Zum Begriff „Evaluation" 222
Schrittfolge im Evaluationsprozess 225
Zur internen Evaluation 226
Zur externen Evaluation 227
Nutzung von Ressourcen 228
Einnahmen und Ausgaben 228
Haushaltsspielräume 229
Mitteleinwerbung 229

Fußnoten Kapitel 7 231

Schlusswort 233

PHANTASIEREISE

Stellen Sie sich vor ...

... Da ist ein großes Haus mit vielen Räumen in einem großen Garten. Wir leben in diesem Haus, lieben und streiten, arbeiten, lernen und spielen, lachen und weinen, ärgern und versöhnen uns, sind wütend und reden auch sehr vernünftig miteinander.

Es ist kein gewöhnliches Haus. Die Vorübergehenden sehen und hören viele Menschen in den Zimmern und im Garten. Sie bleiben stehen, hören und schauen ein wenig genauer hin.

Was ist das für ein Haus? Wohnt hier eine Großfamilie oder eine Wohngemeinschaft? Ist es das Domizil einer Genossenschaft oder ein Jugendhaus? Dieses Haus ist von allem etwas und noch viel mehr.

Wir fühlen uns wohl in unserem Haus und sind stolz auf das, was wir zeigen können. Wir sind gern hier, aber wenn wir es neu bauen könnten, würden wir vieles ganz anders machen. Manchmal sitzen wir zusammen und stellen uns unser Traumhaus vor. Dabei merken wir, dass es in unseren Köpfen viele Varianten gibt.

Was wäre anders in unserem Haus? Wir reden viele Stunden ... Es gäbe so vieles zu tun. Wir halten inne und schauen uns an. Aber wir sind uns einig: Wir renovieren! Unser „altes" Haus soll neu werden. Nicht alles, nur das, was uns nicht mehr gefällt. Und das, was nicht richtig funktioniert, reparieren und erneuern wir. Eventuell bauen wir auch an.

Wenn wir dem Vermieter erzählen, was wir vorhaben, unterstützt er uns vielleicht. Und vielleicht packen auch die Nachbarn mit an.

Wo fangen wir an? Wir gehen gemeinsam durch unser Haus und schauen genau hin. Wir vergleichen es mit unseren Traumhäusern. Jeder hat eigene Ideen, Wünsche, auch Einwände ...

Dieses Buch ist nicht nur ein Buch, es ist vor allem ein Gedankenspiel. Wir spielen mit der Vorstellung, dass Schulentwicklung ähnlich umfangreich ist wie eine Hausrenovierung.

Das erste Kapitel stellt unsere Überlegungen dar, warum wir trotzdem diesen aufwändigen Weg gehen, obwohl wir wissen, wie viel Arbeit dies bedeutet.

Günther Opp und Ellen Wenzel legen die Grundsätze dar, die für unsere Entscheidung zur Renovierung unseres Hauses Ausschlag gebend sind.

Im zweiten Kapitel beschreiben Günther Opp und Nicola Unger die Bewohner dieses besonderen Hauses. Warum sind sie bei uns eingezogen? Welche Bedürfnisse und Wünsche hat jeder von ihnen und was erwarten sie?

Das dritte Kapitel behandelt die „Statik" des Hauses. Kirsten Puhr stellt die Fundamente sowie die Grund- und Ecksteine vor und skizziert einen Bauplan.

Im vierten Kapitel entwirft sie gemeinsam mit Günther Opp die Innenausstattung unseres Hauses. Wie sollen die Zimmer oder der Garten aussehen? Wir wissen nun, was wir wollen.

Das fünfte Kapitel diskutiert, wie wir dies umsetzen können. Ines Budnik, Michael Fingerle und Nicola Unger benennen die Aufgaben und beschreiben die Arbeitsschritte.

Im sechsten Kapitel treffen Wolfram Kulig und Günther Opp unsere Nachbarn. Sie können uns helfen und viel dazu beitragen, dass unser Vorhaben gelingt.

Die Pläne liegen auf dem Tisch. Am liebsten wollen jetzt alle gleich anfangen. Haben wir alles bedacht? Im siebten Kapitel zeigt Wolfram Kulig, was noch beachtet werden sollte und wo wir vielleicht finanzielle Unterstützung finden. Was hilft uns, das Ziel nicht aus dem Auge zu verlieren?

Wir laden Sie ein, uns bei der Planung unserer Hausrenovierung kritisch zu begleiten und hoffen, dass Sie dadurch Anregungen für die konzeptgeleitete Reflexion ihrer pädagogischen Alltagsprozesse finden. Da dieses Buch als Arbeitsprogramm konzipiert ist, werden Sie manche Inhalte mehrfach erwähnt finden – nicht zuletzt, damit Sie die einzelnen Bausteine auch getrennt voneinander nutzen können.

Jedes Buch hat eine eigene Geschichte. Im Falle dieses Buches ist es eine lange Geschichte mit vielen Beteiligten. Zunächst danken wir allen Lehrern und Schulleitern, die bereit waren, mit uns zu diskutieren, die uns Einblicke gaben in ihre Arbeit, die Erfolge und Nöte ihres Erziehungsalltages mit uns teilten. Das Kultusministerium des Landes Sachsen-Anhalt hat diese Arbeit durch die Finanzierung eines dreijährigen Forschungsprojektes (FKZ: 3137A/0089M) signifikant unterstützt. Kirsten Puhr hat sich auch in ihrer Funktion als Projektmitarbeiterin für dieses Buch weit mehr engagiert, als dies erwartet werden konnte. Ellen Wenzel und die beiden Grafiker Kirsten Hoppert und Steffen Kroll (Studio Vertijet, Halle) haben mit großem Engagement das Layout des Buches entwickelt. Frau Regina Schmitz hat mit der gewohnten Gründlichkeit und Umsicht dafür gesorgt, dass aus vielen Einzelteilen ein Gesamtmanuskript wurde. Allen Mitwirkenden an diesem Buch sei an dieser Stelle herzlich gedankt.

Vorwort

Kinder und Jugendliche mit Gefühls- und Verhaltensstörungen .... wer ist bereit oder immer noch bereit, mit dieser schwierigen Population zu arbeiten? Wer ist willens, auf sichtbare Erfolge seines Wirkens zumindest über längere Zeiträume zu verzichten? Wer hält den erbitterten Widerspruch, die Aggression und Destruktivität aus, mit der viele dieser Kinder gegen die Zumutungen ihrer Biographien und Lebenswelten protestieren? Wer setzt sich freiwillig mit den massiven Ängsten, der Trauer und dem inneren Rückzug von Kindern und Jugendlichen auseinander, die in Lebenswelten von Beziehungsabbrüchen, Diskontinuitäten, emotionalen und sozialen Zumutungen aufwachsen, denen Erwachsene nicht standhalten würden? Wer verfügt über die Kraft, die stetige Infragestellung seiner persönlichen Würde, physische Bedrohungen, manchmal beharrlichen Widerspruch oder eine fast systematische Verweigerung gegenüber seinen pädagogischen Intentionen und Maßnahmen auszuhalten?
Warum soll jemand einem Kind Schreiben und Lesen beibringen wollen, das im Grundschulalter einen Stift nicht richtig halten, sich nicht auf eine Aufgabe konzentrieren kann, Anweisungen nicht hört oder nicht befolgt, im Klassenzimmer herumläuft und die Mitschüler schlägt? Aus welchem Grund sollte sich ein Erwachsener mit Dennis auseinandersetzen, dessen Beobachtung innerhalb einer Unterrichtsstunde folgende Ereignisse auflistet:

8.05 Uhr	Dennis kommt verspätet in den Unterricht. Er zieht seinen Anorak auch nach mehrmaliger Aufforderung nicht aus und legt sich auf seine Bank.
8.10 Uhr	Dennis verweigert die Mitarbeit (Rechenübungen).
8.16 Uhr	Dennis beginnt einen Streit mit seinem Tischnachbar Tobias. Er schlägt Tobias.
8.24 Uhr	Dennis hat seinen Anorak ausgezogen. Er läuft durch die Klasse und stört die Mitschüler.
8.30 Uhr	Dennis sticht Tobias mit der Zirkelspitze in den Po.
8.32 Uhr	Dennis nimmt seine Rechensachen aus der Tasche und beginnt, unterstützt von der Lehrerin, zu arbeiten.
8.37 Uhr	Dennis steht auf und läuft durch die Klasse. Er streitet mit Veronika, die sich von ihm gestört fühlt. Im Verlauf dieser Auseinandersetzung nimmt er die Uhuflasche von Veronikas Arbeitstisch, drückt Klebstoff in ihr Haar und verreibt ihn mit der Hand.

Lehrerin oder Lehrer von Schülern mit Gefühls- und Verhaltensstörungen zu sein, ist zuerst ein Beruf wie jeder andere. Er dient wie alle Berufe zunächst der Existenzsicherung. Aber man kann den Lebensunterhalt auch anders sichern, ohne sich vergleichbaren persönlichen Herausforderungen und Zumutungen auszusetzen.

Es ist eine grundlegende ethische Entscheidung, die Menschen treffen, wenn sie sich entschließen, mit Kindern und Jugendlichen zu arbeiten, die unter Gefühls- und Verhaltensstörungen leiden. Dies ist nicht nur die Anerkennung eines grundsätzlichen Hilfeanspruches von Kindern, deren Erziehungsbedürfnisse in systematischer Weise vernachlässigt wurden und Kindern, die in unterschiedlichem Maße misshandelt, missbraucht und in ihrer menschlichen Würde missachtet wurden. Für die Erziehungsarbeit mit diesen Kindern braucht man fraglos eine gute Ausbildung, praktische Kompetenzen und theoretisches Wissen, durch das Praxis erst in den Stand gesetzt wird, die täglichen Erziehungsherausforderungen mit Erklärungsversuchen zu unterlegen, welche die Motivation für den nächsten Tag schaffen. Voraussetzung für diese Arbeit ist die Suche nach Verständniszugängen zu befremdlichem, aggressions- und angstauslösendem Verhalten. Dies setzt Theoriewissen voraus. Pädagogische Praxis ohne theoretische Unterfütterung ist blind gegenüber ihren eigenen Maßnahmen, den Folgeproblemen und den Möglichkeitshorizonten. Die Pädagogik bei Verhaltensstörungen ist in besonderer Weise auf die theoriegesättigte reflexive Auseinandersetzung mit ihrer Praxis angewiesen. Nur aus einer, wie auch immer konstruierten und immer wieder neu rekonstruierten Logik, die zwischen dem kindlichen Verhalten, pädagogischen Intentionen und dem pädagogischen Handeln hergestellt wird, entstehen die Chancendimensionen, welche die Erziehungsarbeit mit diesen Kindern braucht und aus denen Motivation und Kraft wachsen, um sich mit schwierigem Verhalten zu konfrontieren.

Die differenzierte Wahrnehmung der eigenen Emotionen und die Beobachtung der eigenen kognitiven Verarbeitungsstrategien und Muster ist dabei eine wesentliche Dimension professionellen Könnens in diesem Bereich.

All dies basiert auf der grundlegenden Bereitschaft, sich mit schwierigen Kindern auseinander setzen zu wollen. Niemand sollte deshalb gegen seinen Willen gezwungen werden oder sich gezwungen fühlen, in diesem Bereich der schulischen Erziehungshilfe zu arbeiten. Wir stellen immer wieder fest, dass Pädagogen und Pädagoginnen, aber auch Studenten und Studentinnen diese Bereitschaft zum Engagement im Arbeitsfeld der schulischen Erziehungshilfe mit Begeisterung und Tatkraft zeigen. Andererseits ist festzustellen, dass diese prinzipielle Bereitschaft hierzu rapide abnimmt, sobald die äußeren Umstände (materieller, personeller oder räumlicher Art) die Arbeit selbst negativ strukturieren, ja mitunter unmöglich machen. So zeigt sich ein widersprüchlicher Befund:

Es gibt keinen Mangel an genereller Bereitschaft zum Engagement in diesem Arbeitsfeld. Es fehlt auch überhaupt nicht an verstehender Solidarität mit dem Leiden und der Not dieser Kinder und Jugendlichen. Aber es mangelt in skandalöser Weise an der finanziellen und personellen Ressourcenunterfütterung, die diese herausfordernde Arbeit für ihren Erfolg voraussetzt und die ein Ausbrennen der Professionellen in Folge permanenter Überforderung verhindern kann. Das Praxisfeld der schulischen Erziehungshilfe muss angesichts seiner extremen Herausforderungen auch strukturelle Attraktivität für die Professionellen besitzen. Wer sich im Bereich der schulischen Erziehungshilfe engagiert, muss erwarten können, dass diese Arbeit Wertschätzung und Unterstützung findet. Die Professionellen müssen sich auf strukturelle Abstützung ihrer Arbeit durch notwendige Ressourcen und Chancen der professionellen Weiterentwicklung verlassen können, um den sich schnell verändernden pädagogischen Aufgabenstellungen und Erziehungsbedürfnissen der Schüler in diesem Arbeitsfeld gewachsen zu sein.

Woran es also tatsächlich mangelt im Feld der schulischen Erziehungshilfe, ist nicht die Bereitschaft, mit schwierigen Kindern zu arbeiten. Es ist vielmehr die fehlende gesellschaftliche Bereitschaft, die Erziehung von Kindern und Jugendlichen mit Gefühls- und Verhaltensstörungen als das Problem anzuerkennen, das es längst ist. Es fehlt die gesellschaftlich-politische Zustimmung, das Arbeitsfeld der schulischen Erziehungshilfe so auszustatten, dass die Professionellen erfolgreich und problemangemessen ihren Erziehungsauftrag verfolgen können. Es fehlt übrigens häufig auch an Schulverwaltungen, die den Mut haben, den Schulen die notwendige Flexibilität und Unterstützung bei der Bewältigung ihrer komplexen Erziehungsaufgaben zuzugestehen.

Die Zustände in der schulischen Erziehungshilfe sind einerseits charakterisiert durch eine grundsätzliche Leugnung der Devianz, mit denen die Schulen konfrontiert sind, und zwar sowohl im Sinne einer systematischen Unterschätzung der Zahl erziehungshilfebedürftiger Kinder, wie auch im Ausmaß des Hilfebedarfs dieser Schülerinnen und Schüler. Zum Zweiten sind die Arbeitsbedingungen in der schulischen Erziehungshilfe ein öffentlich negierter Skandal. Schulen zur Erziehungshilfe sind in aller Regel das letzte Rad am Wagen eines insgesamt hinsichtlich seiner sich ausweitenden Erziehungsaufgaben chronisch unterfinanzierten Erziehungssystems.

Die Alternative, vor der wir stehen, kann klar formuliert werden. Schulen zur Erziehungshilfe müssen entweder so finanziert und ausgestattet werden, dass sie ihrem Erziehungsauftrag gerecht werden können oder man soll sie ehrlicherweise abschaffen. Um es unmissverständlich zu sagen: nur die Aufgabe der Entsorgung von Schülern zu übernehmen, bei denen die Allgemeine Schule nicht mehr weiter weiß, ist nicht viel mehr als eine weitere Missachtung der Erziehungsrechte dieser Kinder. Die Schulen zur Erziehungshilfe und die Pädagogen an diesen Schulen kämpfen einen oft einsamen und verzweifelten Kampf, den sie im Rahmen ihrer strukturellen Vorgaben gar nicht gewinnen können.

Es reicht längst nicht mehr aus, die Klassengrößen zu reduzieren, ein paar Lehrer- oder Erzieherstunden zusätzlich an diese Schulen zu geben und Lehrer dort einzusetzen, die - soweit vorhanden - in dieser sonderpädagogischen Fachrichtung ausgebildet sind. Es geht um grundsätzliche strukturelle Fragen. Der auf sich allein gestellte Lehrer geht an diesen Schulen unter. ==Deshalb müssen sich Teams bilden,==

die sich im Erziehungsalltag gegenseitig stützen und die sich in der Reflexion ihrer Praxis (Supervision) gegenseitig anregen und professionell bereichern können. Diese Schulen müssen selbstverständlich interdisziplinär konzipiert sein. In den pädagogischen Teams sollen Lehrer, Erzieher und Sozialpädagogen arbeiten. Die Teams brauchen Zeit für Teambesprechungen, die Kooperation mit außerschulischen Einrichtungen und für die Elternarbeit. Schulen zur Erziehungshilfe brauchen auch therapeutisch ausgebildete Mitarbeiter unterschiedlicher Provenienz, die sie dauerhaft oder in Teilzeit beschäftigen und deren therapeutische Qualifizierung sie selbst entsprechend ihrer konzeptionellen Profilierung auswählen. Diese Schulen müssen auf Beratungsangebote von außen zurück greifen können, die sie in der inhaltlichen Schwerpunktsetzung selbst bestimmen.

Kontinuierliche Fortbildungsangebote sind die Grundlage der professionellen Weiterentwicklung der Mitarbeiter an diesen Schulen. Zu denken ist beispielsweise an universitäre Weiterqualifizierungskurse oder auch therapeutische Zusatzausbildungen, die durch die Schulbehörden finanziert werden, und auf welche die Mitarbeiter durch mehrjährige Tätigkeit in diesem Arbeitsfeld einen Anspruch erwerben können.

Schulen zur Erziehungshilfe brauchen nicht unbedingt einen Chemie- oder Physikraum, wenn dies nicht Teil ihrer inhaltlichen Schwerpunktsetzung ist. Aber natürlich brauchen sie räumliche Voraussetzungen für verschiedenste Sport- und Freizeitaktivitäten. Sie sind Orte, an denen sich Menschen wohl fühlen, arbeiten, spielen, kommunizieren und sich zurückziehen können. Die Einzelschulen sollten dazu Raumkonzepte entwickeln, die ihre spezifische Raumsituation berücksichtigen und nützen.

Gute Pädagogik wird durch Ressourcen unterschiedlichster Art gestützt. Sie sind aber auch die Voraussetzung dafür, dass sich Professionalität entwickeln und entfalten kann. Nur dadurch kann dieses Arbeitsfeld auch wieder die Attraktivität gewinnen, die notwendig ist, um qualifizierte Mitarbeiter zu finden. Es ist auch in pädagogischen Arbeitsfeldern niemandem zuzumuten, den eigenen Burnout zu programmieren. Das Arbeitsfeld der schulischen Erziehungshilfe muss deshalb erheblich attraktiver und auf professionelle Standards angehoben werden, die in anderen sozialen Arbeitsfeldern längst üblich sind.

Diese unabdingbaren Ressourcenvoraussetzungen schulischer Erziehungshilfe setzen die Schulen aber auch in die Pflicht, Standards und Zielsetzungen der eigenen Arbeit zu bestimmen, Arbeitskonzepte zu formulieren und die Ergebnisse der eigenen Arbeit systematisch zu evaluierten. Um es deutlich zu sagen: Es geht um beträchtliche Anstrengungen von Seiten des Staates und der Schulbehörden, die Schulen zur Erziehungshilfe so auszustatten, dass sie ihrem erheblich ausgeweiteten schulischen Erziehungsauftrag gerecht werden können. Es geht neben dieser Ressourcensicherung aber auch um erkennbare Anstrengungen von Seiten der Professionellen, primär hinsichtlich der Beschreibung ihrer Standards der Qualitätsentwicklung schulischer Erziehungshilfeangebote, ihrer Arbeitskonzepte sowie der Beschreibung ihrer Möglichkeitshorizonte und Grenzen.

Warum also soll ein Lehrer oder eine Lehrerin sich entscheiden, mit Kindern wie Dennis zu arbeiten? Kinder und Jugendliche mit Gefühls- und Verhaltensstörungen sind verletzte Kinder und haben einen Anspruch auf Hilfe. Sie sind originell in den Wegen und Umwegen ihrer Selbstbehauptung und Lebensmeisterung. Hinter den Schutzmauern der Aggression, der Abweisung und des sozialen Rückzugs suchen sie nach Trost, Anerkennung und nach Verständnis. Vor allem aber suchen sie nach Zuwendung und nach Menschen, die es mit ihnen ernst meinen, die sich ihnen in Konflikten und Auseinandersetzungen stellen, die ihnen als Beispiel dienen und helfen, neue Lebensperspektiven zu entwickeln. Es ist immer ein Stück pädagogischer Erfüllung, am Projekt der Lebensmeisterung dieser Kinder und Jugendlichen mitwirken zu dürfen. Die Konflikte und Auseinandersetzungen, die sich darum ranken, sind anstrengend und zehrend, aber sie steigern auch die eigene innere Komplexität der Professionellen und das Verständnis für die Vielschichtigkeiten der eigenen Person und anderer Menschen. Die Herausforderung der Erziehung dieser Kinder ist immer verbunden mit erheblichen Stresserfahrungen und emotionalen Belastungen. Aber es ist eine sinnvolle Aufgabe, welche die Anstrengung lohnt, Kindern und Jugendlichen, die auf der Verliererseite des Lebens stehen, dabei zu helfen, ihr Leben zu meistern, Kompetenzen zu entwickeln und Wissen zu erwerben, das ihnen Wege in eine erfolgreiche Zukunft eröffnet. Natürlich wird es Fälle geben, in denen dies nicht gelingt oder Fälle, bei denen die Erfolge zunächst unsichtbar bleiben. Aber selbst kleine Fortschritte sind eine wichtige Bestätigung der Arbeit von Professionellen, die sich für diese gefährdeten Kinder und Jugendlichen engagieren.

„ ...Im Laufe eines Lehrerlebens kommt da so einiges zusammen an Glücksmomenten... Und dann der letzte Schultag: die bestickte Tischdecke mit den passenden Kopfkissen aus der Türkei, die Halskette aus Mekka, ein goldener Ring, den mir Naza von ihrem selbst verdienten Geld als Zimmermädchen zum Abschluss schenkt. Auch ich bekomme ein Zeugnis: ‚...hält zu dir in guten und schlechten Tagen? ,...hat immer ein offenes Ohr? ,...gibt uns Halt?. Dazu einen großen Blumentopf.... Ich komme mir vor, wie die Goldmarie aus dem Märchen. Mein Herz läuft über vor Dankbarkeit, diese jungen Menschen auf dem Weg hinaus ins Leben ein Jahr lang begleitet zu haben...[Ich weiß,] dass positive Erfahrungen, ins Bewusstsein geholt und verankert, als Starkmacher in Krisensituationen spontan abgerufen werden können. Das funktioniert in Sekunden und ist eine Möglichkeit, direkt die ‚Batterie wieder aufzuladen?. Auf meinem Tisch liegt deshalb neben dem Glücksstein aus buntem Glas mal eine Muschel, mal eine Kastanie, die ich, wenn es ‚eng? wird in die Hand nehme, um dann automatisch tiefer durchzuatmen.... Wünschen würde ich mir aber für das ‚Hier und Jetzt? , dass uns Lehrern, den Wegbegleitern, die wir Impulse, Anregungen, Halt geben, trotz aller Belastungen der Blick für die alltäglichen kleinen und großen Freuden erhalten bleibt." [1]

Die Erziehung von Kindern mit Gefühls- und Verhaltensstörungen speist sich, wie jede Erziehung, aus der Hoffnung auf die Kraft dieser Kinder, ihre Lebensaufgabe zu meistern und optimistische verantwortungsvolle Erwachsene zu werden, die ihre Mitmenschen respektieren. Es wird Kinder geben, die an den Belastungen ihrer Biographie scheitern und es wird Jugendliche geben, die Jahre später und manchmal unerwartet ihr Leben in den Griff bekommen. Die Erziehung dieser Kinder und Jugendlichen ist eine herausfordernde und auch lohnende Aufgabe. Aber dazu muss sie in Arbeitsstrukturen eingebunden sein, die Erfolge, kollegiale Solidarität und professionelle Weiterentwicklung sicherstellen.

Wir hoffen, mit diesem Buch den Professionellen in diesem Arbeitsfeld eine Hilfe in die Hand zu geben, die Strukturen ihrer Arbeit zu reflektieren und in einem Sinne weiter zu entwickeln, der sie in ihrer Alltagspraxis stärkt.

---

1 Bittner, B.: Hält zu Dir in guten und schlechten Tagen. Lehrer sein heißt, den Kindern ein Begleiter sein – Von der Freude an einem missachteten Beruf. In: Süddeutsche Zeitung Nr. 92, 20./21. April 2002, S. VI

1. Qualitätsstandards in der Schule zur Erziehungshilfe

Mit der Schule ist niemand zufrieden. Schulen werden kritisiert. Lehrer werden kritisiert. Eltern werden kritisiert. Die „neuen Kinder" werden als unaufmerksam, unerzogen, ungezogen und undiszipliniert beschrieben.[1] In diesem Kritikspiel kann man die eigene Position dadurch verteidigen, dass man die jeweils andere Seite in ein kritisches Licht rückt. Dadurch wird die eigene Position bestätigt. Mit diesem Denk- und Argumentationsstil der Immunisierung gegenüber Kritik und einem wachsenden Gefühl permanenter Überforderung unter den Erziehern wird mühsam versucht, die eigene Handlungsfähigkeit aufrechtzuerhalten. Gleichzeitig verhindert dieser Kreislauf der Selbstrechtfertigung notwendige Entwicklungsprozesse. Die Brisanz dieser aktuellen pädagogischen Konfliktfelder wird durch die Erziehungsproblematik von Kindern mit Gefühls- und Verhaltensstörungen noch erheblich verschärft.

Die problematische Folge dieser Situation zeigt sich in einem gegenseitigen Verdacht und dem latenten Misstrauen, mit dem sich die unterschiedlichen Akteure in pädagogischen Handlungsfeldern begegnen. Die erziehliche Situation und die inhaltliche Beschäftigung mit dem Kind und seinen individuellen Erziehungsbedürfnissen wird überlagert von kommunikativen Blockaden, die Energien binden und letztlich vielfach zu Resignation unter den Professionellen führen.

Das Bewusstsein dieser alltäglichen Blockaden und Verbauungen von Möglichkeiten ist auf allen Seiten vorhanden und wird als leidvoll erlebt. Schwieriger ist die Antwort auf die Frage, wie diese Situation verändert werden kann. Der Fokus dieses Buches liegt dabei auf dem Arbeitsfeld der schulischen Erziehungshilfe. Der heute vielfältig diskutierte Begriff der Schulqualität bietet Ansatzpunkte für inhaltliche Neustrukturierungen dieser Problemsituation, die der Auftakt sind für Innovationen in der schulischen Praxis.

Qualität in der schulischen Erziehungshilfe wird im weiteren Argumentationsverlauf bestimmt als erlebte Qualität einer schulischen Alltagskultur, in der sich Schüler, Pädagogen und Eltern wahrgenommen, emotional aufgehoben und in ihren Sorgen, Problemen und Partizipationsrechten ernst genommen fühlen. Dabei geht es um Vorstellungen von Gerechtigkeit, Verlässlichkeit und einer einfühlenden *Fürsorge,* die sich ihrer Grenzen bewusst ist.[2]

Erlebte Schulqualität, im Sinne von Schulkultur, basiert auf professionellen Grundlagen, die durch eine seit vielen Jahren betriebene Schulqualitätsforschung bestimmt wurden und im vorliegenden Fragenzusammenhang auf ihre Bedeutung für die

schulische Erziehungshilfe befragt werden müssen. Professionalität in diesem Arbeitsfeld zeichnet sich aus durch:
- Reflexivität, die Auseinandersetzung mit dem eigenen professionellen Handeln und seinen erwarteten und unerwarteten Folgen,
- konzeptionelle Weiterentwicklung der eigenen Praxis und ihrer organisatorischen Rahmenbedingungen,
- Kooperationsbeziehungen innerhalb und außerhalb der Schule und die Vernetzung mit den Maßnahmenangeboten im Jugendhilfeverbund.

Eine Schule, die sich um die Einlösung dieser Ansprüche bemüht, wird im Folgenden als lernende Organisation beschrieben. Im Kern geht es dabei nicht nur um die Generierung neuer Ideen. Entscheidend ist die verantwortungsvolle Prüfung der Konsequenzen veränderter Praxis im Vorfeld ihrer Realisierung und mehr noch der Erfahrungsgewinn, der sich mit der Evaluation der Effekte veränderter Praxis verbindet (professionelle Reflexivität). Aber Vorsicht! Nicht alles muss geändert werden. Aber alles kann hinterfragt werden auf seine Funktionalität und Qualität. Die lernende Schule ist keine Schule, die alles verändern und neu entwickeln will und dabei versucht, Fehler zu vermeiden. In der lernenden Schule verstehen sich die Professionellen selbst als Lernende, die sich zugestehen, Fehler machen zu dürfen, gleichzeitig aber auch den Anspruch an sich stellen, aus Fehlern zu lernen. Eine lernende Schule ist eine Schule in Bewegung und gleichzeitig eine Schule, die sich ihrer gewachsenen funktionalen Routinen versichert.

Ergebnisse der Schulqualitätsforschung im Überblick

Wird die Schule den differenten biografischen und kulturellen Erfahrungen und Vorbildungen der Kinder und Jugendlichen gerecht? Können die herkömmlichen Formen der Unterrichtsgestaltung in diesem Sinne überhaupt alle Schülerinnen und Schüler einer Klasse erreichen? Reagiert die Didaktik auf neueste Erkenntnisse aus Lernpsychologie und Neurophysiologie? Welche Formen spezialisierter Förderung und Differenzierung bietet das aktuelle Schulsystem den Kindern, die zu beiden Seiten vom Durchschnitt abweichen?
Gleichsam im Zuge dieser Überlegungen schließt sich auf der anderen Seite eine weitere Fragestellung an: Mit welchen Aufgaben werden die Schulen konfrontiert? Wenn wir die Kinder-Generation betrachten, dann fallen nicht nur Unterschiede in Bezug auf Leistungsvermögen, familiäre Förderung der Potentiale, kulturspezifische Besonderheiten, wie Sprache o.ä. auf. Möglicherweise noch komplexer ist das, was mit Pluralisierung von Lebenslagen bezeichnet wird. Kaum eine Kindheitsbiografie ist mit der anderen vergleichbar.[3] Alleine die Unterschiede in Konstanz und Wechsel der Bezugspersonen, sprich der konkreten Gestaltung von Familie und Familienleben, konfrontieren die Schule als Einrichtung mit Erwartungen, die weit über eine reine Vermittlung von Bildungsinhalten hinaus gehen.[4]
In diesem Sinne wird die Diskussion um die Aufgaben von Schule nicht mehr nur

innerhalb der Fachwissenschaft geführt. Sie hat ihr Podium längst in den populärwissenschaftlichen Medien und somit 'im Munde der breiten Öffentlichkeit' gefunden.[5] Jeder kennt die Schule, hat die Schule besucht oder eigene Kinder in der Schule. In keinem professionellen Arbeitsfeld gibt es ein derart breites 'Expertentum'. Letzten Endes führt diese Entwicklung zu einer ernstzunehmenden Verunsicherung der Lehrkräfte.

Neben den erwähnten Zweifeln an der Effizienz von Schule wird auch gefragt, ob Schule nicht überhaupt krank macht.[6] Aus ihrer Organisationsstruktur heraus betreiben die Schulen Qualitätsentwicklung zunächst im Sinne quantitativer Expansion oder durch weitere Ausdifferenzierung des Schulsystems.[7] Schulqualität - dies hat die Schulqualitätsforschung umfangreich belegt - kann dabei nicht allein an der Höhe von Ressourcenzuweisungen, der Zahl der Lehrerstunden oder etwa dem Alter der Schulgebäude oder anderen materiell-strukturellen Indikatoren festgemacht werden. Dies kommt der restriktiven Finanzierung der Bildungssysteme entgegen, ist aber nicht ihre Begründung.

Die Diskussion um Schulqualität verfolgt als zentrale Fragestellungen:
- Ist Schule effizient (schulische Leistungsergebnisse)?
- Bereitet die Schule die Kinder auf das Leben in der modernen Gesellschaft vor?
- Welche Indikatoren bestimmen gute Schulqualität in der Einzelschule?
- Welche Charakteristika von Einzelschulen wirken entwicklungsgefährdend?
- Wie lässt sich Schulqualität erfassen?
- Wie lässt sich Schulqualität steigern?

Es gibt mehrere kritische Punkte in der Diskussion von Schulqualität:
Zunächst gibt es nur wenige Kriterien, mit denen Qualitätsstandards zahlenmäßig und objektiv erfasst werden können. Diese beziehen sich z.B. auf Schülerzahlen, Ausstattungsmerkmale, Ressourcen und enthalten lediglich Informationen über die äußeren Rahmenbedingungen der schulischen Arbeit, die zwar nicht unbedeutend, aber auch nicht maßgeblich für die Beurteilung schulischer Qualität zu sein scheinen.[8]

Ein weiteres Problem bei der Qualitätsprüfung ergibt sich für die Messsituation und das dafür einzusetzende Messinstrument. Qualität in der sozialen oder schulischen Arbeit kann nur von Experten dieses Faches definiert werden, und die besten Experten sind die jeweils Betroffenen selbst.[9] Damit markiert Speck die grundsätzliche Problematik einer Feststellung der Schulqualität von außen.

Darüber hinaus sind einzelne Schulen und Schulformen strukturell und inhaltlich so spezifisch lokal geprägt, dass ein direkter Vergleich fast nicht möglich ist. Ein Vergleich von Schulen, im Sinne von qualitätsbezogenen Rankingverfahren ist deshalb grundsätzlich in Frage zu stellen und geht am eigentlichen Anspruch von Schulqualität vorbei. Trotzdem gibt es umfassende Anstrengungen in einer auf (internationalen) Vergleich ausgelegten Schulforschung, von der Sonderschulen bislang ausgeschlossen sind.

Es liegt die Vermutung nahe, dass im Fall der Sonderschulen die erheblich gesteigerte Komplexität Schulforschung erschwert. In Anbetracht der Tatsache, dass zum anderen die Effizienz von Schulen besonders unter dem Fokus maximaler Schulleistungen beurteilt wird und der Bereich der Sonderschulen zum Zweiten in der Mittelzuweisung gesondert bedacht wird, scheint diese Vernachlässigung auf den ersten Blick verständlich. Überdies wird die Arbeit von Sonderschulen durch die Klassifizierung ihrer Klientel mit Verpflichtungen verbunden, die abhängig von der Behinderungsart mehr oder weniger von denen einer regulären Schule abzuweichen scheinen. Der hohe Ausdifferenzierungsgrad des Sonderschulsystem impliziert nach außen, dass qualitätssichernde spezifische Arbeitskonzepte und Schulprofile bereits existieren. Die Aura des Besonderen scheint Qualität zu garantieren.

Im Gesamtrahmen des Bildungssystems sind diese Setzungen kritisch zu hinterfragen. Die Frage nach der Qualität sonderpädagogischer Förderung im Schulsystem kann nicht aus der allgemeinen Diskussion um Schulqualität ausgeklammert werden:

Warum brauchen wir Schulqualitätsforschung im Bereich der Sonderschulen?

1. Die Ergebnisse der Schulqualitätsforschung zeigen die Notwendigkeit, auf die sich verändernden Lebens- und Problemkonstellationen kindlicher und jugendlicher Entwicklung aktiv zu reagieren.[10] Die in diesem Zusammenhang angesprochenen problematischen Randgruppenphänomene gelten ganz besonders für Kinder und Jugendliche, die aufgrund physischer, kognitiver oder sozialer Einschränkungen nicht in der Lage sind, im Rückgriff auf die ihnen zur Verfügung stehenden Ressourcen einen durchschnittlich erfolgreichen Lebensweg zu gestalten. In einer großen Zahl der Fälle zählen sie zur Gruppe derer, die im Altersvergleich am Weitesten vom Durchschnitt abweichen. Deshalb ist in der sonderpädagogischen Fachdiskussion das zunehmende Problem der Verarmung und die damit verbundene äußere und innere Segregation behinderter und von Behinderung bedrohter Kinder und Jugendlicher ein Brennpunktthema.[11] Insofern die Kinder und Jugendlichen mit besonderen problematischen Biografien Sonderschulen besuchen, bleiben die spezifischen Fragestellungen von Schulqualität und kindlichen Modernisierungsverlierern bisher verkürzt.

So vergibt sich die Schulqualitätsdiskussion gerade hier eine interessante Ressource. Schulen, die von Kindern besucht werden, die unter den gesellschaftlichen Modernisierungsprozessen besonders leiden, könnten natürlich besondere Qualitätsdimensionen entwickeln, die auch für andere Schulen interessant sind. Die Pädagogik wurde immer auch besonders von ihren Grenzfällen inspiriert, von Kindern, die sich den pädagogischen Intentionen verweigerten und sie kann auch in Zukunft aus der Erfahrung mit ihren größten Problemen Gewinn ziehen. Insofern ist es konsequent und sinnvoll, die Schulqualitätsdiskussion auf die schulische Erziehungshilfe auszuweiten. Was sich in diesem pädagogischen Arbeitsfeld als schulische Qualitätsdimensionen erweist, kann Anregungen auch für andere schulische Arbeitsfelder geben, sich von diesen aber auch selbst stimulieren lassen.

Der möglicherweise bestehende Eindruck, Kinder und Jugendliche mit sonderpädagogischem Förderbedarf würden überwiegend in den entsprechenden Sonderschulen unterrichtet, stimmt nicht mit den tatsächlichen Gegebenheiten überein. Die Dunkelziffer der Kinder, deren spezieller Förderbedarf aus unterschiedlichen Gründen bislang nicht festgestellt wurde, ist signifikant. Hier sei insbesondere an *die* Kinder gedacht, deren sonderpädagogischer Bedarf erst mit dem Eintritt in die Schule relevant wird (Verhaltens-, Lern- und Sprachprobleme). Mitunter bedeutet das, dass die Grundschule an dieser Stelle auf Kompetenzen aus der sonderpädagogischen Förderung zurückgreifen muss.[12] Deutlich wird dieses Phänomen im Bezug auf Kinder und Jugendliche mit besonderem Erziehungsbedarf. Die Zahl der Kinder, die unter psychischen Störungen und Auffälligkeiten unterschiedlichen Schweregrades leiden, wird im internationalen Rahmen auf ca. 15-20 % geschätzt. Das bestätigt die deutschen Forschungsergebnisse.[13] Im Vergleich dazu besuchen ca. 4 % der Schülerinnen und Schüler in Deutschland eine Sonderschule und auch nur ein Teil davon eine Schule zur Erziehungshilfe.[14]

Die Gestaltung schulischer und unterrichtlicher Prozesse an den Regelschulen muss sich zunehmend auf ihre Wirkungen für Kinder und Jugendliche mit besonderen Verhaltens- und Lernproblemen.[15] konzentrieren.

Schulische Lehr- und Lernprozesse, die förderpädagogische Schwerpunkte in ihr Aufgabenfeld einbeziehen, sind für diese Kinder entwicklungsentscheidend. Das bedeutet, dass sonderpädagogische Fragestellungen nicht alleiniges Problem sonderpädagogischer Einrichtungen sind, sondern eine Herausforderung an das gesamte Schulsystem darstellen, welcher allein mit der Einrichtung eines Dualismus zweier getrennter Schulsysteme nicht mehr zu begegnen ist.

Wenn die Schulqualitätsforschung behauptet, sich an den Erfahrungen der von Schule Betroffenen zu orientieren, dann darf sich die Diskussion nicht nur in die Richtung des maximal Möglichen im Sinne einer Elitebildung ausweiten. Vielmehr bedarf es der Ausrichtung an den Bedürfnissen der Bedürftigen.

2. Ein weiterer Aspekt findet sich in den seit Jahren unternommenen Anstrengungen, Kinder und Jugendliche aus einer segregierten Beschulung wieder in das reguläre Schulsystem zu integrieren.[16] Dies wirft aber die Frage auf, wie konsequent Themen der Schulentwicklung in der Spiegelung integrativer Zielsetzungen diskutiert und entschieden werden.

Die Ergebnisse der Schulforschung haben einen nicht unwesentlichen Einfluss auf Entscheidungen und Beschlüsse im Bereich der Bildungspolitik. Es drängt sich der Endruck auf, dass die Bemühungen im Themenfeld von Segregation und Integration förderungsbedürftiger Kinder und Jugendlicher zukünftig wenig Erfolg zeitigen werden, wenn das Verständnis von Schulqualität sich primär an maximalen Leistungserfolgen orientiert. Konsequente Bemühungen um die optimale Gestaltung von Schulen für alle Kinder - unabhängig vom Schultyp - sollten Forderungen zur Verbesserung des Schulklimas nicht allein im Sinne maximaler Schulleistungen instrumentalisieren. Vielmehr wäre es an der Zeit, die Ergebnisse der Schulqualitätsforschung zu nützen, um sonderpädagogische Schwerpunkte kooperativ und integrativ in die Arbeitsfelder des regulären Schulsystems einzubeziehen. Damit würde nicht nur die bessere Erfassung aller Kinder mit sonderpädagogischem Förderbedarf ermöglicht, sondern auch die Chance der schulischen Integration dieser Schüler verbessert. Im Kern geht es dabei um einen pädagogischen Umgang mit Leistungsvarianz und die breitere Berücksichtigung erziehlicher Dimensionen von Schulqualität.

3. Neben auffallenden Ungleichheiten im Lernvermögen der Schülerinnen und Schüler spielen Verhaltens- und Erziehungsprobleme in den Grund- und weiterführenden Schulen eine zunehmende Rolle.[17] Maßgebend ist dabei, dass die „Schulkultur" als determinierende Größe für das Gewaltvorkommen an einer Schule bestimmt wurde. Dagegen beeinflusst die Ballung von Kindern aus unteren Sozialschichten in einem Klassen- oder Schulverband das Ausmaß gewalttätigen Verhaltens an einer Schule negativ.[18]
Angesichts der Schülerpopulation an Schulen zur Erziehungshilfe stellt sich die Frage, welche Rolle Schulklima, Unterrichtsqualität und die Kompetenzen der Lehrkräfte in Arbeitsfeldern spielen, in denen sich Erziehungsprobleme häufen.
Die Schulforschung hat operationalisierbare Kriterien von Schulqualität vorgelegt.[19] Sie orientieren sich an einer relativ klar umrissenen Begriffsdefinition, die ausreichenden Interpretationsspielraum für die Einzelschule bereit hält. Dies entspricht der Erkenntnis, dass Qualitätsbestimmungen nur auf der Ebene der Einzelschule sinnvoll sind.[20] Trotz vergleichbarer struktureller und materieller Rahmenbedingungen weist die inhaltliche Gestaltung der schulischen Abläufe eine deutliche Varianz auf, so dass die Vorstellung einer globalen Qualitätsbeurteilung nach Schultypen (Hauptschule – Realschule – Gymnasium – Gesamtschule – Sonderschule...) aufgegeben wurde. Gute schulische Qualität wird dann angenommen, wenn es gelingt, die Interessen und Bedürfnisse aller am schulischen Ablauf Beteiligten weitestgehend zu berücksichtigen. Das heißt, auf der Ebene der Einzelschule wird hinterfragt, inwiefern bei der inhaltlichen und konzeptionellen Gestaltung der schulischen Prozesse
- die Bedürfnisse der Kinder und Jugendlichen,
- die Erwartungen der Eltern oder anderen Erziehungsberechtigten,
- die Interessen der Mitarbeiterinnen und Mitarbeiter,
- die Zielrichtungen des Trägers bzw. der finanzierenden Institutionen und
- die gesellschaftlichen Normen und Werte sowie der damit verbundene staatliche Bildungsauftrag berücksichtigt werden.[21]

Dabei soll kein verbindliches Qualitätskonzept formuliert werden. Im Sinne von Schulentwicklung sind Übereinkünfte nötig, die sich an den Bedürfnissen der verschiedenen Interessengruppen orientieren und die besondere Spezifik der Einzelschule sowie alle damit verbundenen strukturellen und materiellen Rahmenbedingungen berücksichtigen.

Im Feld der außerschulischen Erziehungshilfe haben sich vier Dimensionen etabliert, die als klassifizierende Kriterien zur Erfassung der Qualität sozialer Einrichtungen geeignet scheinen.[22] Es wird unterschieden in:

Welche Qualitätsdimensionen gibt es?

- Strukturqualität (strukturelle, personelle und materielle Rahmenbedingungen),
- Konzeptqualität (professionelles Selbstverständnis der Pädagoginnen und Pädagogen und die Art und Weise, wie diese sich mit ihren spezifischen Arbeitsergebnissen auseinander setzen, welche Ziele sie anstreben und welche Lösungen sie finden),
- Prozessqualität (die konkreten Abläufe und die Mitbestimmungsmöglichkeiten aller Beteiligten; Weiterbildungsangebote; Kooperationen nach innen und außen),
- Ergebnisqualität (Versuch der Rückführung von Arbeitsergebnissen auf die konzeptionellen Überlegungen. Ergebnisse, die sich in der Einschätzung aller Beteiligten als gelungene Erfahrung erweisen, gelten in der Evaluation als Grundlage für die weitere Entwicklung der gemeinsamen Praxis).[23]

Die Schulforschung stützt sich in der Erfassung der schulischen Situation überwiegend auf Befragungen der Schülerinnen und Schüler, des Lehrkörpers und anderer Mitarbeiter und im Einzelfall auch der Eltern. Dabei wurde deutlich, dass die oben angeführten Qualitätsdimensionen sich nicht ohne weiteres als Beurteilungsschema auf die schulische Arbeit übertragen lassen.[24] Im Arbeitsfeld der schulischen Einrichtungen gibt es eine enge Verzahnung der Elemente, die in Struktur-, Prozess-, Konzept- und Ergebnisqualität klassifiziert wurden. Eine solche Trennung in Qualitätsdimensionen ist in der Endkonsequenz bei der Gestaltung eines Erfassungsinstrumentes von Schulqualität nicht umsetzbar. Deshalb wurden in der Schulqualitätsforschung die einzelnen Aspekte zunächst mit Hilfe von Befragungen erhoben und im Anschluss daran zu Qualitätsdimensionen zusammengefasst.
Dazu gehören:
- die Rahmenbedingungen des schulischen Lebens, sowohl im Sinne der materiellen Ausstattung als auch in Bezug auf Aspekte, welche die Bewältigung des Schulbetriebes oder soziale Belastungen determinieren (z.B. Fluktuation der Lehrer, schwierige Schüler, konflikthafte Atmosphäre, Organisation des Schulbetriebes),
- die Partizipationsmöglichkeiten der Beteiligten (Lehrer im Verhältnis zu ihrem Schulleiter, Schüler innerhalb der Entscheidungen auf Schul- und Klassenebene),
- Merkmale des Umgangs untereinander (Lehrkräfte untereinander; Lehrkräfte im Umgang mit den Schülerinnen und Schülern; die Kinder und Jugendlichen untereinander; z.B. Höhe der Leistungs- und Disziplinforderungen, Maß der Schülerzentriertheit, Konsens im Kollegium, Resignation oder Wohlbefinden in der Schule),[25]
- Aspekte persönlichen Vertrauens, das Gefühl argumentativer Kontrolle, die Höhe des Anpassungsdrucks, das integrative Sozialklima und das Engagement der Lehrer aus der Sicht der Schülerinnen und Schüler
- Gelegenheiten, miteinander in Kontakt zu kommen, die im Begriff des Schul-

lebens ihre Entsprechung finden (wobei es nicht nur um die Reichhaltigkeit der Veranstaltungen geht, sondern hauptsächlich um das Maß der emotionalen Teilhabe aller Beteiligten),
- die Einstellungen der Eltern und ihre Zufriedenheit mit der Schule sowie
- die Leitungs- und Führungskompetenzen der Schulleitung.

In den Darstellungen der Erfassungsergebnisse[26] kristallisieren sich typische Problemkonstellationen heraus, die unabhängig von den einzelnen Schultypen auftreten. In diesem Sinne ergibt sich ein charakteristisches Bild von Schulen, die als problembelastet bezeichnet werden. In der Regel treten diese Belastungsfaktoren gehäuft auf, was die Vermutung zulässt, dass sie zirkulär-kausal wirken könnten.[27] Zu diesen Belastungsfaktoren gehören:
- ein organisatorisches Chaos,
- unterschiedliche Positionen, die zu Glaubenskriegen statt zu Konsenslösungen führen,
- erstarrte Verhältnisse durch administrative Überreglementierungen,
- Lehrkräfte, die resigniert und wenig engagiert sind und in ihrer Arbeit methodisch und didaktisch kaum variieren,
- eine hohe Fluktuation an Lehrkräften,
- ein Umgangston, insbesondere gegenüber Schülerinnen und Schülern, der von Ablehnung, Sarkasmus und Abwertung geprägt ist,
- Lehrkräfte, die keine Erfolgserwartungen an ihre Schülerinnen und Schüler haben,
- Einschüchterung der Schülerinnen und Schüler durch Leistungsüberforderung und restriktive Verhaltenskontrolle,
- eine deutliche Diskrepanz zwischen den schulischen Werten und den Erwartungen der Eltern,
- kaum Dialog zu potentiellen Partnern außerhalb der Schule,
- eine Grundeinstellung, die dazu führt, dass Feierlichkeiten und andere Anlässe eines reichhaltigen Schullebens als zusätzliche Last empfunden und deshalb lediglich abgehakt werden,
- die Betrachtung ungünstiger struktureller Rahmenbedingungen als unüberwindbare Hemmnisse,
- eine Schulleitung, die sich resigniert zurücknimmt oder in dienstlicher Machtüberschätzung jegliche Partizipationsmöglichkeiten der Lehrkräfte und Schüler einschränkt und neue Ideen überwiegend abblockt,
- Beziehungen der Lehrkräfte untereinander, die rein dienstlich sind und auch den Kindern und Jugendlichen gegenüber die Wahrung zurückweisender Distanz und keine gemeinsam geteilten Werte, Pläne und Ideen als Ziele der pädagogischen Arbeit, was sich auch beispielhaft in einer wenig ansprechenden Schulhausgestaltung niederschlägt.[28]

Ein zentraler Indikator für die Qualität einer Schule ist offensichtlich der Umgangston „zwischen Tür und Angel".[29] Im Umgangston, der an einer Schule gepflegt wird, drücken sich bestimmte Wertorientierungen, Einstellungen und Verhaltensweisen aus, welche die jeweilige Schule kennzeichnen.
Diese spezielle Charakteristik der Schule, die Symbolwelt ihrer Gemeinschaft, die in der Entwicklung ihrer Mitglieder, in ihrer Sprache, in der Praxis ihrer Lebensführung und in all dem zum Ausdruck kommt, was diese Gemeinschaft als zu ihr gehörig betrachtet – all dies wird mit dem Begriff „Schulkultur" bezeichnet.[30]
In der nachfolgenden Übersicht (Abb.1) wird der Begriff der Schulkultur nochmals differenziert betrachtet, an dieser Stelle unter dem besonderen Blickwinkel schulischer Erziehungshilfe.

Schulkultur

SCHULKLIMA

Merkmale der Interaktion und Verhältnisse auf Schulebene
Merkmale der Interaktion und Verhältnisse auf Klassenebene
Leitungsstil der Schulleitung
Gewaltfaktoren

PROFESSIONELLES LEHRERHANDELN

Methodenkompetenz
Förder- und Integrationskompetenz
Persönliche Lehrer-Schüler-Beziehung

SCHÜLERPARTIZIPATION

Mitwirkungsmöglichkeiten der Schüler auf Schulebene
Mitwirkungsmöglichkeiten der Schüler auf Klassenebene
Mitwirkungsmöglichkeiten der Schüler im Förderbereich

SCHULÖKOLOGIE

Räumliche Gestaltung
Außerunterrichtliche Angebote und Freizeit
Hort

KOOPERATION
Einbeziehung der Eltern
Öffnung der Schule
Kooperation im Jugendhilfeverbund

Abbildung Seite 25: Faktoren der Schulkultur[31]

Im Rahmen dieser Überlegungen ist die Vorstellung von einer Schulkultur zunächst ein theoretisches Konstrukt. Realität wird dieses Konstrukt, wenn es sich im Wohlbefinden der Schüler ausdrückt. Man hat deshalb Faktoren gebildet, die das Wohlbefinden der Schüler wieder geben. Zunächst ging es dabei um:
- Angst
- Belastung
- Selbstkonzept
- Soziale Integration
- Allgemeine Schulfreude.

Die Hypothese, dass es einen empirisch nachweisbaren Zusammenhang gibt zwischen Schulqualität und den Schülerbefindlichkeiten, konnte bestätigt werden.
Die Schulen, deren Schülerschaft ein größeres Wohlbefinden, durchschnittlich bessere Leistungen und ein tendenziell positives Selbstkonzept angegeben hatten, wurden bezüglich der Gestaltung ihrer Schulkultur getestet. Es wurde herausgestellt,
- welches Klima an diesen Schulen herrscht,
- welchem Professionsverständnis sich die Lehrkräfte verpflichtet fühlen,
- wie sehr Schülerinnen und Schüler an den unterrichtlichen Prozessen partizipieren können,
- welche äußeren Gestaltungsmerkmale die Schulen aufweisen,
- welche Führungsqualitäten die Schulleitung hat und
- wie sehr die Schulen Verbindung zu Partnern außerhalb suchen.[32]

Darüber hinaus wurde unter den Einzelkriterien der persönlichen Angaben ein eindeutiger Zusammenhang nachgewiesen. Im Detail bedeutet dies, dass an Schulen, deren Schülerschaft bessere Leistungen erbringt, allgemein auch eine größere Schulfreude besteht. Die Kinder und Jugendlichen sind überzeugt von ihren eigenen Fähigkeiten, sie haben ein allgemein positives Selbstbild, empfinden die schulischen Anforderungen nicht als Überbelastung und sich selbst insgesamt gut in die Klassen- oder Schulgemeinschaft integriert. Bedeutend ist auch, dass diese Kinder weniger unter Leistungs- oder Schulangst leiden.[33] Darüber hinaus leistet eine positive Schulkultur einen wichtigen Beitrag in der Prävention abweichenden Verhaltens insbesondere von Gewalt und Aggressivität.[34] Ein Klima, dass durch individualisierte Lehrer – Schüler – Beziehungen, unterstützende Beziehungen unter den Schülern und Zufriedenheit im Unterricht gekennzeichnet ist, bei dem die Kinder und Jugendlichen Autonomieräume erleben und Verantwortung tragen, fördert die Wirkung von persönlichen Erfolgserfahrungen.[35] Schülerzentriertheit und Lehrerfürsorglichkeit beeinflussen in empirisch nachweisbar hohem Maße die Unterrichtszufriedenheit, das Interesse am Unterricht und die Mitarbeitsbereitschaft der Schülerinnen und Schüler.[36] Ein gutes Unterrichtsklima fördert nicht nur die Kompetenzerwartungen der Kinder und führt zu einer positiven Entwicklung ihres Umgangs mit unterschiedlichen Anforderungssituationen. Für den Bereich der schulischen Erziehungshilfe muss als besonders bedeutsam erachtet werden, dass diese Form der Unterrichtsgestaltung und Klassenführung ausgeprägte Effekte für den Optimismus der Kinder hat.[37] Die subjektiv empfundene und zunehmend auch von außen signalisierte Perspektivlosigkeit und Resignation im Hinblick auf die Zukunft dieser jungen Menschen stellen ein ernsthaftes Problem dar, dessen ungünstiger Einfluss auf Schulmotivation und Anstrengungsbereitschaft zum Konflikt mit den Schülern führen kann. Um so mehr sind Schulen zur Erziehungshilfe dazu angehalten, durch die Gestaltung fürsorgender Beziehungsstrukturen zwischen Lehrkräften und Schülern und innerhalb der Klassen zum Aufbau optimistischer Erwartungen beizutragen.

Schulqualität auf verschiedenen Ebenen der Schulorganisation

Die unter der Übersicht zur Schulkultur aufgeführten Kriterien können auf zwei Betrachtungsebenen operationalisiert werden. Zum einen ist das die Art der Gestaltung klasseninterner Prozesse (Klassenebene), zum anderen das Gesamtbild der Schule (Schulebene).

Klassenebene

Auf Klassenebene lassen sich die Prozesse unter dem Fokus folgender thematischer Schwerpunkte beobachten und beurteilen.[38]
- Lerngemeinschaft
- Schülerzentriertheit
- Sozial- und Leistungsdruck
- Rivalität

Welche Kriterien von Schulqualität werden auf der Ebene von Klassen betrachtet?

Lerngemeinschaft
Unter Lerngemeinschaft wird das Ausmaß, in dem die Schülerinnen und Schüler untereinander zusammenhalten und Sympathie füreinander empfinden, verstanden. Neben diesem die Gemeinschaft charakterisierenden Aspekt gehört außerdem dazu, in welchem Maße die Kinder und Jugendlichen sich selbst als lernwillig und lerninteressiert beschreiben. In einer ausgeprägten und positiven Lerngemeinschaft
- bestehen emotional positive Beziehungen,
- herrscht eine am Lernen orientierte Grundhaltung,
- sind die Schülerinnen und Schüler mit der Schule insgesamt zufrieden,
- beteiligen sie sich am Unterricht und
- haben die Kinder und Jugendlichen im Sozialbereich ein positives Selbstkonzept.

Schülerzentriertheit
Schülerzentriertheit bezeichnet von den Lehrkräften ausgehende, fördernde und die Schülerinnen und Schüler in den Interaktionsprozess einbeziehende Unterrichtsstile sowie die Qualität der persönlichen und unterrichtlichen Kommunikation zwischen Schülerschaft und Lehrkräften.[39] Mit diesem Schwerpunkt werden mehrere Aspekte angesprochen.[40] Einmal das Ausmaß, in dem die Lehrkräfte um eine interessante, einprägsame und anschauliche Unterrichtsgestaltung bemüht sind, sowie inwieweit die Kinder zu aktiver und eigenständiger Mitarbeit am Unterricht aufgefordert sind und das Ausmaß, in dem sie sich an Entscheidungen beteiligen können. Zum Zweiten, in wieweit die Lehrkraft von ihr gesetzte Normen auch einfordert, wie sehr sie berechenbar und konsequent ist. Und Drittens Ausmaß und Häufigkeit, in denen sich die Lehrkräfte den Kindern persönlich zuwenden, in denen sie förderlich, sorgend, bemüht und nicht lenkend sind, in denen sie die sozialen Kompetenzen der Kinder stärken und an deren Entwicklung Anteil nehmen.[41] Wichtig ist in diesem Zusammenhang der Grad der Echtheit und Offenheit, mit der die Erwachsenen den Kindern und Jugendlichen begegnen.

Ein hohes Maß an Schülerzentriertheit
- charakterisiert eine lernförderliche Schulumwelt,
- kennzeichnet positive Beziehungen zwischen Lehrkräften und Schülerschaft, fördert die schulischen Leistungen,
- führt zu einem positiven Befinden in der Schule,
- zeigt sich in Unterrichtsformen, die nicht nur bloße Wissensvermittlung sind, sondern Aneignungs- und Verarbeitungsprozesse bei den Schülerinnen und Schülern anstreben,
- begünstigt eine intensive unterrichtliche Mitarbeit und ein insgesamt verstärktes Engagement am Unterricht,
- fördert die Selbstwirksamkeitserwartungen der Kinder und Jugendlichen und
- stellt ein ausgewogenes Verhältnis zwischen der Leistungsfähigkeit der Schülerinnen und Schüler und den unterrichtlichen Belastungen und Forderungen her.

Sozial- und Leistungsdruck
Dieser Schwerpunkt umfasst von den Lehrpersonen und dem Schulsystem ausgehende einschränkende, hemmende und belastende Faktoren und solche, die zur Realisierung institutioneller Erwartungen oder zur Durchsetzung persönlicher Interessen gegenüber den Schülerinnen und Schülern eingesetzt werden. Er kennzeichnet, auf welche Weise von den Kindern und Jugendlichen Anpassung und Unterordnung eingefordert werden und wie diese durch ein zu hohes Vermittlungstempo oder unangepasste Leistungsforderungen überlastet sind. Dazu gehören auch Bevorzugungen oder Benachteiligungen bei der Leistungsbeurteilung und häufige Konkurrenz stimulierende Vergleiche zwischen den Schülerinnen und Schülern. Es sind Aspekte, die einen negativen Einfluss auf die klimatischen Bedingungen in der Klasse haben und das Wohlbefinden der Schülerinnen und Schüler nachhaltig beeinträchtigen können.[42] Hierzu gehört beispielsweise:

- stark lenkendes und kontrollierendes, herabsetzendes und autoritäres Lehrerverhalten,
- schulische Belastungen im Sinne einer persönlichen Überforderung der Kinder, Komparation, d.h. Vergleich der Kinder und Jugendlichen untereinander insbesondere in der Feststellung und Bewertung ihrer Leistungen,
- ein zu schnelles Unterrichtstempo,
- wenig oder unzureichende Erklärungen durch die Lehrer,
- insgesamt kaum Differenzierung in den Leistungsanforderungen gegenüber einzelnen Schülerinnen und Schülern und
- Fragen der Gerechtigkeit (das heißt, ob Schülerinnen und Schüler sich sachlich und im Vergleich zu ihren Mitschülerinnen und Mitschülern gerecht und fair behandelt fühlen).

Ein hohes Maß an Sozial- und Leistungsdruck wirkt sich ungünstig auf das Leistungs- und Mitarbeitsverhalten der Kinder aus und ist die Ursache psychischer Belastungen wie Schulangst, Schulstress und psychovegetativer Beschwerden. Kinder und Jugendliche werden durch diese Art der Unterrichtsgestaltung und des Klassenklimas erheblich in Zufriedenheit und Wohlbefinden beeinträchtigt.[43]

Rivalität
Ähnlich der vorangegangenen Darlegungen handelt es sich auch hierbei um ein Kriterium mit eindeutig negativer Konnotation. Ein hohes Maß an Rivalität in einer Klasse zeigt sich an
- einem Streben nach individuellem Erfolg und Leistung zu Lasten der Mitschülerinnen und Mitschüler,
- konflikthaften und konkurrierenden Beziehungen unter den Schülerinnen und Schülern,
- absichtlicher Störung oder Hemmung von Fortgang und Ablauf der Unterrichtsprozesse.[44]

In Klassen, die von Rivalitäten und einer hohen Störneigung gekennzeichnet sind, bestehen häufig aversive Beziehungen. Die durchschnittliche Leistungsfähigkeit ist herab gesetzt, was auf eine das Lernen eher ablehnende Einstellung der Kinder und Jugendlichen zurückzuführen ist. Diese leiden stärker unter Stress und erleben sich insgesamt in ihrem Leistungskonzept und Selbstwertgefühl beeinträchtigt.[45]

Schulebene
Die folgenden thematischen Schwerpunkte kennzeichnen die Bedingungen und Prozesse auf der Ebene der gesamten Schule. Dazu gehören:
- Kontrolle und Konsequenz
- Fürsorge und Wärme
- Konfliktkonsens und Kooperation im Kollegium
- Schulleitung

Welche Qualitätskriterien werden auf der Ebene der Schulen betrachtet?

- Erziehungsplanung und therapeutische Arbeitsformen

Kontrolle und Konsequenz
Dieser Schwerpunkt bezeichnet die Klarheit der Regeln, die an einer Schule herrschen und das Gewicht, das auf ihre Einhaltung gelegt wird.[46] Darunter wird nicht ein einseitiges autoritäres Kontrollverhalten der Schule verstanden. Es geht vielmehr um die Notwendigkeit, den Kindern und Jugendlichen eindeutige Verhaltenserwartungen zu signalisieren und diese konsequent umzusetzen. In diesem Sinne werden bestimmte Formen des Umgangs als verbindliche Werte und Grundvoraussetzungen für eine gelingende Alltagsbewältigung betont. Nicht zuletzt können diese Regeln durch ihre Transparenz und allgemeine Verbindlichkeit zum Sicherheitsempfinden der Schülerinnen und Schüler beitragen.
Dagegen ist ein darüber hinaus gehendes hohes Maß an Strenge und Kontrolle mit einer stärkeren Belastungswahrnehmung durch die Schülerinnen und Schüler verbunden und hat insgesamt mehr negative Auswirkungen auf ihre Leistungen und ihr Selbstkonzept.[47] Ein ausgewogenes Verhältnis zwischen diktatorisch - beschränkender Strenge und unbeaufsichtigter Freizügigkeit kann dieses Problem mindern. Eder & Mayr bezeichnen dieses Balance-Verhalten mit „Monitoring" und verstehen darunter, die Kinder und Jugendlichen im Auge zu behalten, sozusagen immer mit einem Sinn bei ihnen zu sein, ohne ständig primär zu kontrollieren oder zu sanktionieren.[48] Damit sollen die Autonomiebestrebung der Schülerinnen und Schüler gefördert und diese zu Selbstständigkeit und Verantwortungsempfinden geführt werden.

Fürsorge und Wärme
Dieser Schwerpunkt soll Auskunft darüber geben,
- ob die Kinder ihre Schule insgesamt als unterstützend und fürsorglich erleben,
- welches Interaktionsverhalten sie bei den Lehrkräften allgemein wahrnehmen,
- ob sie sich respektvoll und wertschätzend behandelt fühlen.[49]

Ein solches Erleben steht in unmittelbarem Zusammenhang mit dem Wohlbefinden der Schülerinnen und Schüler und drückt am Ehesten aus, was im Schaubild zur Schulkultur unter Schulklima verstanden wird.[50] Fürsorgende Schulen haben einen günstigen Einfluss auf das schulische Engagement aller Beteiligten und fördern deren Identifikation mit der Einrichtung (siehe dazu auch das Kapitel 'Schule als fürsorgliche Gemeinschaft' in diesem Buch). Zu diesem Fürsorgempfinden gehört auch die Gestaltung eines reichhaltigen Schullebens, weil dadurch nicht nur zahlreiche Gelegenheiten zur Identifikation mit der Schule geschaffen werden. Diese Anlässe bieten den Lehrkräften Gelegenheit, mit Kindern und Jugendlichen in Kontakt zu treten, denen sie im schulischen Alltag sonst nicht beggegnen. Bei diesen gemeinsamen Erlebnissen kann eine allgemeine Vertrauensbasis wachsen, die das Maß an Anonymität an der Schule deutlich verringert.[51] Diese Anlässe ermöglichen es vor allem auch, persönliche Kontakte zu den Kindern und Jugendlichen aufzunehmen, mehr über ihre Interessen und Neigungen, ihr familiäres Umfeld zu erfahren, individuelle Probleme und Schwierigkeiten, aber vor allem auch Stärken und Kompetenzen zu entdecken.

Konfliktkonsens und Kooperation im Kollegium
Unter diesem Schwerpunkt versteht man alle Aspekte, die verdeutlichen, inwieweit innerhalb eines Kollegiums Einigkeit zu wichtigen Fragen der schulischen Alltagsbewältigung und der Schulentwicklung besteht.[52]
Dazu gehören
- das an der Schule herrschende Professionsverständnis, dem die Lehrkräfte und anderen Mitarbeiter sich verpflichtet fühlen,
- die Werte, Normen und Ziele, denen sich das Team der Schule verbunden und verpflichtet fühlt und
- das Maß an Übereinstimmung in erzieherischen Fragen.

Über diese Punkte muss im Kollegium weitestgehend Einigkeit bestehen, damit ein sich gegenseitig unterstützender Austausch durch Angehörige unterschiedlicher Fachrichtungen ermöglicht ist.[53] Diese Strukturen sind nicht nur wichtig, um Probleme des schulischen Alltags bewältigen zu können oder sich gegenseitig die Arbeit zu erleichtern. Für die Schülerinnen und Schüler ist es bedeutsam, ihre Schule als eine Gemeinschaft zu erleben, die ihre Mitglieder integriert und annimmt [54], in der Konsistenz und Verlässlichkeit bestehen, die für sie berechenbar sind.
Daneben ist ebenso bedeutsam, dass das Team einer Schule sich bewusst ist, dass eine optimale Erziehung, Unterrichtung und Förderung der Kinder und Jugendlichen maßgeblich von Fragen der Kooperation und des Einvernehmens abhängen.[55]
An Schulen mit einem geringen Konfliktkonsens und wenig Kooperation unter den Kolleginnen und Kollegen
- wird insgesamt eine hohe Arbeitsunzufriedenheit wahrgenommen,
- herrschen deutliche Aufspaltungs- und Distanzierungstendenzen,
- fühlen sich weder die einzelnen Mitarbeiterinnen und Mitarbeiter noch die Schulleitung oder die Kinder und Jugendlichen in eine Gemeinschaft integriert,
- bewahrt sich eine permanente Distanz,
- fehlt eine gemeinsam geteilte Verantwortung für die täglichen Prozesse oder gar für die weitere Entwicklung der Schule,
- erwächst Desinteresse aus Verantwortungslosigkeit,
- ist das Schulleben nicht besonders reichhaltig.

Fraktionierte Schulen haben häufig Probleme durch mangelnden Konsens in didaktisch-methodischen Fragen sowie bezüglich der unterrichtlichen und erziehlichen Ziele. Die Konflikthaftigkeit innerhalb des Kollegiums ist vielfach mit einer hohen Fluktuation der Lehrkräfte verbunden.[56] Bedeutsam ist auch, dass ein geringer Konsens in pädagogischen Fragen zu einer erhöhten Häufung von disziplinlosem

und deviantem Verhalten führt. An Schulen mit hohem Kooperationsgrad
- wird unter den Lehrkräften ein größeres Berufsengagement festgestellt,
- gibt es kaum Hinweise darauf, dass Probleme ignoriert oder geleugnet werde,
- ist man bemüht, problematische Situationen oder Entwicklungen gemeinsam zu bewältigen.

Eine Schule hat durchaus Erfolgschancen, „wenn sie sich als pädagogische Verantwortungsgemeinschaft versteht. Fehlt dieses Verständnis, dann brechen auch rasch chaotische Verhältnisse unter den Schülern aus." [57] Besonders in der anglo-amerikanischen Schulforschung wird deshalb dem Punkt der Übereinstimmung in erzieherischen Fragen eine zentrale Rolle bei der Gestaltung und Beurteilung guter Schulen eingeräumt.[58]

Schulleitung
Natürlich sind die Leitungen der Schulen in erster Linie auch Mitglieder des Lehrerkollegiums und des Teams der Schule und deshalb sowohl gedanklich als auch in der täglichen Praxis in alle Überlegungen und Aufgaben, die im Team gemeinsam gelöst werden, mit einbezogen.[59] Trotzdem bindet diese Funktion bei der Gestaltung der Schulkultur an eine besondere Rolle im Team.[60] Das Kollegium braucht eine tatkräftige Führungsperson,[61]
- die klare Vorstellungen von ihren Zielen besitzt,[62]
- die eine gute Übersicht über das schulische Geschehen hat,
- die ihr Kollegium unterstützt,
- die eine produktive Arbeitsatmosphäre schafft,
- die sich angesichts immer neuer Herausforderungen[63] nicht resigniert zurückzieht und
- die zuversichtlich gemeinsam mit dem Team nach Wegen sucht, welche innerhalb der schulischen Gesamtsituation umsetzbar sind.[64]

Im Rahmen von Schulentwicklungsbemühungen haben Schulleitungen bedeutende Funktionen, da sie nicht nur hauptsächlicher Koordinator und Manager der Arbeit des Teams sind, sondern darüber hinaus die Interessen des Kollegiums vor der Öffentlichkeit und dem Schulträger vertreten und verteidigen. Nicht selten hängt das Maß an Autonomie, das Schulen bei der Gestaltung ihres Profils gewährt wird, neben der Stichhaltigkeit des Konzeptes vom Verhandlungsgeschick ihrer Schulleitungen ab.[65]

Zusammenfassung

Die bis hierher diskutierten Kriterien ermöglichen es, ein relativ objektives Urteil über die Qualität von Schulen, im Besonderen auch von Schulen zur Erziehungshilfe zu geben. Für die Entwicklung und Gestaltung konkreter schulinterner Prozesse ist damit eine wichtige Reflexionsgrundlage geschaffen.
Es bleibt die Aufgabe der Pädagogen, diese Kriterien zu diskutieren und für ihre konkrete Schule zu operationalisieren. Das bedeutet insbesondere, sich die damit verbundenen neuen Möglichkeitshorizonte, aber auch die Schwierigkeiten und Probleme schulischer Weiterentwicklung zu vergegenwärtigen. Schulische Qualität ist deshalb nicht ohne weiteres vergleichbar[66], weil jede Schule unterschiedliche Ausgangspositionen hat, weil die räumlichen und materiellen Ressourcen verschieden sind, die Größen der Schulen erheblich variieren, die Erziehungsbedürfnisse der Kinder und Jugendlichen spezifisch sind und weil auch das Team der Schule längst eine eigene Geschichte hat. Ein erster Schritt kann daher sein, sich die eigene Basis vor Augen zu führen und zwar vor allem im Sinne der Möglichkeiten und Potentiale, welche die strukturellen Rahmenbedingungen bieten.[67] Ebenso wichtig ist es, sich Ergebnisse der Eigenevaluation, die als erfolgreich bewertet werden, bewusst zu machen und gemeinsame Ziele zu setzen, um einerseits das Gute besonnen zu bewahren und andererseits genau zu wissen, was verändert werden soll und warum es verändert werden soll.[68]
All dies kann nur geschehen,
- wenn die Türen geöffnet werden,
- wenn Lehrkräfte ein Problembewusstsein entwickeln, das sich kollegial formulieren kann, weil es nicht als Versagen, sondern vor allem als pädagogische Herausforderung bewertet wird,
- wenn die Schulleitungen erreichbar und den Bedürfnissen von Kollegium und Schülerschaft gegenüber aufgeschlossen sind,
- wenn feste Strukturen für einen kollegialen Austausch gebildet werden und
- wenn die Entwicklung der Schule nicht als eine fixe Idee betrachtet wird, die eine ausgewählte Gruppe von Enthusiasten mal eben schnell als neuen Projektauftrag übernimmt.

Qualitätsentwicklung ist nicht kurzerhand nebenbei zu erledigen. Dafür braucht es alle und es braucht die gemeinsame Vision, dass es besser werden kann. Dass es eine Schule geben kann,
- die trotz oder gerade wegen ihrer besonderen Problematik spezifische Wege geht,
- in der sich die Lehrkräfte, Schülerinnen und Schüler wohl fühlen,
- die nicht stagniert, sondern in Bewegung bleibt.

Für einen solchen Aufbruch ist vor allem eines nötig – die Überzeugung, Fachleute für eine wirklich wichtige Aufgabe zu sein und eine persönliche Sinnstiftung in der Arbeit zu finden.[69] Niemand kann sich mit den Zielen seiner Arbeit auseinandersetzen und kooperativ arbeiten, wenn er sich nicht bewusst macht, worin sein spezifischer Auftrag, seine besonderen Kompetenzen und die Bedeutung seiner Arbeit bestehen. Gerade in diesem Punkt ist der Angriff aus der Öffentlichkeit am schmerzhaftesten, denn dem Rechtfertigungsdruck, unter dem das Schulsystem und insbesondere auch Formen schulischer Erziehungshilfe stehen, kann durch Polemik und zirkuläre Schuldzuweisungen nicht begegnet werden. Lehrkräfte und pädagogische Mitarbeiterinnen und Mitarbeiter müssen sich ihrer fachlichen Kompetenz und ihres Berufsauftrages bewusst sein, um ihre Arbeit vor sich selber wertzuschätzen und nach außen verteidigen zu können.

Einen wesentlichen Schritt in diese Richtung sind Pädagoginnen und Pädagogen an Schulen zur Erziehungshilfe erstens dadurch gegangen, dass sie sich zusätzlichen Qualifikationsanstrengungen unterworfen haben und zweitens durch die grundsätzliche Entscheidung, sich mit Kindern und Jugendlichen auseinander zu setzen, die sie mit extremen Verhaltensweisen konfrontieren. Die Begegnung mit gefühls- und verhaltensgestörten Kindern erfordert neben erweitertem theoretischem Wissen und methodischem Repertoire auch die kontinuierliche Reflexion der eigenen Arbeit. Dafür braucht es die Entwicklung gemeinsamer Grundsätze (pädagogisches Ethos), die für das ganze Team verpflichtend sind und als Leitfaden für die Evaluation der schulischen Prozesse herangezogen werden können. Wir müssen eigene Problemsichten und Problemperspektiven überprüfen und die Realitätskonstruktionen der Kinder, Jugendlichen, Eltern und anderen Professionellen erfragen und ihre Erwartungen an unsere Arbeit kennen.

Es geht darum, dass sich die Professionellen selbst und in kollegialen Zusammenhängen mit den Herausforderungen, Möglichkeiten und Grenzen, Zielen und Problemstellungen der eigenen Arbeit konfrontieren. Dies kann die nachfolgenden Fragestellungen beinhalten:

- Was bewirken wir bei den Kindern und Jugendlichen mit unseren Handlungsweisen?
- Was woll(t)en wir eigentlich erreichen?
- Was kann so bleiben, wie es ist? Was muss anders werden?
- Was erhoffen wir uns von diesen Veränderungen?
- Welchen Anspruch haben wir an unsere eigene Tätigkeit?
- Wie können wir diesem Anspruch gerecht werden und wessen Hilfe brauchen wir dazu?
- Welche Fähigkeiten, Bewältigungsmuster, Werte und schulischen Fertigkeiten halten wir für so wichtig, dass wir sie den Schülerinnen und Schülern mit auf den Weg geben wollen?
- Entspricht das den Vorstellungen der Schüler und ihrer Eltern?
- Wie können wir uns selbst immer wieder dazu ermutigen, professionelle Entwicklungsprozesse weiter zu verfolgen?
- Welche Probleme und Nöte haben unsere Schülerinnen und Schüler? Welche Probleme haben wir mit ihnen?

- Welche Funktion hat unsere Schule innerhalb des Schulsystems und welche hat sie für die Schülerinnen und Schüler?
- Welchen Erwartungen sollten wir uns verpflichtet fühlen?
- Wofür sind wir verantwortlich und wo endet unser Verantwortungsbereich?
- Wer ist der eigentliche „Kunde" unserer Schule – die Gesellschaft vertreten durch das Bildungsministerium, die überweisenden Schulen oder deren Lehrkräfte, die Eltern, die Schülerinnen und Schüler – und wem gegenüber fühlen wir uns am meisten verpflichtet?
- Welche Rolle spielen bei uns schulische Leistungen?
- Wann betrachten wir unsere Arbeit als effizient?
- Welche Rolle spielt die Schule, spielen wir als Institution, als Begegnungsstätte, als Machtinstanz und als Wegbereiter für die Zukunft im Leben dieser Kinder? Welche davon wollen wir einnehmen?
- Was lehnen wir als Aufgabe an uns ab – und warum?
- Welcher Weg ist für unsere Gemeinschaft und gemessen an unseren Rahmenbedingungen der günstigste, um die Interessen und Bedürfnisse aller Betroffenen zu berücksichtigen und unsere Ressourcen dabei optimal nutzen zu können?
- Was bedeutet es für jeden Einzelnen von uns, Wegbereiter für diesen Entwicklungsprozess zu sein? Welche Fähigkeiten und Kompetenzen kann der Einzelne dabei einbringen?
- Wie können wir besonnen handeln, ohne uns gegenseitig zu verletzen und dabei all das zu gefährden, was wir bisher gemeinsam aufgebaut und erreicht haben?

Schulen sind abhängig von ihrem sozialen und kulturellen Umfeld. In Zeiten schneller Veränderungen können sich auch Schulen ihrer inhaltlichen und konzeptionellen Weiterentwicklung nicht verschließen. Das ist nicht nur unabdingbar, um einer sich schnell verändernden Schülerpopulation und veränderten Lehr- und Lernkulturen entsprechen zu können. Der Fokus dieses Buches liegt dabei auf der Dimension reflexiver Schulqualität. Dadurch soll der anfangs beschriebene Kreislauf gegenseitiger Schuldzuweisungen aufgebrochen werden zugunsten einer professionell verantworteten Eigensteuerung schulischer Weiterentwicklungen, um der am Meisten vernachlässigten Gruppe von Schülern mit Gefühls- und Verhaltensstörungen problemangemessen helfen zu können.

Fußnoten Kapitel 1

1. Hensel,H.: Die neuen Kinder und die Erosion der alten Schule. Lichtenau: AOL 1995, 7. Auflage
2. Helsper, W.: Pädagogisches Handeln in den Antinomien der Moderne. In: Krüger, H.-H. & Helsper, W. (Hrsg.): Einführung in Grundbegriffe und Grundfragen der Erziehungswissenschaft. Leske & Budrich: Opladen 1995 Seite 26
3. Schütze, Y.: Konstanz und Wandel. Zur Geschichte der Familie im 20. Jahrhundert. In: Benner, D.(Hrsg.): Bildungsprozesse und Erziehungsverhältnisse im 20. Jahrhundert: praktische Entwicklung und Formen der Reflexion im historischen Kontext. Zeitschrift für Pädagogik, 42. Beiheft. Beltz: Weinheim 2000
4. Lundreen, P.: Schule im 20. Jahrhundert. In: Benner, D. (Hrsg.): Bildungsprozesse und Erziehungsverhältnisse im 20. Jahrhundert: praktische Entwicklung und Formen der Reflexion im historischen Kontext. Zeitschrift für Pädagogik, 42. Beiheft. Beltz: Weinheim 2000
5. Terhart, E.: Qualität und Qualitätssicherung im Schulsystem. Hintergründe – Konzepte – Probleme. In: Zeitschrift für Pädagogik, 46. Jg. 2000, Nr.6
6. vgl. Hurrelmann, K.: Familienstress, Schulstress, Freizeitstress. Gesundheitsförderung für Kinder und Jugendliche. Beltz: Weinheim 1994, Freitag, M.: Was ist eine gesunde Schule? Einflüsse des Schulklimas auf Schüler- und Lehrergesundheit. Juventa: Weinheim/München 1998, Singer, K.: Wenn Schule krank macht. Wie macht sie gesund und lernbereit? Beltz: Weinheim und Basel 2000
7. Terhart, E.: Qualität und Qualitätssicherung im Schulsystem. Hintergründe – Konzepte – Probleme. In: Zeitschrift für Pädagogik, 46. Jg. 2000, Nr.6
8. Melzer, W. & Stenke, D.: Schulentwicklung und Schulforschung in den ostdeutschen Bundesländern. In: Rolff, H.-G. (Hrsg.): Jahrbuch der Schulentwicklung. Band 9. Juventa: Weinheim/München 1996
9. Speck, O.: Sonderpädagogische Professionalität durch Qualitätsentwicklung – Begriffe, Modelle, Probleme. In: Heilpädagogische Forschung Band XXXVI, Heft 1, 2000
10. vgl. Krüger, H.-H. & Wenzel, H. (Hrsg.): Schule zwischen Effektivität und sozialer Verantwortung. Leske & Budrich: Opladen 2000
11. vgl. Böhm, O.: Wann wird die derzeitige Sonderpädagogik der Armut von Kindern eine Stimme geben? In: Zeitschrift für Heilpädagogik 6/96, 241-242,
    Sasse, A.: Lernbehinderung aus der Perspektive „neuer" Formen sozialer Ungleichheit. In: Die neue Sonderschule 44 (1999) 6, 421-433,
    Heimlich, U.: Die Schule der Armut – soziale Benachteiligung als Herausforderung an die Lernbehindertenpädagogik. Klinkhardt: Bad Heilbrunn 2000
    Iben, G.: Kindheit und Armut. Analysen und Projekte. LIT: Münster 1998
    Kürner, P. & Nafroth, R. (Hrsg.): Die vergessenen Kinder. Vernachlässigung und Armut in Deutschland. PapyRossa: Köln 1994
12. Nolte, M.: Wer ist bei Rechenschwächen wofür zuständig? In: Grundschulunterricht 7-8/2000, 26-30
13. vgl. Opp, G.: Ko-Morbidität: Überschneidungen zwischen Gefühls- und Verhaltensstörungen und speziellen Lernstörungen/Aufmerksamkeitsstörungen als pädagogische Herausforderung für die Schule. In: Rolus-Bogward, S., Tänzer, U. & Wittrock, M. (Hrsg.): Beeinträchtigung des Lernens und/oder Verhaltens – Unterschiedliche Ausdrucksformen für ein gemeinsames Problem. C.v. Ossietzky Universität Oldenburg: Didaktisches Zentrum (DiZ) 2000, 11-17; Fischer, E.: Ein anderer Blick auf „Verhaltensauffälligkeiten". In: Grundschule 2 / 2000, 17-19;
    Mayr, T. (1997): Problemkinder im Kindergarten – ein neues Aufgabenfeld für die Frühförderung. Frühförderung interdisziplinär, 16.jg. 145-159
    Mayr, T. (1998): Pädagogisch-Psychologischer Dienst im Kindergarten. Abschlußbericht. München: Staatsinstitut für Frühpädagogik.

14 Opp, G.: Ko-Morbidität: Überschneidungen zwischen Gefühls- und Verhaltensstörungen und speziellen Lernstörungen/Aufmerksamkeitsstörungen als pädagogische Herausforderung für die Schule. In: Rolus-Bogward, S., Tänzer, U. & Wittrock, M. (Hrsg.): Beeinträchtigung des Lernens und/oder Verhaltens – Unterschiedliche Ausdrucksformen für ein gemeinsames Problem. C.v.Ossietzky Universität Oldenburg: Didaktisches Zentrum (DiZ) 2000, 11-17
15 Fischer, E.: Ein anderer Blick auf „Verhaltensauffälligkeiten". In: Grundschule 2 / 2000, 17-19
16 Reiser, H.: Lern- und Verhaltensstörungen als gemeinsame Aufgabe von Grundschul- und Sonderpädagogik unter dem Aspekt der pädagogischen Selektion, In: Zeitschrift für Heilpädagogik 7/97, 266 - 275
17 Melzer, W.: Zur Entwicklung schulischer Gewalt in Ost- und Westdeutschland. In: Krüger, H.-H. & Wenzel, H. (Hrsg.): Schule zwischen Effektivität und sozialer Verantwortung. Leske & Budrich: Opladen 2000
18 ebenda
19 vgl. Melzer, W. & Stenke, D.: Schulentwicklung und Schulforschung in den ostdeutschen Bundesländern. In: Rolff, H.-G. (Hrsg.): Jahrbuch der Schulentwicklung. Band 9. Juventa: Weinheim/ München 1996, Kultusministerium des Landes Sachsen-Anhalt (Hrsg): Schulklima und Schulentwicklung in Sachsen-Anhalt. Anregungen für eine zielgerichtete Förderung und Gestaltung. Magdeburg 2000, Fend, H.: Qualität im Bildungswesen. Juventa: Weinheim/München 1998, Speck, O.: Sonderpädagogische Professionalität durch Qualitätsentwicklung – Begriffe, Modelle, Probleme. In: Heilpädagogische Forschung Band XXXVI, Heft 1, 2000
20 Melzer, W. & Stenke, D.: Schulentwicklung und Schulforschung in den ostdeutschen Bundesländern. In: Rolff, H.-G. (Hrsg.): Jahrbuch der Schulentwicklung. Band 9. Juventa: Weinheim/München 1996
21 Spiess, K.: Qualität und Qualitätsentwicklung. Eine Einführung. Sauerländer: Aarau 1997
22 Heiner, M.: Qualitätsentwicklung durch Evaluation. In: Peterander,F. & Speck, O. (Hrsg.): Qualitätsmanagement in sozialen Einrichtungen. Reinhardt Verlag: München 1999
23 Kronberger Kreis für Qualitätsentwicklung in Kindertageseinrichtungen: Qualität im Dilaog entwickeln. Wie Kindertagesstätten besser werden. Kallmeyer'sche Verlagsbuchhandlung: Seelze 1998
24 Fend, H.: Qualität im Bildungswesen. Juventa: Weinheim/München 1998
25 ebenda
26 vgl. Bargel, T.: Ergebnisse und Konsequenzen empirischer Forschungen zur Schulqualität und Schulstruktur. In: Melzer, W. & Sandfuchs,U. (Hrsg): Schulreform in der Mitte der 90er Jahre. Schule und Gesellschaft. Leske/Budrich: Opladen 1996, Berg, H.C. & Steffens, U. (Hrsg.): Schulqualität und Schulvielfalt. Das Saarbrücker Schulgütesymposium '88. Hessisches Institut für Bildungsplanung und Schulentwicklung: Wiesbaden/Konstanz 1991. Heft5, Klafki, W.: Perspektiven einer humanen und demokratischen Schule. In: Berg, H.C. & Steffens, U. (Hrsg.): Schulqualität und Schulvielfalt. Das Saarbrücker Schulgütesymposium '88. Hessisches Institut für Bildungsplanung und Schulentwicklung: Wiesbaden/Konstanz 1991. Heft5, Melzer, W. & Stenke, D.: Schulentwicklung und Schulforschung in den ostdeutschen Bundesländern. In: Rolff, H.-G. (Hrsg.): Jahrbuch der Schulentwicklung. Band 9. Juventa: Weinheim/München 1996, Purkey, S.C. & Marshall, S.S.: Wirksame Schulen – Ein Überblick über die Ergebnisse der Schulwirkungsforschung in den Vereinigten Staaten. In: Aurin, K. (Hrsg.): Gute Schulen – worauf beruht ihre Wirksamkeit? Klinkhardt: Bad Heilbrunn 1991. 2. Auflage, und im Überblick Fend, H.: Qualität im Bildungswesen. Juventa: Weinheim/München 1998
27 Melzer, W. & Stenke, D.: Schulentwicklung und Schulforschung in den ostdeutschen Bundesländern. In: Rolff, H.-G. (Hrsg.): Jahrbuch der Schulentwicklung. Band 9. Juventa: Weinheim/München 1996
28 Bargel, T.: Ergebnisse und Konsequenzen empirischer Forschungen zur Schulqualität und Schulstruktur. In: Melzer, W. & Sandfuchs,U. (Hrsg): Schulreform in der Mitte der 90er Jahre. Schule und Gesellschaft. Leske/Budrich: Opladen 1996
Berg, H.C. & Steffens, U. (Hrsg.): Schulqualität und Schulvielfalt. Das Saarbrücker Schulgütesym-

posium '88. Hessisches Institut für Bildungsplanung und Schulentwicklung: Wiesbaden/Konstanz 1991. Heft5, Klafki, W.: Perspektiven einer humanen und demokratischen Schule. In: Berg, H.C. & Steffens, U. (Hrsg.): Schulqualität und Schulvielfalt. Das Saarbrücker Schulgütesymposium '88. Hessisches Institut für Bildungsplanung und Schulentwicklung: Wiesbaden/Konstanz 1991. Heft5, Melzer, W. & Stenke, D.: Schulentwicklung und Schulforschung in den ostdeutschen Bundesländern. In: Rolff, H.-G. (Hrsg.): Jahrbuch der Schulentwicklung. Band 9. Juventa: Weinheim/München 1996, Purkey, S.C. & Marshall, S.S.: Wirksame Schulen – Ein Überblick über die Ergebnisse der Schulwirkungsforschung in den Vereinigten Staaten. In: Aurin, K. (Hrsg.): Gute Schulen – worauf beruht ihre Wirksamkeit? Klinkhardt: Bad Heilbrunn 1991. 2. Auflage, und im Überblick Fend, H.: Qualität im Bildungswesen. Juventa: Weinheim/München 1998

29 Fend, H.: Qualität im Bildungswesen. Juventa: Weinheim/München 1998, Freitag, M.: Was ist eine gesunde Schule? Einflüsse des Schulklimas auf Schüler- und Lehrergesundheit. Juventa: Weinheim/München 1998

30 Fend, H.: Qualität im Bildungswesen. Juventa: Weinheim/München 1998, Melzer, W. & Stenke, D.: Schulentwicklung und Schulforschung in den ostdeutschen Bundesländern. In: Rolff, H.-G. (Hrsg.): Jahrbuch der Schulentwicklung. Band 9. Juventa: Weinheim/München 1996

31 in Anlehnung an Melzer, W. & Stenke, D.: Schulentwicklung und Schulforschung in den ostdeutschen Bundesländern. In: Rolff, H.-G. (Hrsg.): Jahrbuch der Schulentwicklung. Band 9. Juventa: Weinheim/München 1996

32 Eder, F. & Mayer, J.: Linzer Fragebogen zum Schul- und Klassenklima für die 4.-8. Klassenstufe (LSFK 4-8). Hogrefe: Göttingen 2000, Fend, H.:Qualität im Bildungswesen. Juventa: Weinheim/München 1998, Freitag, M.: Was ist eine gesunde Schule? Einflüsse des Schulklimas auf Schüler- und Lehrergesundheit. Juventa: Weinheim/München 1998, Grundmann, G.; Kötters, C. & Krüger, H.-H.: Partizipationsmöglichkeiten an Schulen in Sachsen-Anhalt. In: dies.: Diskurse zu Schule und Bildung – Werkstattheft des ZSL, Heft 11, 1998, Speck, O.: Sonderpädagogische Professionalität durch Qualitätsentwicklung – Begriffe, Modelle, Probleme. In: Heilpädagogische Forschung Band XXXVI, Heft 1, 2000

33 Melzer, W. & Stenke, D.: Schulentwicklung und Schulforschung in den ostdeutschen Bundesländern. In: Rolff, H.-G. (Hrsg.): Jahrbuch der Schulentwicklung. Band 9. Juventa: Weinheim/München 1996, Freitag, M.: Was ist eine gesunde Schule? Einflüsse des Schulklimas auf Schüler- und Lehrergesundheit. Juventa: Weinheim/München 1998

34 Melzer, W.: Funktion, wissenschaftliche Erträge und bildungspolitische Konsequenzen eines Modellversuchs zur Mittelschule im Freistaat Sachsen. In: Hamburger, F. & Heck, G. (Hrsg.): Neue Schulen für die Kids. Schulen und Gesellschaft 19. Leske/Budrich: Opladen 1999

35 Satow, L.: Klassenklima und Selbstwirksamkeitsentwicklung. Eine Längsschnittstudie in der Sekundarstufe I. Digitale Dissertation. FU Berlin 2000. Online-Adresse: http://www.diss.fu-berlin.de/2000/9/index.html . Stand: 20.06.2001

36 ebenda

37 ebenda

38 Eder, F. & Mayer, J.: Linzer Fragebogen zum Schul- und Klassenklima für die 4.-8. Klassenstufe (LSFK 4-8). Hogrefe: Göttingen 2000

39 Melzer, W. & Stenke, D.: Schulentwicklung und Schulforschung in den ostdeutschen Bundesländern. In: Rolff, H.-G. (Hrsg.): Jahrbuch der Schulentwicklung. Band 9. Juventa: Weinheim/München 1996

40 Eder, F. & Mayer, J.: Linzer Fragebogen zum Schul- und Klassenklima für die 4.-8. Klassenstufe (LSFK 4-8). Hogrefe: Göttingen 2000

41 Satow, L.: Klassenklima und Selbstwirksamkeitsentwicklung. Eine Längsschnittstudie in der Sekundarstufe I. Digitale Dissertation. FU Berlin 2000. Online-Adresse: http://www.diss.fu-berlin.de/2000/9/index.html . Stand: 20.06.2001

42 Eder, F. & Mayer, J.: Linzer Fragebogen zum Schul- und Klassenklima für die 4.-8. Klassenstufe (LSFK 4-8). Hogrefe: Göttingen 2000

43 Eder, F. & Mayer, J.: Linzer Fragebogen zum Schul- und Klassenklima für die 4.-8. Klassenstufe (LSFK 4-8). Hogrefe: Göttingen 2000
44 Eder, F. & Mayer, J.: Linzer Fragebogen zum Schul- und Klassenklima für die 4.-8. Klassenstufe (LSFK 4-8). Hogrefe: Göttingen 2000
45 Freitag, M.: Was ist eine gesunde Schule? Einflüsse des Schulklimas auf Schüler- und Lehrergesundheit. Juventa: Weinheim/München 1998, Singer, K.: Wenn Schule krank macht. Wie macht sie gesund und lernbereit? Beltz: Weinheim und Basel 2000
46 Eder, F. & Mayer, J.: Linzer Fragebogen zum Schul- und Klassenklima für die 4.-8. Klassenstufe (LSFK 4-8). Hogrefe: Göttingen 2000
47 Freitag, M.: Was ist eine gesunde Schule? Einflüsse des Schulklimas auf Schüler- und Lehrergesundheit. Juventa: Weinheim/München 1998
48 Eder, F. & Mayer, J.: Linzer Fragebogen zum Schul- und Klassenklima für die 4.-8. Klassenstufe (LSFK 4-8). Hogrefe: Göttingen 2000
49 Eder, F. & Mayer, J.: Linzer Fragebogen zum Schul- und Klassenklima für die 4.-8. Klassenstufe (LSFK 4-8). Hogrefe: Göttingen 2000, Singer, K.: Wenn Schule krank macht. Wie macht sie gesund und lernbereit? Beltz: Weinheim und Basel 2000
50 Melzer, W. & Stenke, D.: Schulentwicklung und Schulforschung in den ostdeutschen Bundesländern. In: Rolff, H.-G. (Hrsg.): Jahrbuch der Schulentwicklung. Band 9. Juventa: Weinheim/München 1996, Freitag, M.: Was ist eine gesunde Schule? Einflüsse des Schulklimas auf Schüler- und Lehrergesundheit. Juventa: Weinheim/München 1998
51 Fend, H.: Qualität im Bildungswesen. Juventa: Weinheim/München 1998
52 Eder, F. & Mayer, J.: Linzer Fragebogen zum Schul- und Klassenklima für die 4.-8. Klassenstufe (LSFK 4-8). Hogrefe: Göttingen 2000
53 Speck, O.: Sonderpädagogische Professionalität durch Qualitätsentwicklung – Begriffe, Modelle, Probleme. In: Heilpädagogische Forschung Band XXXVI, Heft 1, 2000
54 Freitag, M.: Was ist eine gesunde Schule? Einflüsse des Schulklimas auf Schüler- und Lehrergesundheit. Juventa: Weinheim/München 1998
55 Fend, H.: Qualität im Bildungswesen. Juventa: Weinheim/München 1998
56 Eder, F. & Mayer, J.: Linzer Fragebogen zum Schul- und Klassenklima für die 4.-8. Klassenstufe (LSFK 4-8). Hogrefe: Göttingen 2000, Fend, H.: Qualität im Bildungswesen. Juventa: Weinheim/München 1998
57 Fend, H.: Qualität im Bildungswesen. Juventa: Weinheim/München 1998
58 ebenda, Rutter, M. u.a.: Fünfzehntausend Stunden. Schulen und ihre Wirkung auf die Kinder. Beltz: Weinheim/Basel 1980
59 Rolff, H.G.: Wandel durch Selbstorganisation. Theoretische Grundlagen und praktische Hinweise für eine bessere Schule. Juventa: Weinheim/München 1995. 2. Auflage
60 Steffens, U.: Empirische Erkundungen zur Effektivität und Qualität von Schule. In: Berg, H.C. & Steffens, U. (Hrsg.): Schulqualität und Schulvielfalt. Das Saarbrücker Schulgütesymposium '88. Hessisches Institut für Bildungsplanung und Schulentwicklung: Wiesbaden/Konstanz 1991. Heft5
61 Rolff, H.G.: Wandel durch Selbstorganisation. Theoretische Grundlagen und praktische Hinweise für eine bessere Schule. Juventa: Weinheim/München 1995. 2. Auflage
62 Steffens, U.: Empirische Erkundungen zur Effektivität und Qualität von Schule. In: Berg, H.C. & Steffens, U. (Hrsg.): Schulqualität und Schulvielfalt. Das Saarbrücker Schulgütesymposium '88. Hessisches Institut für Bildungsplanung und Schulentwicklung: Wiesbaden/Konstanz 1991. Heft5
63 ebenda
64 Liket, T.M.E.: Freiheit und Verantwortung. Das niederländische Modell des Bildungswesens. Bertelsmann: Gütersloh 1995. 2. Auflage
65 Rolff, H.G.: Wandel durch Selbstorganisation. Theoretische Grundlagen und praktische Hinweise für eine bessere Schule. Juventa: Weinheim/München 1995. 2. Auflage
66 Melzer, W.: Funktion, wissenschaftliche Erträge und bildungspolitische Konsequenzen eines Modellversuchs zur Mittelschule im Freistaat Sachsen. In: Hamburger, F. & Heck, G. (Hrsg.): Neue

Schulen für die Kids. Schulen und Gesellschaft 19. Leske/Budrich: Opladen 1999
67 Speck, O.: Sonderpädagogische Professionalität durch Qualitätsentwicklung – Begriffe, Modelle, Probleme. In: Heilpädagogische Forschung Band XXXVI, Heft 1, 2000
68 Kronberger Kreis für Qualitätsentwicklung in Kindertageseinrichtungen: Qualität im Dilaog entwickeln. Wie Kindertagesstätten besser werden. Kallmeyer'sche Verlagsbuchhandlung: Seelze 1998
69 Combe, A.: Pädagogische Professionalität, Hermeneutik und Lehrerbildung. In: Combe, A. & Helsper, W. (Hrsg.): Pädagogische Professionalität: Untersuchungen zum Typus pädagogischen Handelns. Suhrkamp: Frankfurt / M. 1996

Literatur Kapitel 1

Aurin, K. (Hrsg.): Gute Schulen – worauf beruht ihre Wirksamkeit? Klinkhardt: Bad Heilbrunn 1991. 2. Auflage

Bargel, T.: Ergebnisse und Konsequenzen empirischer Forschungen zur Schulqualität und Schulstruktur. In: Melzer, W. & Sandfuchs,U. (Hrsg): Schulreform in der Mitte der 90er Jahre. Schule und Gesellschaft. Leske/Budrich: Opladen 1996

Berg, H.C. & Steffens, U. (Hrsg.): Schulqualität und Schulvielfalt. Das Saarbrücker Schulgütesymposium '88. Hessisches Institut für Bildungsplanung und Schulentwicklung: Wiesbaden/Konstanz 1991. Heft5

Berg, H.C.: Schulgüte und Schulvielfalt. In: Berg, H.C. & Steffens, U. (Hrsg.): Schulqualität und Schulvielfalt. Das Saarbrücker Schulgütesymposium '88. Hessisches Institut für Bildungsplanung und Schulentwicklung: Wiesbaden/Konstanz 1991. Heft5

Böhm, O.: Wann wird die derzeitige Sonderpädagogik der Armut von Kindern eine Stimme geben? In: Zeitschrift für Heilpädagogik 6/96, 241-242

Bohnsack, F.: Strukturen einer guten Schule heute – Versuch einer normativen Begründung. In: Berg, H.C. & Steffens, U. (Hrsg.): Schulqualität und Schulvielfalt. Das Saarbrücker Schulgütesymposium '88. Hessisches Institut für Bildungsplanung und Schulentwicklung: Wiesbaden/Konstanz 1991. Heft5

Combe, A.: Pädagogische Professionalität, Hermeneutik und Lehrerbildung. In: Combe, A. & Helsper, W. (Hrsg.): Pädagogische Professionalität: Untersuchungen zum Typus pädagogischen Handelns. Suhrkamp: Frankfurt / M. 1996

Eder, F. & Mayer, J.: Linzer Fragebogen zum Schul- und Klassenklima für die 4.-8. Klassenstufe (LSFK 4-8). Hogrefe: Göttingen 2000

Fend, H.: Qualität im Bildungswesen. Juventa: Weinheim/München 1998

Fischer, E.: Ein anderer Blick auf „Verhaltensauffälligkeiten". In: Grundschule 2 / 2000, 17-19

Freitag, M.: Was ist eine gesunde Schule? Einflüsse des Schulklimas auf Schüler- und Lehrergesundheit. Juventa: Weinheim/München 1998

Grundmann, G.; Kötters, C. & Krüger, H.-H.: Partizipationsmöglichkeiten an Schulen in Sachsen-Anhalt. In: dies.: Diskurse zu Schule und Bildung – Werkstattheft des ZSL, Heft 11, 1998

Heimlich, U.: Die Schule der Armut – soziale Benachteiligung als Herausforderung an die Lernbehindertenpädagogik. Klinkhardt: Bad Heilbrunn 2000

Heiner, M.: Qualitätsentwicklung durch Evaluation. In: Peterander,F. & Speck, O. (Hrsg.): Qualitätsmanagement in sozialen Einrichtungen. Reinhardt Verlag: München 1999

Hurrelmann, K.: Familienstress, Schulstress, Freizeitstress. Gesundheitsförderung für Kinder und Jugendliche. Beltz: Weinheim 1994

Iben, G.: Kindheit und Armut. Analysen und Projekte. LIT: Münster 1998

Klafki, W.: Perspektiven einer humanen und demokratischen Schule. In: Berg, H.C. & Steffens, U. (Hrsg.): Schulqualität und Schulvielfalt. Das Saarbrücker Schulgütesymposium '88. Hessisches Institut für Bildungsplanung und Schulentwicklung: Wiesbaden/Konstanz 1991. Heft 5

Krüger, H.-H. & Wenzel, H. (Hrsg.): Schule zwischen Effektivität und sozialer Verantwortung. Leske & Budrich: Opladen 2000

Kürner, P. & Nafroth, R. (Hrsg.): Die vergessenen Kinder. Vernachlässigung und Armut in Deutschland. PapyRossa: Köln 1994

Kultusministerium des Landes Sachsen-Anhalt (Hrsg): Schulklima und Schulentwicklung in Sachsen-Anhalt. Anregungen für eine zielgerichtete Förderung und Gestaltung. Magdeburg 2000

Liket, T.M.E.: Freiheit und Verantwortung. Das niederländische Modell des Bildungswesens. Bertelsmann: Gütersloh 1995. 2. Auflage

Mayr, T. (1997): Problemkinder im Kindergarten – ein neues Aufgabenfeld für die Frühförderung. Frühförderung interdisziplinär, 16.jg. 145-159

Mayr, T. (1998): Pädagogisch- Psychologischer Dienst im Kindergarten. Abschlußbericht. München: Staatsinstitut für Frühpädagogik.

Melzer, W. & Stenke, D.: Schulentwicklung und Schulforschung in den ostdeutschen Bundesländern. In: Rolff, H.-G. (Hrsg.): Jahrbuch der Schulentwicklung. Band 9. Juventa: Weinheim/München 1996

Melzer, W.: Funktion, wissenschaftliche Erträge und bildungspolitische Konsequenzen eines Modellversuchs zur Mittelschule im Freistaat Sachsen. In: Hamburger, F. & Heck, G. (Hrsg.): Neue Schulen für die Kids. Schulen und Gesellschaft 19. Leske/Budrich: Opladen 1999

Melzer, W.: Zur Entwicklung schulischer Gewalt in Ost- und Westdeutschland. In: Krüger, H.-H. & Wenzel, H. (Hrsg.): Schule zwischen Effektivität und sozialer Verantwortung. Leske & Budrich: Opladen 2000

Molnar, A. & Lindquist, B.: Verhaltensprobleme in der Schule. Borgmann: Dortmund 1990

Nolte, M.: Wer ist bei Rechenschwächen wofür zuständig? In: Grundschulunterricht 7-8/2000, 26-30

Purkey, S.C. & Marshall, S.S.: Wirksame Schulen – Ein Überblick über die Ergebnisse der Schulwirkungsforschung in den Vereinigten Staaten. In: Aurin, K. (Hrsg.): Gute Schulen – worauf beruht ihre Wirksamkeit? Klinkhardt: Bad Heilbrunn 1991. 2. Auflage

Reiser, H.: Lern- und Verhaltensstörungen als gemeinsame Aufgabe von Grundschul- und Sonderpädagogik unter dem Aspekt der pädagogischen Selektion, In: Zeitschrift für Heilpädagogik 7/97, 266 - 275

Rolff, H.G.: Wandel durch Selbstorganisation. Theoretische Grundlagen und praktische Hinweise für eine bessere Schule. Juventa: Weinheim/München 1995. 2. Auflage

Rutter, M. u.a.: Fünfzehntausend Stunden. Schulen und ihre Wirkung auf die Kinder. Beltz: Weinheim/Basel 1980

Satow,L.:Klassenklima und Selbstwirksamkeitsentwicklung. Eine Längsschnittstudie in der Sekundarstufe I. Digitale Dissertation. FU Berlin 2000. Online-Adresse: http://www.diss.fu-berlin.de/2000/9/index.html . Stand: 20.06.2001

Sasse, A.: Lernbehinderung aus der Perspektive „neuer" Formen sozialer Ungleichheit. In: Die neue Sonderschule 44 (1999) 6, 421-433

Singer, K.: Wenn Schule krank macht. Wie macht sie gesund und lernbereit? Beltz: Weinheim und Basel 2000

Speck, O.: Marktgesteuerte Qualität – eine neue Sozialphilosophie. In: Peterander, F. & Speck, O. (Hrsg.): Qualitätsmanagement in sozialen Einrichtungen. Reinhardt Verlag: München 1999

Speck, O.: Sonderpädagogische Professionalität durch Qualitätsentwicklung – Begriffe, Modelle, Probleme. In: Heilpädagogische Forschung Band XXXVI, Heft 1, 2000

Spiess, K.: Qualität und Qualitätsentwicklung. Eine Einführung. Sauerländer: Aarau 1997

Steffens, U.: Empirische Erkundungen zur Effektivität und Qualität von Schule. In: Berg, H.C. & Steffens, U. (Hrsg): Schulqualität und Schulvielfalt. Das Saarbrücker Schulgütesymposium '88. Hessisches Institut für Bildungsplanung und Schulentwicklung: Wiesbaden/Konstanz 1991. Heft5

2. Begriffliche Grundlagen

Die Bewohnerinnen und Bewohner unseres Hauses wohnen nicht zufällig hier. Sie sind etwas Besonderes. Es fällt ihnen nicht ganz leicht zu erzählen, was an ihnen so besonders ist. Da müsste eigentlich jeder seine eigene Geschichte erzählen...

Erscheinungsformen und Häufigkeiten von Gefühls- und Verhaltensstörungen

Wie würde es Ihnen gehen, wenn Sie ein kleiner Junge wären, der immer in Bewegung ist und dem es, so sehr er sich auch bemüht, nicht gelingt, sich auf eine gestellte Aufgabe oder auf ein Spiel zu konzentrieren?
Stellen Sie sich vor, andere Kinder wollen nicht mit Ihnen spielen, weil Sie sich die Spielregeln nicht merken können!
Wie wäre es für Sie, wenn Sie ein Jugendlicher wären, der von Gleichaltrigen gemieden wird, der in ständigem Konflikt mit seiner Umwelt lebt, weil er seine Ge-

Können Sie sich vorstellen, ein Kind zu sein?

fühle und Impulse nicht steuern kann und manchmal zuschlägt, wenn er sehr erregt ist?

Können Sie sich in ein dreizehnjähriges Mädchen hinein versetzen, das oft so traurig ist, dass es keine Kraft hat zu essen, sich zu waschen, zu spielen oder zu lernen und deswegen meistens allein bleibt, obwohl es sich doch so sehr nach Freunden sehnt?

Wie würden Sie sich fühlen, wenn Sie ein Kind wären, das Stimmen im Kopf hört, von denen die anderen behaupten, dass es sie nicht gibt und von dem die Erwachsenen sagen, dass es unter schizophrenen Symptomen leidet?

...und wie würde es Ihnen gehen, wenn eines dieser Kinder Ihr Kind wäre?

„Mit meiner Freundin reden und spielen. Weil sie meine beste Freundin ist."
Zeichnung von Nicole R., 15 Jahre, zum Thema: Was mir an der Schule am besten gefällt

Symptomatik und Prävalenz

Die beschriebenen Verhaltensweisen sind nicht einfach „normale" Abweichungen von einer irgendwie beliebig gesetzten Norm kindlicher Entwicklung! Sie beeinflussen die Entwicklungschancen, das Selbst- und Welterleben dieser Kinder sowie ihr Selbstvertrauen in signifikanter Weise und sie belasten ihre Familien und Lebenswelten. Die Entwicklungsprognosen dieser Kinder sind vor allem beim Vorliegen dissozialer Verhaltensweisen im frühen Alter relativ ungünstig.

In vielen Fällen überlagern und überschneiden sich verschiedene Symptome in einer Weise, durch die kausale Zusammenhänge kaum rekonstruiert werden können. Gefühls- und Verhaltensstörungen sind ein komplexes Wechselspiel zwischen emotionalem Erleben, sozialen Kompetenzen, Leistungsverhalten und körperlichem

Status. Bis zu zwei Drittel aller Kinder mit Gefühls- und Verhaltensstörungen leiden auch unter Aufmerksamkeitsstörungen und ihren möglichen Begleiterscheinungen der Hyperaktivität und in selteneren Fällen der Impulsivität.

Die Probleme dieser Kinder treten in mehreren Lebensbereichen (Familie, Schule, Hort) auf und führen häufig zu Schulleistungsproblemen und Problemen in sozialen Austauschbeziehungen. Dabei wird unterschieden zwischen extroversiven (z.B. Hyperaktivität, aggressives Verhalten) und introversiven Erscheinungsformen (z.B. depressive Verstimmungen, Angst) von Gefühls- und Verhaltensstörungen und ihrer Überschneidung.[1] Konkrete Erscheinungsformen von Gefühls- und Verhaltensstörungen sind oppositionelles Verhalten (z.B. „bricht Regeln", „tut nicht, was er tun soll"), Aggression (z.B. Wutanfälle, Kämpfe, Vandalismus), mangelnde Selbstkontrolle („kann Belohnungen nicht aufschieben", „zeigt wenig Rücksicht und Schuldgefühle"), wenig entwickelte soziale Fähigkeiten (z.B. „hat keine Freunde", „sucht permanent nach Aufmerksamkeit") oder Rückstand in schulischen Leistungen (besonders im Lesen, kurze Aufmerksamkeitsspanne).

Schwierig zu beantworten ist die Frage nach der Ätiologie von Verhaltensstörungen. Der Zusammenhang von Störungsursache und Symptomatik ist durch die Verschiedenheit kindlicher Lebenswelten und die zirkuläre Dynamik von Verhalten und Erlebnisverarbeitung vielfältig gebrochen. In vielerlei Hinsicht sind Auffälligkeiten des Verhaltens Ausdruck einer Imbalance zwischen kindlichen oder jugendlichen Entwicklungsbedürfnissen und ihrer Lebenswelt – eventuell auch von belastender Familiendynamik, fehlenden elterlichen Erziehungskompetenzen, traumatisierenden Lebenserfahrungen oder Beziehungsabbrüchen. In der Verarbeitung solcher Entwicklungsrisiken werden geschlechtsspezifisch unterschiedliche Gefährdungen festgestellt. Bis etwa zum Pubertätsalter überwiegen deutlich die Jungen mit einer extroversiven Symptomatik. Mit zunehmendem Alter scheint sich das Risiko stärker auf Mädchen und eine introversive Symptomatik (z. B. Ess-Störungen) zu verschieben.

Grundsätzlich ist jedes Entwicklungsrisiko in seiner Wirkung, bezogen auf den Einzelfall, abzuschätzen. Jedes Individuum verfügt über schützende Kräfte in der eigenen Person oder auch in seiner spezifischen Umwelt, die auch gegenüber signifikanten Entwicklungsrisiken kompensierend aktiviert werden können.[2] Anders ausgedrückt, verfügt jedes Individuum sowohl über störungsevozierende wie über risikomoderierende Fähigkeiten und Umfeldressourcen, die in unterschiedlichem Maße eingesetzt werden können. Kinder und Jugendliche mit Gefühls- und Verhaltensstörungen haben Schwierigkeiten, die sich häufig mit anderen Problemstellungen, z.B. schulischen Leistungsproblemen, sozialen Belastungen und familiären Notsituationen kombinieren. Sie leiden vielfach unter einem Gefühl der Einsamkeit und erleben sich als sozial isoliert. Die zukünftigen Entwicklungs- und Lebenschancen der betroffenen Kinder werden damit in ein erhebliches Risiko gesetzt. Diese Kinder brauchen unterschiedliche pädagogische, psychologische und medizinische Hilfen, die ihren individuellen Problemstellungen entsprechen. In vielen Fällen benötigen auch die Familien dieser Kinder verschiedene Formen sozialer Unterstützung. Internationale wissenschaftliche Prävalenzstudien kommen zum Ergebnis, dass zwischen 14 % und 20 % aller Kinder und Jugendlichen Gefühls- und Verhaltensstörungen aufweisen.[3] Es wird geschätzt, dass 5 % bis 8 % aller Kinder dringender pädagogischer und therapeutischer Hilfen bedürfen. Nicht in jedem Fall müssen diese Hilfen im schulischen Bereich ansetzen. Aber in einer Vielzahl dieser Fälle sind schulische Probleme deutlich sichtbar, die dann wieder in die Familien dieser Kinder zurück strahlen. Gegenwärtig besucht nur ein kleiner Prozentsatz von weniger als 0,5 % aller Schülerinnen und Schüler spezielle Schulen zur Erziehungshilfe in Deutschland.

Erziehung und Erziehungsschwierigkeiten

„Was man allgemein unter Erziehung versteht, ist als bekannt vorauszusetzen," konnte der Pädagoge und Theologe Schleiermacher vor zweihundert Jahren noch schreiben. Heute sind uns solche Gewissheiten abhanden gekommen. Es ist gar nicht mehr so klar, was *Erziehung* ist. Unsicherheit greift unter den Erziehenden um sich.
Eine neuere Begriffsfassung versteht unter Erziehung „...soziale Handlungen, durch die Menschen versuchen, das Gefüge der psychischen Dispositionen anderer Menschen in irgendeiner Weise dauerhaft zu verändern".[4]
Es geht also in der Erziehung zunächst um soziale Handlungen, um Kommunikation und Interaktion zwischen Menschen und der Kommunikation des Einzelnen mit sich selbst. Selbstbeobachtung, Selbstreflexion, Selbsterziehung und Selbstbildung werden von uns als grundlegende pädagogische Handlungs- und Reflexionsdimensionen mit eingeschlossen. Problematisch erscheint die Vorstellung, durch äußere Handlungen psychische Dispositionen dauerhaft und zielgerichtet verändern zu können.
In der vorangestellten Begriffsfassung wird von einem „Versuch" gesprochen. Das heißt, es ist gar nicht sicher, ob wir das, was wir in der Erziehung wollen, auch erreichen können. In dieser Hinsicht ist Erziehung prinzipiell unsicher.
Das Kind - angewiesen auf Erziehung - steht den Maßnahmen der Erziehung nicht willenlos gegenüber. Es ist nicht einfach Objekt pädagogischen Handelns, sondern bestimmt aus seiner Subjektivität heraus selbst dessen Wirkungen.
Die Kinder und Jugendlichen, die erzogen werden sollen, wissen um die Absichten der Erziehenden (Erziehungsziele) und um die Mittel ihrer Durchsetzung. Sie können sich diesen pädagogischen Absichten anpassen oder auch widersetzen. Sie können diese situationsabhängig einsehen, aber auch dagegen protestieren oder rebellieren. Das heißt, dass die Pädagoginnen und Pädagogen angesichts ständig und schnell wechselnder Erziehungssituationen die Effekte ihres Erziehungshandelns nicht kontrollieren können und dass sich die individuellen Erfolge und „Misserfolge" der Erziehung in einer Weise miteinander verschränken können, die von außen kaum einsehbar ist. Erziehung schafft Lern- und Spielräume, die den Heranwachsenden Möglichkeiten für Eigenaktivitäten, eigene Erfahrungen, eigene Ge-

fühle und selbständiges Experimentieren eröffnen. Dabei entsteht Autonomie im Sinne wachsender Selbstbestimmung und Selbstkontrolle vor allem auch in konflikthaltigen Auseinandersetzungen und kritischen Erziehungssituationen.

Erziehung als „Ortshandeln"
Dieser nötige, aber auch durchaus schmerzhafte Prozess der Erziehung kann zudem mit dem irritierenden, aber durchaus treffenden Ausdruck „Ortshandeln" beschrieben werden. Der Begriff, der ursprünglich in bezug auf Heimerziehung beschrieben[5] wird, beinhaltet mehrere Ebenen von Erziehung:

Zum einen ist Erziehung heute dadurch gekennzeichnet, dass wir uns mit der stetigen Zunahme der klassischen Problemlagen von Kindern und Jugendlichen wie Armut, Verelendung und Verwahrlosung auseinander setzen müssen. Es sind längst nicht nur die Familien von Randgruppen oder Minderheiten, die sich zunehmend schwerer tun, ihre Kinder angemessen zu betreuen und zu versorgen. Diese Risiken des Heranwachsens werden dadurch verschärft, dass die drastischen Veränderungen des sozialen, politischen und kulturellen Klimas neue Anforderungen an den Einzelnen stellen – und ihn darüber hinaus mit seinem Scheitern meist allein lassen. Stabilisierende und Lebenswelten übergreifende Systeme, die Schutz und Geborgenheit gerade in krisenhaften Lebenssituationen bieten, erodieren zusehend, lösen sich in Beliebigkeit auf oder aber reagieren auf den Verlust moralischer Verlässlichkeiten mit einer rigiden Beharrlichkeit auf ideologisch begründeten Wert- und Normstandards. Die Selektivität der gesellschaftlichen Realität und damit auch des Bildungssystems, auf deren extremen Polen sich Modernitätsgewinner und -verlierer gegenüber stehen, basiert im Grunde genommen auf einer Tendenz zur Entsolidarisierung. Der Zugang zu sozialen Systemen und Milieus ist von individuellen Entscheidungen im Rahmen der gegebenen Chancen abhängig – und damit eine ständige Herausforderung:

„Auf der einen Seite stehen also Kinder und Jugendliche unter immer höherem Druck, sich eine Welt anzueignen, die doch zugleich immer fremder wird. (...) Auf der anderen Seite entzieht aber eben diese Gesellschaft den Individuen, den Kindern und Jugendlichen allzumal zunehmend die sozialen Ressourcen, verweigert ihnen die Grundlage für Entwicklungs- und Lernprozesse."[6]

Dies bedeutet für das Erziehungshandeln, dass die Aufgabe von Erziehung letztlich darin bestehen muss, Kindern und Jugendlichen Orte des Lebens und Alltagshandelns anzubieten, die Schutz, Versorgung, Sicherheit und zugleich Lernmöglichkeiten bieten – als Voraussetzung dafür, dass diese darin sich zu sich selbst und zugleich zu sozialen und solidarischen Individuen entwickeln können.

Weiter beinhaltet Erziehung als Ortshandeln die Bedeutung des nahen und fernen Raumes für die Gestaltung sozialer Beziehungen. Wo Wissenschaftler wie Pädagogen „Lebensweltorientierung" einfordern, steht die Vorstellung begrenzter Umfelder menschlicher Aktivitäten im Vordergrund. Unser Schulsystem (und insbesondere gerade das ausdifferenzierte Sonderschulwesen) begründet sich ebenso wie die Heimerziehung auf der Vorstellung des „anderen Ortes", eines Ortes, der gelingendes Aufwachsen durch seine bewusste pädagogische Gestaltung erst möglich macht. Dabei sind wir uns aber heute wieder stärker bewusst, dass solche Orte pädagogischer „Installation" nur dann sinnvolles Handeln ermöglichen, wenn die Zuweisung keine soziale Determination bedeutet und wenn die darin Handelnden und Lebenden diese Räume kreativ selbst gestalten können und letztlich auch verlassen können, wenn Räume zu eng werden oder Orte ihre subjektive Bedeutung verlieren. Die Gestaltung dieser Räume kann dabei als Projekt verstanden werden, in dem alle Beteiligten Rahmenbedingungen schaffen, die Bildungsprozesse ermöglichen, soziale Einbindungen anbieten und in denen der Einzelne zu sich selbst finden kann, letztlich Autonomie entwickelt.

Es bleibt aber zu bedenken, dass bei aller gezielten Gestaltung pädagogischer Orte diese als offene Räume verstanden werden müssen, d.h. den Blick auf eine offene Zukunft richten sollten und Hoffnung verheißen sollten, indem sie Perspektiven bieten. Dabei sind „Auszeiten", Fehler, Vor- und Rückschlüsse bei der Gestaltung des eigenen Lebensweges explizit erlaubt, da diese neue und kreative (Neben-) Wege auch jenseits der pädagogischen Erziehungsplanung erst ermöglichen.

Wir Erwachsenen müssen uns in diesen pädagogischen Orten mit großer Sensibilität für unsere eigene Rolle bewegen, denn erst indem die Kinder und Jugendlichen in diesen Räumen gemeinsam handeln und lernen, indem sie Regeln aufstellen und deren Verbindlichkeit gemeinsam sichern sowie - unabhängig von uns Erwachsenen – eine positive Peer-Kultur über eine gemeinschaftlich getragene Gesinnung entwickeln (übertragen könnten man von einer „corporate identity" oder von einer „moral community" sprechen), wird der von uns gestaltete Ort für unsere Adressaten auch lebensgeschichtlich bedeutsam.

Zu betonen ist dabei, dass pädagogische Orte von den Bewohnern selbst gestaltet werden müssen, was für uns bedeutet, uns auch an gewollt provisorischen, ärmlichen oder aber in unserem Sinne weniger ansprechenden Orten mit Kindern und Jugendlichen auseinander setzen zu müssen. Orte wollen „übergeben" sein an diejenigen, die an diesen Plätzen ihre eigenen Lebensformen entwerfen und realisieren sollen. Kinder und Jugendliche scheinen aber immer wieder erstaunlich kreativ und oftmals überraschend genügsam, wenn man ihnen Plätze, Räume, Orte, die ihnen gehören und über die sie selbst verfügen können, anbietet, damit sie diese in Besitz nehmen und nach ihren Bedürfnissen formen.[7]

Kinder und Jugendliche mit Gefühls- und Verhaltensstörungen brauchen natürlich Spielräume für Erfahrungen und Schonräume für Entwicklung. Sie brauchen Schutz und Hilfe und müssen die Fürsorge ihrer Erzieher erleben. Sie brauchen ein therapeutisches Milieu, in dem sie wachsen und oftmals auch Entwicklung nachholen können.[8] Aber neben Schutz- und Schonräumen muss es auch Konflikte und Auseinandersetzungen geben, müssen Grenzen erlebt werden. Kindliches Aufwachsen und Erziehung können nicht konfliktfrei sein. Persönlichkeit entwickelt sich in der Auseinandersetzung mit Widerständen, vor allem wenn diese Widerstände zum Wohle des Kindes gesetzt sind, verständlich und nachvollziehbar erklärt werden und von den Kindern als gerecht empfunden werden können.[9] Erziehung ist in ihren glücklichen Momenten auch ein harmonischer Prozess. Viel öfter ist sie aber ein alltäglicher Auseinandersetzungs- und Aushandlungsprozess, in dem unterschiedliche Subjekte ihre Interessen und Bedürfnisse zur Geltung bringen wollen. Erziehung läuft dann vollkommen ins Leere, wenn Pädagoginnen und Pädagogen glauben, dass diese in einem Schonklima der Konfliktvermeidung und nur in der Erfüllung aller kindlichen Bedürfnisse stattfinden müsste. Es ist eine schmerzliche und gleichwohl unabdingbare Erfahrung des Realitätsverständnisses des Kindes, dass nicht alles möglich und erreichbar ist und dass das Erreichen angestrebter Ziele mit Anstrengung und Leistung verbunden ist.

„Frau R. übt mit mir lesen."
Zeichnung von Franziska K., 4. Klasse, zum Thema: Was mir an der Schule am besten gefällt

Anzustreben sind entwicklungs- und autonomiefördernde Balancen zwischen Bedürfnis- und Anspruchsbefriedigung, Grenzsetzungen und Forderungen an das Kind. Kinder entwickeln in diesem Prozess Kompetenzen und Fähigkeiten, mit deren Hilfe sie ihre individuellen Formen der Weltbegegnung und Lebensmeisterung entwickeln und selbsterzieherisch ihre Entwicklung bestimmen.
Durch solche Erfahrungen und eine unterstützende reflexive Begleitung durch die Erzieherinnen und Erzieher entwickeln Kinder und Jugendliche
• ihre Autonomie,
• ein Bewusstsein über die Folgen ihres Handelns,
• Verantwortungsgefühl und Solidarität mit dem Leiden anderer,
• Handlungsoptionen in ihrem Leben und

- die Fähigkeit, gute Entscheidungen für sich und die Menschen in ihrem Umfeld zu treffen.

Neben der Schaffung fördernder Rahmenbedingungen kindlicher Entwicklung ist aber auch zu achten auf die Befriedigung grundlegender kindlicher Bedürfnisse. Das Fundament kindlicher Entwicklung sind „sichere Bindungen" mit primären Erziehungspersonen, sind Erfahrungen von Vertrauen, Empathie, Achtung[10], Erfolg, Hilfe und Geschätztwerden. Gerade in diesen Bereichen vermissen Kinder und Jugendliche mit Gefühls- und Verhaltensstörungen ausreichend positive Erfahrungen. Sie blicken auf Lebensgeschichten mit Beziehungsverlusten, Beziehungsabbrüchen, Erfahrungen von Vernachlässigung, Missachtung, Missbrauch, Misshandlung und enttäuschtem Vertrauen zurück, deren Verarbeitung sie überfordern. Biographisches Lernen im Sinne einer pädagogischen Aufarbeitung individueller Lebenserfahrungen und der Entwicklung einer persönlichen Identität („Wer bin ich?") und im Sinne eines Sinnhorizontes für das eigene Leben ist eine wichtige Aufgabe der Erziehung von Kindern und Jugendlichen mit Gefühls- und Verhaltensstörungen.

Erziehung als pädagogischer Bezug

Dabei kommt in der Erziehung dieser Kinder und Jugendlichen der personalen Dimension des pädagogischen Könnens eine besondere Bedeutung zu. Der professionelle Erwachsene geht ein berufsmäßig hergestelltes „Arbeitsbündnis auf Zeit" ein – meist bewusst und freiwillig. Das Kind oder der Jugendliche hingegen kann sich hier weniger einbringen, zumindest was die Auswahl von Betreuern oder Lehrern etc. angeht. Doch gerade „die selbst initiierte Begegnung mit einem Erwachsenen, der sich als Repräsentant seiner Lebenswelt versteht, der zur Vergangenheit und den darin aufgehobenen Erfahrungen steht, eröffnet im pädagogischen Umgang auch die Chance zur Synchronisation und Neuerschließung sozialer Bereiche in Raum und Zeit, stellt einen Beitrag zur handelnden Vernetzung und zeitlichen Nutzung von gesellschaftlichem Raum dar, der durch alleinige Partizipation an normierten Beziehungen in dieser Qualität nicht erreichbar sein dürfte."[11]
Im Prozess der Erziehung wurde beginnend mit Pestalozzi oder Jean Paul diesem personalen Verhältnis zwischen Erzieher und Educandus große Bedeutung zugemessen. In der Diskussion dieses „pädagogischen Bezuges", wie er bei Nohl[12] idealtypisch beschrieben wird und der für ein pädagogisches Beziehungsverhältnis unverzichtbar ist, werden der Persönlichkeit des Erziehers sowie den sinnlichen Momenten („pädagogische Liebe") mehr Aufmerksamkeit geschenkt. Die emotionale Verbundenheit sowie das Vertrauen des Edukanden ergibt sich aber eben nicht selbstverständlich aus der Präsenz des professionellen Erwachsenen im Alltag der Kinder und Jugendlichen, sondern ist Ergebnis eines Prozesses der gegenseitigen Annäherung und des Verstehens, welches erst durch gemeinsames Erleben und der Interaktionen in vielen Handlungszusammenhängen entstehen kann. Dabei dient dem Erwachsenen „pädagogischer Takt" als Handlungsrahmen, d.h. dieser

zeigt den nötigen Freiraum für die Selbstentfaltung des jungen Menschen auf, aber auch die Grenzen, die jener braucht, um der Situation sicher und gefahrlos gerecht werden zu können und die vom Erziehenden mit Feingefühl und Zurückhaltung verdeutlicht werden. Der pädagogische Bezug selbst hat seine Grenzen dort, wo das Kind oder der Jugendliche selbständig wird und hat zum Ziel, selbst überflüssig zu werden und sich aufzulösen.

Kinder und Jugendliche mit Verhaltensstörungen brauchen den professionellen Erwachsenen in erster Linie in einem asymmetrischen Verhältnis: Der Pädagoge unterstützt und hilft im gemeinsamen Alltag dem Kind oder Jugendlichen, auf sich selbst und seine Fähigkeiten zu vertrauen. Dabei ist das Verhältnis eher hierarchisch gekennzeichnet. Mit zunehmender Mündigkeit verändert sich dieses Verhältnis im Sinne eines eher symmetrischen Verhältnisses. Das Kind wird stärker als gleichberechtigter Partner, als Experte in seiner subjektiven Situation geachtet. Der pädagogische Bezug hat dabei zum Ziel, emotionale Unterstützung durch das gegenseitige Geben und Erhalten von Zuneigung durch persönliche Offenheit, Verständnis und Akzeptanz, Selbstachtung und Vertrauen zu geben. Daneben will er kognitive Unterstützung ermöglichen durch Informationen und Hilfen zur Entwicklung eines kognitiven Rahmens zur Interpretation und Konstruktion von Realität. Er gestaltet sich in einem breiten Angebot an Lernprozessen, die von stabilen und belastbaren Beziehungsofferten mit sozialen und emotionalen Angeboten flankiert werden und die das Ziel der Selbsterziehung und -bildung sowie der Chancenvermittlung und der kulturellen Selbstbildung vor Augen haben. Der professionelle Erwachsene dient so auch als Identifikationsmodell – zudem als kritischer Dialogpartner und als stabiler Gegenpart zum „Aneinander-Reiben" – nicht aber im Sinne von übermächtiger Perfektion. Kinder brauchen als Vorbilder Erwachsene, „die sich einlassen, die riskieren, sich herumschlagen, verwundbar sind, Fehler machen, ratlos werden, neu beginnen oder aufgeben".[13] So muss neben der Beachtung der Subjektivität der Adressaten von Erziehung der Erzieher sich selbst in seiner Subjektivität im alltäglichen Handeln transparent machen, indem er Emotionen, Beweggründe, Überlegungen etc. verbalisiert. Die jungen Menschen können dadurch neue Verständniszugänge zu ihrer eigenen Geschichte erfahren, da sie mit der Zeit Muster von Handlungsabläufen und neue Wege des Herangehens an Herausforderungen erfahren bzw. erfahrenes Scheitern besser verstehen lernen können.

Belastbare Beziehungen zu Heranwachsenden mit Gefühls- und Verhaltensstörungen sind in diesem äußerst spannungsgeladenen pädagogischen Interaktionsgefüge eine große Herausforderung. Aus einem echten Engagement für diese Kinder heraus müssen wir vernünftige Grenzen setzen, die wir auch durchsetzen und immer wieder aufs Neue begründen. Andererseits gehört es zum Verständnis für diese Kinder, dass wir um ihre Einsicht und Zustimmung zu den pädagogischen Zielen und Maßnahmen werben, die wir für sie ergreifen wollen.

Dabei ermöglicht nicht nur die Nähe zu den Kindern und Jugendlichen pädagogischen Erfolg. Vielmehr sind es auch gelingende Formen der Distanz („pädagogischer Takt") und eben jene Anerkennung der Subjektivität, welche allen Beteiligten Eigenentwicklung ermöglichen. Der Schweizer Heilpädagoge Paul Moor[14] sprach in diesem Zusammenhang von der „pädagogischen Zurückhaltung" und davon, dass „das für die Entwicklung Wichtigste da geschieht, wo es nichts zu erziehen gibt".

Erziehung muss Erfahrungen und selbstorganisierte Lernprozesse zulassen. Dort wo die Selbstverwirklichungsrechte der Anderen berücksichtigt und anerkannt werden, findet Erziehung auch die Grenzen, die sie setzen und durchsetzen muss.[15] Auch wenn Erziehung als selbstorganisierter Individuationsprozess verstanden wird,
- erfordert sie Orientierungswissen über förderliche und einschränkende Umwelten kindlicher Entwicklung,
- umfasst sie, vor allem auch in den Bereichen öffentlicher Erziehung (z.B. der Schule), zielgerichtete Maßnahmen,
- ist sie sich bewusst, dass die Ergebnisse dieser Maßnahmen im Sinne ihrer Zielerreichung prinzipiell unsicher sind.

Denn der „Zögling" hat, wie wir bereits oben feststellten, im Rahmen seiner individuellen Autonomie (Selbstorganisation) immer die Freiheit, sich den Erziehungsabsichten zu verweigern oder ihnen zuzustimmen.

Im Mittelpunkt eines modernen Erziehungsbegriffs stehen also
- die Anerkennung der Selbstorganisations- und Autonomieansprüche der am Erziehungshandeln beteiligten Subjekte und ihre gegenseitige Begrenzung,
- die Anerkennung der Tatsache, dass pädagogisches Handeln immer auch anders erfolgen könnte (Kontingenz) und die Anerkennung der prinzipiellen Ungewissheit der Ergebnisse pädagogischen Handelns,
- die Frage nach den möglichen Gewinnen und Risiken pädagogischen Handelns,
- die Notwendigkeit einer Sicherheit und Kontinuität bietenden Gestaltung pädagogischer Orte, die Erfahrungsräume öffnen und Fürsorge sicherstellen,
- die Gestaltung stabiler pädagogischer Beziehungen, in denen im Sinne von Makarenko höchste Forderungen an das Kind mit größtem Respekt vor ihm verbunden sind
- die Frage nach den unterschiedlichen Wahrnehmungen, Deutungen und Verständnisweisen der an den Erziehungsprozessen Beteiligten und
- die Notwendigkeit der reflexiven Verarbeitung und Bewusstmachung dieser Widersprüche und Unsicherheiten, die Erziehungsprozesse konstituieren.

Dies bedarf intensiver reflexiver Bearbeitung, um daraus Orientierungen für die Erziehungspraxis ableiten zu können.

Beispiel für ein ausbalanciertes und engagiertes Konzept von Erziehung als Ortshandeln und Erziehung als pädagogischer Bezug: Das Canisiusheim der Salesianer Don Boscos in Bamberg.

In dieser Einrichtung kooperieren eine Vielzahl konzeptionell aufeinander abgestimmter Einrichtungen der Sozialhilfe, (sonder-)schulischer Bildung sowie beruflicher Vorbereitung. Die Schule zur Erziehungshilfe setzt sich hier vor allem das Ziel, Schülern mit vielfältigen Erfahrungen der Ausgrenzung wieder Türen aufzumachen und Strukturen anzubieten, die diesen Kreislauf durchbrechen. Dazu werden sonderpädagogische, therapieorientierte Maßnahmen sowie flankierende Maßnahmen der Jugendhilfe verschränkt, wie das Beispiel der Gestaltung des Kinderhortes deutlich macht. Bei der Planung der Räume für diese Maßnahme stand fest: „Wir gaben den Raumpädagogen recht: Nicht nur Pädagogen erziehen, sondern auch Räume. Denn auch Räume haben eine Absicht, nicht nur Pädagogen: Sie fordern auf: zum Aktivsein, zum Ruhigsein, zum Verweilen, zum Träumen und zum Rückzug, zur Kommunikation, zum Geselligsein, zur Leistung und Konzentration..."

So wurde das raumpädagogische Konzept nach dem Würzburger Modell (vgl. Prof. Dr. Mahlke) gestaltet und auf sehr anspruchsvolle Kinder und Jugendliche ausgeweitet. Die Idee des thematischen Raumes war Inhalt und Ziel der Planungen. Für Kinder, die hungrig nach Selbstwertgefühl, Erlebnis und Abenteuer sind, entstanden themenzentrierte Räume. Der Lebensraum Zirkus scheint hierzu besonders geeignet und so wurde die Tagesstätte als kleiner Zirkus gebaut: Aus dem Toberaum wurde die Manege, aus dem Flur ein Raubtiergang, aus dem Esszimmer ein gemütlicher Zirkuswagen. Die Zirkusidee entwickelte eine Eigendynamik – bei Kindern wie Mitarbeitern. Viele Jugendliche übten mit Begeisterung und Ausdauer, manch schlummerndes Talent kam zum Vorschein, Mitarbeiter und Jugendliche lernten sich neu kennen. Das Engagement war so groß, dass daraus ein richtiges Zirkusprogramm entstand. Heute durchdringt die Konzeption der Zirkuspädagogik die verschiedenen Einrichtungen gänzlich und kann als übergeordnetes Konzept in jährlichen – äußerst professionellen – Vorführungen auch öffentlichkeitswirksam beeindrucken. Die zirkuspädagogischen Angebote richten sich zum einen an das einzelne Kind, zum anderen finden Kleingruppen oder Gruppenangebote in offener und geschlossener Form statt. Auch Eltern werden als Helfer wie Publikum eingebunden. Die handwerkliche Gestaltung der Hort-Räume sowie viele Produkte für den Zirkus entstanden dabei großteils durch die Zirkuswerkstatt, die ein Angebot des Jugendhilfezentrums für Arbeits- und Ausbildungssuchende Jugendliche darstellt. Hier bekommen auf dem Arbeitsmarkt nur schwer zu vermittelnde Jugendliche die Chance, sich durch fachkompetente Anleitung durch Handwerksmeister und einen Sozialpädagogen fit zu machen für Ausbildung und Beruf. Es wird ausschließlich in Projekten gearbeitet, wobei besonderer Wert darauf gelegt wird, Dinge herzustellen, die tatsächlich gebraucht werden und daher Sinn machen. So bauten die Jugendlichen der Zirkuswerkstatt innerhalb von vier Monaten ein neues Zelt für die Vorführungen, das allein durch seinen imposanten Ausmaße von 11 Metern Höhe und dem Angebot von 570 Plätzen nicht nur den jungen Künstlern und Artisten, sondern auch der Öffentlichkeit deutlich zeigt, dass in diesen besonderen Kindern und Jugendlichen auch „Besonderes" steckt . Für uns demonstriert das bunte, große Zirkuszelt allen Beteiligten wie dem Publikum und ihrem Umfeld auf fröhliche und zuversichtliche Weise, wie professionelle pädagogische Hilfe und Begleitung von schwierigen und ausgegrenzten Kindern und Jugendlichen in liebevoller, kreativer und fürsorglicher Weise „unter ein Dach" gebracht werden kann!

Von den Schwierigkeiten der Begriffsbestimmung von Gefühls- und Verhaltensstörungen

Die inhaltliche Bedeutung des Begriffs „Verhaltensstörungen" ist schillernd und unscharf. In der Praxis werden unter diesem Begriff Störungen des Sozialverhaltens, der emotionalen Verarbeitung und ihre Mischformen mit kinder- und jugendpsychiatrischen Krankheitsbildern erfasst. Von Verhaltensstörungen wird aber auch in der Geistigbehindertenpädagogik gesprochen.

Vielfältig sind die Begriffe, mit denen Verhaltensstörungen bezeichnet werden. Gesprochen wird von schwererziehbaren, erziehungsschwierigen, verwahrlosten, verhaltensauffälligen, verhaltensbeeinträchtigten Kindern oder auch von erwartungswidrigem Verhalten. Die Vielfältigkeit der Begriffe drückt die Unsicherheiten aus, die entstehen, wenn Verhaltensstörungen praxisnah und konkret bestimmt werden sollen.

Wir schlagen in diesem Zusammenhang vor, von „Gefühls- und Verhaltensstörungen" zu sprechen, um damit den engen Zusammenhang von Emotion, Kognition, subjektivem Erleben und Verhalten zu betonen.[16] Während im schulischen Bereich noch immer der Begriff der „Verhaltensstörungen" dominiert, wird im Feld der außerschulischen Erziehungshilfe der Terminus „seelische Behinderung"[17] bevorzugt. Die KMK sprach zuletzt von einem Förderschwerpunkt *emotionale und soziale Entwicklung*[18] und vermeidet eine präzisere Populationsbestimmung. Die Entscheidung, welche Schülerpopulation im Rahmen dieses Förderschwerpunktes erfasst werden soll, wird damit an die Praxis weitergegeben.

Eine begriffliche Präzisierung dessen, was unter Gefühls- und Verhaltensstörungen zu verstehen ist, erscheint dabei aus diagnostischen Gründen, aus Gründen der Ressourcenplanung und hinsichtlich des Umfangs und der inhaltlichen Ausgestaltung der erforderlichen Maßnahmen unabdingbar. Eine begriffliche Bestimmung von Gefühls- und Verhaltensstörungen müsste dabei folgende Kriterien erfüllen können:

- Sie muss praxisnahe bestätigende (inklusive) und ausschließende (exklusive) Kriterien für das Vorliegen oder Nicht-Vorliegen einer solchen Beeinträchtigung nennen, um im Rahmen von Ressourcenknappheit eine anspruchsberechtigte Kernpopulation bestimmen zu können.
- Sie sollte praxisnahe diagnostisch-relevante Bestimmungskriterien enthalten, die in den individuellen Erziehungsplan eingehen können.
- Sie sollte systemisch-ökologische Aspekte berücksichtigen, die symptomorientierte Beschreibungen inhaltlich überschreiten.

- Sie sollte die möglichen Überschneidungen mit anderen Behinderungsarten anerkennen und spekulative Unterscheidungen zwischen dominanten Behinderungsformen und ihren Sekundärfolgen weitgehend vermeiden.

Im Folgenden wollen wir eine Begriffsfassung des größten amerikanischen Fachverbandes (Council for Children with Behavior Disorders, CCBD)[19] vorstellen, die uns geeignet erscheint, Schülerinnen und Schüler mit Gefühls- und Verhaltensstörungen zu bestimmen:

1. Der Begriff Gefühls- und Verhaltensstörungen beschreibt Beeinträchtigungen, die in der Schule als emotionale Reaktionen und Verhalten wahrgenommen werden und sich von altersangemessenen, kulturellen oder ethnischen Normen so weit unterscheiden, dass sie auf die Erziehungserfolge des Kindes oder Jugendlichen einen negativen Einfluss haben. Erziehungserfolge umfassen schulische Leistungen, soziale, berufsqualifizierende und persönliche Fähigkeiten. Eine solche Beeinträchtigung
- ist mehr als eine zeitlich begrenzte, erwartbare Reaktion auf Stresseinflüsse in der Lebensumgebung,
- tritt über einen längeren Zeitraum in zwei verschiedenen Verhaltensbereichen auf, wobei mindestens einer dieser Bereiche schulbezogen ist und
- ist durch direkte Intervention im Rahmen allgemeiner Erziehungsmaßnahmen insofern nicht aufhebbar, als diese Interventionen bereits erfolglos waren oder erfolglos sein würden.

2. Gefühls- und Verhaltensstörungen können im Zusammenhang mit anderen Behinderungen auftreten und erfordern für ihre Beschreibung Informationen aus verschiedenen Quellen und Messverfahren.
3. Diese Behinderungskategorie schließt Kinder und Jugendliche mit schizophrenen Störungen, psychosomatischen Störungen, Angststörungen und anderen dauerhaften Störungen wie soziale und Anpassungsstörungen mit ein, wenn sie die Erziehungserfolge wie unter Punkt (1) ausgeführt, negativ beeinflussen.

Im Mittelpunkt dieser Begriffsfassung steht die Vorstellung von Erziehungserfolgen in den vier Bereichen:
- schulische Fähigkeiten,
- soziale Fähigkeiten,
- berufsqualifizierende Fähigkeiten im Jugendalter und
- persönliche Fähigkeiten der Kinder und Jugendlichen.

Als einschließende bzw. anschließende diagnostische Kriterien werden
1. Zeit und Schweregrad (Intensitätskriterien),
2. Auftreten in mindestens zwei settings (ökologisches Kriterium),
3. Erfordernis spezifischer pädagogischer Hilfen (Integrationskriterien)
aufgeführt.

Bedeutsam ist neben der Betonung der emotionalen Dimension von Verhalten die Berücksichtigung ethnisch-kultureller Normen. Begrifflich wurde der Vorstellung einer Beeinträchtigung (disability) der Vorzug gegeben. Damit soll anerkannt werden, dass sich Gefühls- und Verhaltensstörungen in gängige Behinderungssymptomatiken nicht einordnen lassen. Dabei ist natürlich auch die Vorstellung einer „Störung" nicht mehr als eine pauschalierende Verkürzung komplexer pädagogischer Herausforderungen. Die Unterscheidung zwischen Funktion und Dysfunktion in einem Menschen ist relativ und reversibel. „...ein Kind ist nicht nur verhaltensgestört" [20], sondern in erster Linie ein Kind, das für seine Entwicklungsfortschritte Erfolge, Herausforderungen, Zuneigung und Anerkennung braucht, das unter Misserfolgen leidet, aber auch Spaß und Freude am Leben haben will. Grundsätzlich kooperieren die Kinder mit ihren Lebenswelten. Wenn aber diese Lebenswelten destruktiv organisiert sind und kindliche Grundbedürfnisse missachten, dann gewinnt die kindliche Kooperation in diesen Umwelten auch destruktive Qualität[21] Insofern haben Lebensweltqualitäten ein Prä bei der Entstehung von Gefühls- und Verhaltensstörungen. Der Störungsbegriff markiert in diesem Zusammenhang nicht mehr, aber auch nicht weniger als das Recht und den Anspruch auf spezielle Hilfen, die Erziehungserfolge im Sinne ihrer Partizipation am gesellschaftlichen Leben sicher zu stellen.

Migrantenkinder in der Schule zur Erziehungshilfe

Was würden Sie empfinden, wenn Sie als türkischer Junge in Deutschland geboren und aufgewachsen wären und Gefühle der Ohnmacht „gewaltige" Ausmaße bei Ihnen annehmen, wenn Sie immer wieder – vielleicht auch an der Wand des Pausenhofs – dem Spruch und der Haltung „Ausländer raus" begegnen?
Und welche Gefühle entstünden bei Ihnen, wenn Sie sich als muslimisch erzogenes Mädchen lieber gänzlich von anderen absondern, weil Sie sprachlich kaum in der Lage sind, jene Eigenheiten Ihrer Kleidung oder Ihrer kulturellen Gewohnheiten zu erklären und begründen, über die Gleichaltrige sich immer wieder lustig machen?

Brauchen Kinder und Jugendliche mit Migrationshintergrund spezielle Erziehungshilfen?

Um es vorneweg zu sagen: Wir sind nicht der Meinung, Kinder mit Migrationshintergrund seien aufgrund ihrer Herkunft und Abstammung prinzipiell potentielle Adressaten sonderpädagogischer Erziehungshilfe. Dennoch halten wir diese Population, bei der sich die negativen Folgeerscheinungen der zunehmenden Pluralität von Lebenslagen zu multiplizieren scheint, an dieser Stelle für besonders erwähnenswert, nicht zuletzt auch, da diese Gruppe von Schülerinnen und Schülern gerade die Schulen der neuen Bundesländer künftig vor neue und nicht unproblematische Herausforderungen stellen wird – und zu deren Lösung die Erfahrungen der alten Bundesländer nur bedingt beitragen können.
Da die von uns beschriebene Fassung des Begriffs der Gefühls- und Verhaltensstörungen zum ersten Mal auch Beeinträchtigungen umfasst, „die sich von kulturellen oder ethnischen Normen so weit unterscheiden, dass sie auf die Erziehungserfolge

des Kindes oder Jugendlichen einen negativen Einfluss haben", sehen wir uns gezwungen, über unser (monokulturell geprägtes) Verständnis von besonderer Erziehungsbedürftigkeit, aber auch von Erziehungserfolgen intensiver nachzudenken: Modernes heilpädagogisches Handeln steht unter dem Aspekt der sozialen Eingliederung von Menschen mit Lebenserschwernissen in sich verändernde und komplexe lebensweltliche Zusammenhänge und schließt somit den Blick auf Migrantenkinder ein:

„Die Grenzziehungen zwischen situativen, durch individuelle Notlagen bedingte Einschränkungen individueller Lebensführung uid dem Vorliegen einer Behinderung werden durch die wissenschaftlich begründete Sensibilität für die Bedeutung subjektiver Deutungsprozesse der Betroffenen immer problematischer. Praktisch bedeutet dies eine präventive Ausweitung der Population, die auf Hilfestellungen unterschiedlicher Komplexität und Dauer angewiesen ist." [22]

Gerade auch die Kinder der erstzugewanderten Migranten sind, bedingt durch teils massive Entwicklungserschwernisse und daraus resultierende Belastungen, potentiell vom Risiko des Scheiterns an alltäglichen Anforderungen bedroht und werden nach wie vor in ihren gesellschaftlichen Partizipationsmöglichkeiten erheblich eingeschränkt. Sie bilden – bisher vor allem in den alten Bundesländern – einen nicht unwesentlichen (und nicht unproblematischen) Teil der durch Heterogenität gekennzeichneten Gesamtschülerschaft, welche die Allgemeine Schule wie auch die Sonderschule vor große Herausforderungen stellt.

Schülerinnen und Schüler mit Migrationshintergrund sind in höherem Maße Selektionsprozessen unterworfen und finden sich öfter in untere Ränge der Schulbildung verwiesen. So waren im Schuljahr 2000/2001 insgesamt 9,5 % der Gesamtschülerschaft Schüler und Schülerinnen mit Migrationshintergrund, was in etwa dem Anteil ausländischer Mitbürger an der Gesamtbevölkerung der Bundesrepublik wiederspiegelt. Betrachtet man allerdings die Verteilung dieser Schüler auf Schularten, zeigt sich, dass im selben Schuljahr nur 3,9 % ausländische Schüler das Gymnasium, hingegen 14,9 % von ihnen eine Sonderschule besuchten. Die Schule für Lernbehinderte sticht hierbei deutlich heraus: Besonders in den alten Bundesländern stellen in dieser Sonderschulart Schülerinnen und Schüler mit Migrationshintergrund nicht selten bis zu ein Viertel der Schülerschaft.

Während Anfang der 80er Jahre über 30 % der Schulabgänger ausländischer Herkunft die Schule ohne Abschluss verließen, hat sich diese Zahl zwar bis heute halbiert. Sie ist allerdings noch immer doppelt so hoch wie bei deutschen Schulabgängern. Insgesamt hat sich der Trend zu höheren Schulabschlüssen im letzten Jahrzehnt merklich verlangsamt und der Abstand zwischen den prozentualen Anteilen höherer Schulabschlüsse von deutschen und ausländischen Jugendlichen, welche die Schule verlassen, wurde nicht geringer, da bei deutschen Schulabgängern der Trend zu höheren Abschlüssen anhält.

Sozial benachteiligte Kinder und Jugendliche, insbesondere eben auch Kinder von Einwanderern, haben im deutschen Bildungssystem kaum Chancen. Die von der OECD in Auftrag gegebene PISA-Studie 2001 bestätigt alle Erkenntnisse der praktischen Migrationsarbeit: Unser Schulsystem zeigt sich in weiten Bereichen trotz „Integrationspostulat" integrationsunfähig und manifestiert die „Segregationswirklichkeit" der gesellschaftlichen Verhältnisse. Sozial schwächere Schüler und Schülerinnen aus Einwandererfamilien haben in der Studie überproportional schlecht abgeschnitten. Dem deutschen Bildungssystem gelingt es offenbar nicht, Chancengleichheit für alle zu bieten. Dabei haben Lehrer in der Praxis vor allem mit zwei Problemen zu kämpfen: Die eine Schwierigkeit ist die Zweisprachigkeit der Schüler, die neuartige Anforderungen an Unterricht stellt und von Lehrern unter der Defizitperspektive wahrgenommen wird. Eine andere Problematik liegt in den unflexiblen Strukturen der Schule selbst begründet. Die feste Installation gesonderter Maßnahmen (z.B. Förder-, Übergangs- und Vorbereitungsklassen, muttersprachlicher Unterricht etc.) führt nicht selten dazu, dass Schüler anderer Muttersprachen kaum mehr einen Weg in Regelklassen finden. Mit der nötigen bedarfsorientierten und anpassungsfähigen Förderung von Kindern und Jugendlichen mit Migrationshintergund tut sich die Schule auch nach über drei Jahrzehnten pädagogischer Bemühungen immer noch äußerst schwer - trotz zaghafter Versuche der Interkulturellen oder Integrativen Pädagogik, einen Perspektivenwechsel auf die gemeinsame Unterrichtung und Erziehung *aller* Kinder zu initiieren. Im Hinblick auf diese Heterogenität der Schülerinnen und Schüler und der Verschiedenheit ihrer Bildungs- und Erziehungsbedürfnisse stellt sich die Aufgabe einer „Pädagogik der Vielfalt" [23] für alle Bereiche schulischer Förderung. Der Begriff der Förderung umfasst dabei „sowohl den Binnenbereich, d.h. die Arbeit in der Schule selbst, deutet aber auch Möglichkeiten für ambulante Maßnahmen und kooperative Fördermaßnahmen der Förderschule in den allgemeinen Schulen an." [24]

Im Besonderen stellen hierbei heilpädagogische Angebote eine sinnvolle Ergänzung der Allgemeinen Pädagogik dar, da sie eine Fülle von Anregungen für die gemeinsame Erziehung von Schülerinnen und Schülern mit unterschiedlichsten Lernvoraussetzungen geben können.[25] Über diese Hilfen zur täglichen Alltags- und Unterrichtsgestaltung in der Klasse hinaus sind heilpädagogische Kompetenzen auch auf die gezielte Förderung einzelner Schülerinnen und Schüler mit Lern- und Erziehungsproblemen zu richten, sowohl innerhalb als auch außerhalb der Klasse (z.B. Entwicklung gezielter Förderprogramme oder Vernetzung unterschiedlicher Fachdienste).

Welche Ziele setzt die schulische Erziehungshilfe für die individuelle Förderung von ausländischen Kindern und Jugendlichen?

Schulische Erziehungshilfe kann eine besondere Rolle für die Entwicklung geeigneter Föderansätze für Schülerinnen und Schüler mit Migrationshintergrund spielen, da sie primär um die spezielle präventive wie intervenierende Förderung von Kindern und Jugendlichen mit besonderen individuellen Erziehungsbedürfnissen bemüht ist und den Begriff des Erziehungserfolges als Ausgangsbasis ihrer Theorie und Praxis begreift. Der Schwerpunkt ihrer Arbeit mit Migrantenkindern wird folgendermaßen bestimmt:

- Präventive wie intervenierende Maßnahmen müssen reflexiv überdacht werden und aus unterschiedlichen Blickwinkeln aller am pädagogischen Prozess Beteiligten diskutiert und ergänzt werden. Hierbei sind primär Maßnahmen zu ent-

wickeln, welche sensibel sind für kulturelle und sprachliche Hindernisse pädagogischen Handelns, die kritische und problembeladene Lebenslage der Schülerinnen und Schüler mit Migrationshintergrund adäquat erfassen und diese Lebensbedingungen in ihren pädagogischen Hilfestellungen berücksichtigen.
- Schulische Erziehungshilfe muss zur Optimierung adäquater Förderung von Migrantenkindern auch bestehende Diagnostikprobleme aufarbeiten: Hierzu sind die Praktiken der Schuleingangsdiagnostik, der Sprachstandsdiagnoseverfahren ebenso wie der Überweisungsdiagnostik in die Sonderschule kritisch zu überprüfen. Insbesondere leistungsschwache Migrantenkinder sind durch gezielte Förderdiagnoseverfahren vor überproportionaler und überselektiver Auslese zu bewahren.
- Lebensweltliche Förderung schließt Elternarbeit mit ein. Der Einbezug der Eltern- und Familienarbeit in die individuellen Erziehungspläne muss sich besonders auf die Verbesserung der Entwicklungsbedingungen des Kindes oder Jugendlichen in seiner Familie richten, somit in erster Linie auf einer Stärkung der psychosozialen Unterstützungsleistungen durch die Familie und das nähere Umfeld.
- Eine zentrale Aufgabe schulischer Erziehungshilfe ist die Unterstützung der Kinder und Jugendlichen mit Migrationshintergrund bei der Entwicklung von Kompetenzen und produktiven Bewältigungsstrategien. Gerade im schulischen Alltag sind veränderte Formen des Umgangs mit belastenden Situationen, mit Konflikten und Krisen anzubahnen. Hier kann schulische Erziehungshilfe bedürfnisorientiert Fördermaßnahmen anbieten – auch gerade im Rahmen der Regelklasse. Im Falle der Migrantenkinder kommen dabei Kompetenzen im Sinne „bi-" oder „multikultureller" Identitätsdimensionen große Bedeutung zu (z.B. emphatisches Einfühlen in kulturspezifische Verhaltenserwartungen und dementsprechende Kontroll- und Verarbeitungsformen).
- Neben der Entwicklung von Kompetenzen, eigenaktiv auf die Umwelt einzuwirken und Ressourcen zu initiieren, muss insbesondere der Mut zur Initiative und die Fähigkeit, Rat und Hilfe bei Dritten einzuholen, verstärkt werden. So sind besonders auch übergreifende, interethnische soziale Netzwerke zu initiieren und zu begleiten, in welche Kinder und Jugendliche mit Migrationshintergrund integrierbar sind.
- Eine besondere Aufgabe ist zudem die Vermittlung positiver Lebensperspektiven - offen für ein Leben in Herkunfts- *und* Aufnahmegesellschaft. Indem die Schule Spielräume bereitstellt, vielfältige Erfahrungen auch für die Lebensgestaltung über die Schule selbst hinaus zu gewinnen, wird auch dem Sinnverlust schulischen Lernens entgegengewirkt.

Diese kurz umrissenen Aufgaben verdeutlichen den Stellenwert, welcher der schulischen Erziehungshilfe im Rahmen der Förderung von Kindern und Jugendlichen mit Migrationshintergrund zukommen kann – vor allem in Hinblick auf Prävention und Integration dieser Schülerinnen und Schüler. Dass sie sich dieser Herausforderung gewahr wird und stellt, ist ein großer Schritt in Richtung einer Pädagogik der Vielfalt. Dass dieser Schritt aber nicht ohne Unterstützungsleistungen seitens der Gesellschaft zu erbringen ist, wird unmittelbar deutlich: Eine Umgestaltung der Bildungslandschaft durch ein Bündel von Maßnahmen ist nicht ohne ein Umdenken in der Schulorganisation und auch der Lehrerbildung und schon gar nicht ohne zusätzliche Ressourcenzuweisungen denkbar.

Ein idealtypisches Beispiel könnte demnach so aussehen:
Der Schüler Murat geht mit Freude in den zweisprachigen Kindergarten. Obwohl er beim Schuleingangstest sprachlich mäßig abschneidet, wird er nicht etwa vom Schulbesuch zurück gestellt, sondern altersgerecht eingeschult. In der Grundschule besucht er in den ersten Monaten einen Hilfskurs. Seine Lehrerin achtet darauf, ihre Informationsschreiben an die ausländischen Eltern mit Kollegen oder Schülern gemeinsam in deren Sprache zu übertragen und bietet spezielle Elterngespräche mit Übersetzungshilfen an. Sie engagiert sich für ihre eigene Weiterbildung und arbeitet in einem gemeinsamen Arbeitskreis von Lehrern und Eltern. Die Lebenswelt der Kinder bezieht sie oftmals in ihren Unterricht ein, so wie sich ihre Schule auch als interkulturelle Schule versteht und Schulgewohnheiten und Aktionen wie Feste oder die Gestaltung der Räume darauf ausrichtet. Da die Schule in einem sozialen Brennpunktgebiet liegt, bietet sie Ganztagsbetreuung, die neben besonderen Förderkursen und Nachhilfe auch insbesondere ethnisch gemischte Freizeitangebote beinhaltet. Glücklich kann sich Murat schätzen, da er eine Schule besucht, welche mehr Freiheit zur Selbstgestaltung hat: So haben die Lehrer selbst entscheiden können, dass sie lieber Geld für die Einrichtung eines Schülercafes ausgeben als für die Anschaffung neuer Schulbücher. Murat kann sich mit seiner Schule identifizieren: Sie versteht sich nicht als Schonraum, sondern treibt sich selbst „aus dem Haus": So besucht Murat mit seiner Klasse nicht nur die Stadtbibliothek, den arabischen Bäcker in der Nachbarschaft oder den italienischen Schuster, sondern er führt seine Mitschüler sogar in eine Moschee und erklärt, wie er und seine Familie dort beten. Murat kann in seiner Schule verschiedenste Beratungsangebote nutzen, die ihm und seiner Familie nicht nur die Entscheidung und den Mut zu Alternativen in der Schullaufbahn erleichtern, sondern auch gezielte Lernhilfen bereitstellen. Auch gerade bei der Entwicklung einer beruflichen Perspektive lässt die Schule ihre ausländischen Schüler nicht im Stich, vielmehr versucht sie gerade auch hier, neue Wege und Möglichkeiten aufzutun, Hilfsangebote zu konkretisieren und Kontakte zur Berufswelt anzuknüpfen. Murat´s Schule versteht sich als Teil der Lebenswelt der Kinder und versucht, ihren Beitrag möglichst aktiv mitzugestalten – und sie begreift die kulturelle Vielfalt ihrer Schülerinnen und Schüler als Motor für ihre eigene Weiterentwicklung!

Abschließende Bemerkungen

Erziehung ist und bleibt von Kontingenz bedroht. Aber diese Erziehung konstituierende Unsicherheit entpflichtet niemanden von der Notwendigkeit, sich mit den begrifflichen und theoretischen Grundlagen seiner Praxis auseinander zu setzen. Dabei ist die Bestimmung dieser Grundlagen im Arbeitsfeld der schulischen Erziehungshilfe besonders schwierig. In der Konsequenz führt dies dazu, dass sich die Praxis mit dieser Frage kaum noch beschäftigt und auch von Seiten der Wissenschaft kaum noch Impulse für die begriffliche Reflexion geliefert werden.
Dies hat dreierlei Folgen:
- Es verhindert die Entwicklung einer gemeinsamen Fachsprache, mit der sich die Profession über ihre eigenen Operationen verständigen kann und
- macht die Praxis blind für die Risiken und Folgeprobleme der eigenen Arbeit.
- Das Fehlen einer gemeinsamen Fachsprache erschwert darüber hinaus die Darstellung der eigenen Arbeit nach Außen, die Imagepflege und die Einwerbung notwendiger Ressourcen zur Lösung schwieriger Erziehungsaufgaben.

Somit zeigt sich ein durchaus problematischer Befund, da dadurch die Anpassung an eine sich schnell verändernde Lebenswelt der Adressaten schulischer Erziehungshilfe und die professionelle Weiterentwicklung in diesem Zusammenhang weitgehend blockiert werden.

Fußnoten Kapitel 2

1. Achenbach T., The classification of children's psychiatric symptoms. Psychological Monographs: General and Applied 80 (1966), 1-37
2. Werner E.E. & Smith R.S., Overcoming the odds: High risk children from birth to adulthood. Ithaca u.a.: Cornell University Press 1992
3. Opp, G. & Wenzel, E., Eine neue Komplexität kindlicher Entwicklungsstörungen – Ko-Morbidität als Schulproblem. In: Wittrock, M., Schröder, U. u. a. (Hrsg.): Lernbeeinträchtigung und Verhaltensstörung – Konvergenzen in Theorie und Praxis. Stuttgart: Kohlhammer 2002, 15-23
4. Brezinka, W.: Das reflektierende Team. Dortmund: modernes lernen 1990, 90
5. Winkler M.: „Ortshandeln" – die Pädagogik der Heimerziehung. In: Colla, H.E., Gabriel Th., Millham, S., Müller-Teusler, S., Winkler, M. (Hrsg.): Handbuch Heimerziehung und Pflegekinderwesen in Europa. Neuwied Luchterhand 1999, 307 – 323
6. Winkler M.: „Ortshandeln" – die Pädagogik der Heimerziehung. In: Colla, H.E., Gabriel Th., Millham, S., Müller-Teusler, S., Winkler, M. (Hrsg.): Handbuch Heimerziehung und Pflegekinderwesen in Europa. Neuwied Luchterhand 1999, 311
7. vgl. hierzu Winkler, M.; „Ortshandeln" – die Pädagogik der Heimerziehung. In: Colla, H.E., Gabriel Th., Millham, S., Müller-Teusler, S., Winkler, M. (Hrsg.): Handbuch Heimerziehung und Pflegekinderwesen in Europa. Neuwied 1999
8. vgl. Kap. 3
9. Ahrbeck, B.: Reine Selbstwertförderung ist nicht genug, Frankfurter Rundschau 1998 (98)
10. Speck, O.: Erziehung und Achtung vor dem Anderen, Reinhardt: München 1996
11. Colla, H.E.: Personale Dimension des (sozial-)pädagogischen Könnens – der pädagogische Bezug. In: Colla, H.E., Gabriel Th., Millham, S., Müller-Teusler, S., Winkler, M. (Hrsg.): Handbuch Heimerziehung und Pflegekinderwesen in Europa. Neuwied 1999, 344
12. vgl. Nohl, H.: Die pädagogische Bewegung in Deutschland und ihre Theorie. (1935) Frankfurt/Main 1957
13. Bonhoeffer M.: Das Haus auf der Hufe. In: Neue Sammlung, 1965 (1), 64-76
14. Moor, P.: Heilpädagogische Psychologie Bd. 1, Bern 1960, 129
15. Lenzen, D.: Zwischen Stabilisierung und Differenzierung: Paradoxien im Erziehungssystem. In: Luhmann, N. & Schorr, K. E. (Hrsg.): Zwischen System und Umwelt. Frankfurt: Suhrkamp 1996
16. Diese Begriffsfassung bezieht sich auf einen Vorschlag des größten amerikanischen Fachverbandes (Council for Children with Behavior Disorders (vgl. Opp, G.: Gefühls- und Verhaltensstörungen – Begriffliche Problemstellungen und Lösungsversuche. In: Zeitschrift für Heilpädagogik 1998 (11), 490-496)
17. Fegert J. M., Was ist seelische Behinderung? Anspruchsgrundlagen und kooperative Umsetzung von Hilfen nach § 35a KJHG. Münster 1994
18. Drave, W., Rumpler, F. & Wachtel, P. (Hrsg.): Empfehlungen zur sonderpädagogischen Förderung. Allgemeine Grundlagen und Förderschwerpunkte (KMK) mit Kommentaren. Würzburg 2000
19. Opp, G., Gefühls- und Verhaltensstörungen – Begriffliche Problemstellungen und Lösungsversuche. In: Zeitschrift für Heilpädagogik. 1998 (11), 490-496
20. Speck, O., Verhaltensstörungen, Psychopathologie und Erziehung. Berlin 1979
21. Juul, J., Das kompetente Kind. Hamburg: Rowohlt 1997
22. Opp, G.; Peterander F.: Focus Heilpädagogik. München 1996, 20
23. Vgl. Prengel A.: Pädagogik der Vielfalt. Opladen 1993
24. Verband deutscher Sonderschulen e.V. 1987. In: Opp, G.: Neue Modelle schulischer Förderung von Kindern mit Lern- und Verhaltensstörungen. Zeitschrift für Heilpädagogik 11/1995, 522
25. Siehe exemplarisch zur Verbesserung des sozialen Schul- und Klassenklimas: Engel U./Hurrelmann K.: Was Jugendliche wagen. Weinheim 1994; zur integrativen Qualität der Schulklasse Houbé-Müller D.: Randständige Immigrantenkinder in Schulklassen. Bern u.a. 1996; zu protektiven Fak-

toren der Schule („Schulethos"): Rutter M. u.a.: Fünfzehntausend Stunden Schulen und ihre Wirkung auf die Kinder. Weinheim 1980; zur Schule als „Caring-Community" vgl. Kapitel 4

Literatur Kapitel 2

Ahrbeck, B.: Reine Selbstwertförderung ist nicht genug, Frankfurter Rundschau 1998 (98)

Brezinka, W.: Das reflektierende Team. Dortmund: modernes lernen 1990, 90

Speck, O.: Erziehung und Achtung vor dem Anderen, Reinhardt: München 1996

Colla, H.E.: Personale Dimension des (sozial-)pädagogischen Könnens – der pädagogische Bezug. In: Colla, H.E., Gabriel Th., Millham, S., Müller-Teusler, S., Winkler, M. (Hrsg.): Handbuch Heimerziehung und Pflegekinderwesen in Europa. Neuwied Luchterhand 1999, 341-362

Nohl, H.: Die pädagogische Bewegung in Deutschland und ihre Theorie. (1935) Frankfurt/Main 1957

Winkler M.: „Ortshandeln" – die Pädagogik der Heimerziehung. In: Colla, H.E., Gabriel Th., Millham, S., Müller-Teusler, S., Winkler, M. (Hrsg.): Handbuch Heimerziehung und Pflegekinderwesen in Europa. Neuwied Luchterhand 1999, 307-323

Lenzen, D.: Zwischen Stabilisierung und Differenzierung: Paradoxien im Erziehungssystem. In: Luhmann, N. & Schorr, K. E. (Hrsg.): Zwischen System und Umwelt. Frankfurt: Suhrkamp 1996

Opp, G. & Wenzel, E., Eine neue Komplexität kindlicher Entwicklungsstörungen – Ko-Morbidität als Schulproblem. In: Wittrock, M., Schröder, U. u. a. (Hrsg.): Lernbeeinträchtigung und Verhaltensstörung – Konvergenzen in Theorie und Praxis. Stuttgart: Kohlhammer 2002, 15-23

Opp, G.: Gefühls- und Verhaltensstörungen – Begriffliche Problemstellungen und Lösungsversuche. In: Zeitschrift für Heilpädagogik 1998 (11), 490-496

Fegert J. M., Was ist seelische Behinderung? Anspruchsgrundlagen und kooperative Umsetzung von Hilfen nach § 35a KJHG. Münster: Votum 1994

Drave, W., Rumpler, F. & Wachtel, P. (Hrsg.): Empfehlungen zur sonderpädagogischen Förderung. Allgemeine Grundlagen und Förderschwerpunkte (KMK) mit Kommentaren. Würzburg: Benheim 2000

Bonhoeffer M.: Das Haus auf der Hufe. In: Neue Sammlung, 1965 (1), 64-76

Moor, P.: Heilpädagogische Psychologie Bd. 1, Bern 1960, 129

Achenbach T., The classification of children's psychiatric symptoms. Psychological Monographs: General and Applied 80 (1966), 1-37

Werner E.E. & Smith R.S., Overcoming the odds: High risk children from birth to adulthood. Ithaca u.a.: Cornell University Press 1992

2. Begriffliche Grundlagen

Opp, G.; Peterander F.: Focus Heilpädagogik. München 1996

Prengel A.: Pädagogik der Vielfalt. Opladen 1993

Verband deutscher Sonderschulen e.V. 1987. In: Opp, G.: Neue Modelle schulischer Förderung von Kindern mit Lern- und Verhaltensstörungen. Zeitschrift für Heilpädagogik 1995 (11)

Engel U./Hurrelmann K.: Was Jugendliche wagen. Weinheim 1994

Houbé-Müller D.: Randständige Immigrantenkinder in Schulklassen. Bern u.a. 1996

Rutter M. u.a.: Fünfzehntausend Stunden Schulen und ihre Wirkung auf die Kinder. Weinheim 1980

Speck, O., Verhaltensstörungen, Psychopathologie und Erziehung. Berlin: Marhold 1979

Juul, J., Das kompetente Kind. Hamburg: Rowohlt 1997

3. Schule zur Erziehungshilfe als lernende Organisation

Das Fundament unseres Gebäudes ist gut gegründet, gerade weil wir wissen, dass unser Baugrund ein schwieriges Gelände mit vielen Unabwägbarkeiten ist. Deshalb können wir uns nicht blind auf die Sicherheit unseres Grundes verlassen. An den Unterbau unseres Hauses werden ganz besondere Ansprüche gestellt, die sich noch dazu immer wieder verändern, weil neue Bewohnerinnen und Bewohner andere Anforderungen an das Haus stellen und weil sich die Beschaffenheit des Baugrundes mit der Zeit wandelt. Nur wenn wir immer wieder nachprüfen, ob unsere Fundamente wirklich noch die Festigkeit haben, die wir ihnen zuschreiben, können sie unser Haus auf Dauer tragen...

Wie stark sind die Fundamente unseres Hauses?

Flexible und interdisziplinäre Hilfen bei Gefühls- und Verhaltensstörungen

Die individuellen Lebens- und Problemlagen von Kindern und Jugendlichen mit Gefühls- und Verhaltensstörungen und dementsprechend auch ihrer Familien scheinen sich individuell immer mehr voneinander zu unterscheiden. Es wird von einer Entstandardisierung individueller Problemlagen und von einem Auseinandergehen der Lebenslagen und Lebensführungen der betroffenen Kinder und Jugendlichen und ihrer Familien gesprochen. Infolge dieser Entwicklungen geraten institutionell standardisierte Angebote der Erziehungs- und Jugendhilfe (z.B. Erziehungsberatung, sozialpädagogische Familienhilfe, Schule zur Erziehungshilfe) zunehmend an ihre Leistungsgrenzen. Die Komplexität individueller Problemlagen von Kindern und Jugendlichen und die wachsende Vielfalt der Lebensformen und Lebensführungen ihrer Familien verlangen flexible, am Einzelfall ausgerichtete Hilfemaßnahmen. Dafür ist einerseits die Kooperation verschiedener Institutionen der Erziehungshilfe und interdisziplinäre Zusammenarbeit als Ausgleich zu einer weit fortgeschrittenen professionellen Spezialisierung nötig. Zum anderen erfordert dies einen Perspektivenwechsel: Erziehungshilfe wird sich zukünftig weniger am Angebot fallbezogener Hilfen, als an der Nachfrage orientieren müssen.

Gefordert ist deshalb professionelles Handeln, das sich auf eine Vielfalt sich ständig verändernder Problemlagen von Kindern und Familien einlässt. Die Institutionen müssen sich an die Problemlagen der Menschen anpassen, statt umgekehrt Kinder und Jugendliche in vorfindbare Jugendhilfestrukturen und -einrichtungen einzupassen. Hilfearrangements müssen individuell und immer wieder neu fallbezogen konstruiert werden. Dies schließt den Rückgriff auf Routinen und institutionell verfügbare Hilfeangebote selbstverständlich mit ein, sieht diese aber nicht als ausreichend an. In der Jugendhilfe brauchen wir Phantasie, Kreativität, ein offenes Kontinuum pädagogischer und sozialer Hilfen mit flexibel kombinierbaren Hilfeangeboten. Dies erfordert selbstverständlich interdisziplinäre Zusammenarbeit und Kooperation der verschiedenen Fachdienste und Professionen. Das Gelingen der Kooperation mit verschiedenen Institutionen und die interdisziplinäre Zusammenarbeit mit anderen Professionen wird nicht nur zum gegenseitigen Gewinn, sondern auch zum Qualitätskriterium moderner Jugendhilfe, revisionsoffener Hilfeplanung und flexibler pädagogischer Hilfestellungen.
Kinder und Jugendliche mit Gefühls- und Verhaltensstörungen bedürfen intensiver Erziehungshilfen, die durch ein breites und flexibel einsetzbares Maßnahmenkontinuum schulischer Erziehungshilfe im Jugendhilfeverbund bereit zu stellen sind. Dabei kommt den Schulen zur Erziehungshilfe eine besondere Bedeutung zu.
In Schulen zur Erziehungshilfe lebt und lernt eine kleine Kernpopulation von Kindern und Jugendlichen mit komplexen Gefühls- und Verhaltensstörungen, die dringend spezieller pädagogischer und therapeutischer Hilfen bedürfen.

Die Bedeutung von Schulen zur Erziehungshilfe

Warum brauchen wir Schulen zur Erziehungshilfe?

Die Schulen zur Erziehungshilfe in Sachsen-Anhalt besuchen etwa 0,15 % aller Schülerinnen und Schüler. Hinter dieser Zahl verbirgt sich nicht nur ein pädagogisches Dilemma, da die Zahl der Kinder und Jugendlichen mit Lern- und Verhaltensstörungen, die dringend pädagogischer Hilfe bedürfen, weitaus höher ist, sondern auch die große Bedeutung dieser Schulform als ein nicht zu ersetzendes Angebot schulischer Erziehungshilfe für eine Schülerpopulation mit manifesten und komplexen Gefühls- und Verhaltensstörungen.
Die Besonderheit der Schulen zur Erziehungshilfe besteht in der Verpflichtung, ihre Schüler in der Bewältigung ihres Lebensalltags zu unterstützen, entwicklungsfördernde soziale, persönliche und emotionale Fähigkeiten aufzubauen. Die Schülerinnen und Schüler dieser Schule finden hier die Möglichkeit, ihren Begabungen und Fähigkeiten entsprechende schulische Leistungen und Kompetenzen zu entwickeln und berufsqualifizierende Fähigkeiten erwerben zu können, deren Entfaltung in Allgemeinen Schulen signifikant gefährdet waren.
Die Schülerschaft dieser Schulart beschränkt sich auf eine kleine Kernpopulation

von Schülerinnen und Schülern mit manifesten und komplexen Gefühls- und Verhaltensstörungen, die spezielle schulische Erziehungshilfen benötigen. Eine Beschulung in einer Schule zur Erziehungshilfe wird nur angestrebt, wenn andere Beschulungsvarianten und bereits ergriffene spezielle Erziehungsmaßnahmen erfolglos waren oder ihr Erfolg nicht erwartet werden kann. So rechtfertigt sich die Überweisung eines Schülers in die Schule zur Erziehungshilfe nur in den speziellen pädagogischen Möglichkeiten, die dieser im Gegensatz zur Allgemeinen Schule zur Verfügung stehen. Schulen zur Erziehungshilfe verfügen dabei prinzipiell über vielfältige Erfahrungen und einen großen Methoden- und Wissenstand im Umgang mit schwierigsten Erziehungssituationen.

Die speziellen pädagogischen Möglichkeiten einer Schule zur Erziehungshilfe beinhalten z.B. diagnostische Maßnahmen, Erziehungsplanung, Beratung, Unterrichtsgestaltung, pädagogisch-therapeutische Arbeit, Sozialarbeit und eine schulhausspezifische Gestaltung des Schullebens. Sie sollten sich an den jeweiligen Kompetenzen und Problemen der Schülerschaft orientieren. Flexible pädagogische Konzepte sollten sowohl die Situation der Kinder und Jugendlichen und deren soziales Umfeld, als auch die besonderen Kompetenzen der Pädagoginnen und Pädagogen einer Schule sowie die Umfeldspezifik der Schule berücksichtigen. Gesetzliche Vorgaben und Rahmenbedingungen sollten die Notwendigkeit flexibler Konzepte der Schulen zur Erziehungshilfe stärker mit bedenken.

Was leisten Schulen zur Erziehungshilfe?

Im Interesse der Integration von Kindern und Jugendlichen versteht sich die Schule zur Erziehungshilfe prinzipiell als Durchgangsschule mit dem Ziel der frühest möglichen Rückschulung in die Allgemeine Schule. Wenn eine solche Rückschulung aufgrund der manifesten komplexen Probleme der Schülerinnen und Schüler nicht möglich erscheint, sollten Schulkonzepte und schulische Arbeitsprogramme andere Formen der Integration beinhalten.

Die Notwendigkeit des Besuchs der Schule zur Erziehungshilfe ist durch Evaluationsmaßnahmen im Einzelfall regelmäßig zu überprüfen und kann in jedem Fall, wo dies Erfolg versprechend ist, durch den Besuch anderer Schulformen auch im Zusammenhang mit integrationsstützenden Begleitmaßnahmen abgelöst und ersetzt werden.

Im Sinne der individuellen Hilfe und Unterstützung für Kinder und Jugendliche mit sonderpädagogischem Förderbedarf umfasst die pädagogische Arbeit einer Schule zur Erziehungshilfe separierende und integrierende Angebote der schulischen Erziehungshilfe gleichermaßen. Die Weiterentwicklung der mobilen und ambulanten Hilfen für Kinder und die Beratung von Pädagoginnen und Pädagogen, Schülerinnen und Schülern und Eltern in Allgemeinen Schulen gewinnt neben der kontinuierlichen Qualitätssteigerung der pädagogischen Arbeit in der Schule zur Erziehungshilfe immer stärkere Bedeutung.

An welchen Entwicklungsforderungen orientieren sich Schulen zur Erziehungshilfe?

Schulentwicklung in Schulen zur Erziehungshilfe

Die besondere Bedeutung der Schulen zur Erziehungshilfe, ihre Existenzberechtigung in einem flexiblen Kontinuum schulischer Erziehungshilfen wird besonders deutlich an den Entwicklungsansprüchen, die an moderne schulische Erziehungshilfe unter nachfolgenden Gesichtspunkten gestellt werden.[1]

Sichtweisen auf Beeinträchtigungen und Förderung
- Gefühls- und Verhaltensstörungen sind als komplexe Problemstellung in pädagogischen Diskussionszusammenhängen zu interpretieren. Dabei sind nicht Globalaussagen über Störungen der Ausgangspunkt für Förderung, sondern deren differenzierte Darstellungen unter Berücksichtigung von Situationsbezug, Zeitlichkeit, Schweregrad, Wechselhaftigkeit, Normabhängigkeit und Mehrdimensionalität.
- Gefühls- und Verhaltensstörungen sind nicht personen- oder umweltzentriert, sondern Ausdruck gestörter Person-Umwelt-Relation, gestörter Handlungssysteme und gestörter Integration in Umfeld-Systeme.
- Gefühls- und Verhaltensstörungen sind keine feststehenden Größen, sondern Entwicklungsprozesse, die durch veränderbare außerindividuelle Gegebenheiten beeinflussbar, aber nicht steuerbar sind.
- Die Wahrnehmung und Interpretation von Gefühls- und Verhaltensstörungen als Signalverhalten in Belastungssituationen ermöglicht deren positive Umdeutung als sinnvolle Anpassungsleistung.
- Pädagogische Handlungsansätze richten sich an den Möglichkeiten emotionaler, sozialer und kognitiver Entwicklung von Kindern und Jugendlichen aus, sowie an deren Verhalten.
- Zielsetzungen erfolgen individualisiert und temporär.
- Förderangebote bauen auf der jeweiligen Komplexität sonderpädagogisch relevanter Problemlagen, aber auch auf den schützenden individuellen Eigenschaften und Umfeldressourcen der Kinder und Jugendlichen auf.
- Hilfeprinzipien sind vor allem Individualisierung, Flexibilität und Integration, aber auch Wohnortnähe, Mobilität und Ganztägigkeit.

Prozessdiagnostik
- Voraussetzung für Diagnostik sind möglichst umfassende Informationen über das Kind-Umwelt-System (entwicklungsschützende und belastende Aspekte).
- Diagnostik dient in erster Linie der Kenntnisgewinnung über Entwicklungskompetenzen unter Berücksichtigung materieller, sozialer, situativer und interaktionaler Umfeldbedingungen.
- Individuelle Erziehungsplanung versteht sich als Prozess, als Einheit der Feststellung des Förderbedarfs, Förderung der Persönlichkeit und schulischer Förderung, Umfeldinterventionen, Evaluierung und Fortschreibung.

Prävention
- Schwierigkeiten und Problemlagen werden frühzeitig erkannt. Hilfe soll rechtzeitig einsetzen, nicht erst bei relativ manifestem abweichendem Verhalten über lange Zeit, in verschiedenen Lebensbereichen und nach Ausschöpfung aller her-

kömmlichen pädagogischen Methoden in Regelschulen.
- Ein solcher Anspruch schließt Hilfe in bestehenden Erfahrungsräumen mit ein.
- Integrationsunterstützende Förderung ist nicht losgelöst von Beratungen und Angeboten der aktiven Beteiligung der Bezugspersonen umzusetzen.

Institutionelle und organisatorische Vielfalt
- Die Konsequenz dieser Entwicklungsaufgabe wären viele verschiedene Förderorte, um regionalisierte, dezentrale, wohnortnahe, flexibel handhabbare Angebote gewährleisten zu können.
- Schulen zur Erziehungshilfe sollten mobile und ambulante Hilfeangebote in Regelschulen bereit stellen können.
- Schulen zur Erziehungshilfe werden Stammschulen bei massiven Problemlagen und als alternative Lernangebote. Ambulante und schulintegrative Hilfen sollten ein wesentlicher Bestandteil ihrer Förderangebote sein.
- Hilfe und Förderung von Kindern und Jugendlichen mit Gefühls- und Verhaltensstörungen muss interdisziplinär und multiprofessionell organisiert werden.

Schülerorientierter und problemzentrierter Unterricht
- Die Betonung des Erziehungsgedankens beinhaltet persönlichkeits- und bildungsfördernde Aspekte.
- Ziele sind die Vermittlung von Kenntnissen und Fertigkeiten, der Abbau von Lerndefiziten und Verhaltensmängeln und der Aufbau neuer Lern- und Leistungsmotivation.
- Schwerpunkte sind schülerorientierte Lernformen, lebensweltorientierter Unterricht und die situationsorientierte Anwendung von Unterrichtsgrundsätzen.
- Der Unterricht wird durch sozial- und erlebnispädagogische Angebote, therapeutische Interventionen und umfeldbezogene Maßnahmen ergänzt.
- Alternative Lernangebote werden bereitgestellt.

Kooperation und Teamarbeit
- In der Schule zur Erziehungshilfe arbeiten Sonderschullehrkräfte und Sozialpädagoginnen und Sozialpädagogen gleichberechtigt zusammen.
- Die Kooperation mit allen Beteiligten (Kollegium, Regelschullehrkräfte, Sozialpädagoginnen und -pädagogen, Therapeutinnen und Therapeuten, Eltern) erfolgt in unterschiedlichem Ausmaß, entsprechend dem individuellen Erziehungsplan.
- Teamarbeit, als eine der wichtigsten Voraussetzungen für pädagogisches Handeln, ermöglicht ergänzende Sichtweisen, die Auflösung starrer Gewohnheiten, die Überwindung der Isolation des einzelnen Pädagogen/ der Pädagogin und die Erweiterung individueller Kompetenzen.

Professionelle Ansprüche
- Die professionellen Anforderungen an die Persönlichkeit schließen Bereitschaft

3. Schule zur Erziehungshilfe als lernende Organisation

zur Veränderung (aufgrund des Wandels der Bedingungen und Strukturen), Bereitschaft zur Kreativität (unkonventionelle Bewältigungsstrategien in komplexen Problemlagen) und die Akzeptanz der Begrenzungen der Handlungsspielräume immer schon ein.
- Ständige Kompetenzerweiterungen durch Weiterbildungen und aufgabenbezogene Zusatzausbildungen gelten als praktische Notwendigkeit in dieser anspruchsvollen und schwierigen Arbeit [2]

Die mit diesen Entwicklungsprinzipien verbundenen Ansprüche an professionelle Unterstützung und Hilfen für Kinder und Jugendliche mit Gefühls- und Verhaltensstörungen stellen Kriterien dar, welche die Komplexität und die pädagogischen Probleme an Schulen zur Erziehungshilfe (auch im Verhältnis zu Regelschulen) verdeutlichen, an denen sich die Schulen aber auch messen lassen müssen.

Die lernende Schule

Was ist der Grundstein für das Haus?

Eigentlich hat unser Haus ja viele Grundsteine, die gemeinsam das Fundament bilden. Aber es gibt da einen, der hat einen besonderen symbolischen Wert für uns, weil er das Leben in unserem Haus charakterisiert. In diesen Grundstein ist unsere Geschichte und unsere Zukunft eingelassen. Und doch ist er nur die Form, die ihren Wert erst durch die Inhalte offenbart...

Reflexive Erziehungshilfe

In Folge gesellschaftlicher Modernisierungsprozesse nehmen Gefühls- und Verhaltensstörungen, sowie schulische Lern- und Leistungsprobleme in auffälliger Weise zu. Neben der Betonung von Flexibilität ist der Blick über die Grenzen der eigenen Professionalität, die Suche nach neuen Impulsen und Orientierungen in einem bisher nicht gekannten Maße gefordert. Die schulische Jugendhilfe steht vor Herausforderungen, die eine weitere Professionalisierung des Arbeitsfeldes erfordern, um kreativ und flexibel auf die veränderten Umwelten und den individuellen Hilfebedarf der Kinder und Jugendlichen reagieren zu können. Deshalb müssen Schulen zur Erziehungshilfe selbst lernende Organisationen werden, wollen sie den veränderten Anforderungen entsprechen.
Ergebnisse der Schulforschung zeigen, dass es zwischen Schulen beachtenswerte

qualitative Unterschiede gibt. Es gibt festgefahrene Schulsysteme und Schulsysteme, die sich weiterentwickeln. [3,4]

Schulsysteme, die sich weiterentwickeln, zeichnen sich durch ein Klima aus, dass als „Schulethos" bezeichnet wird.

Die Lehrkräfte an diesen Schulen
- verstehen ihre Arbeit nicht als Routine, die man nach einigen leidvollen Jahren gelernt hat, sondern als fortdauernde Herausforderung,
- suchen nach besserer Passung der Unterrichtsmethoden mit den individuellen Lern- und Erziehungsbedürfnissen der Schülerinnen und Schüler,
- sind auf Lernen eingestellt,
- kooperieren miteinander,
- weiten ihr pädagogisches Handlungsrepertoire durch gegenseitige Unterstützung und Hilfe aus,
- verständigen sich auf gemeinsame Standards für Schülerinnen- und Schülerverhalten, die sie in ihrer Schule auch durchsetzen,
- beteiligen die Eltern am Schulleben und informieren über die Erfolge ihrer Kinder,
- sind überzeugt von der Bedeutung ihrer Arbeit,
- sind optimistisch bezüglich der Lernfähigkeiten der Kinder und
- erfahren Anerkennung von den Kindern, den Eltern, dem Kollegium und der Schulleitung.

Die Schulleitungen, die diese Weiterentwicklung des Lehrkörpers an ihren Schulen erleichtern und unterstützen, sind für diesen Prozess von erheblicher Bedeutung. Aus dieser Sicht hängt die Qualität einer Schule nicht allein vom Standard ihrer materiellen Ausstattung, sondern von einem kollegial geteilten Sinn (Schulethos) ab, der sich in der Übereinstimmung der Lehrkräfte über die Bedeutung ihrer Arbeit und dem Maß an kooperativer Zusammenarbeit der Professionellen ausdrückt. Im Mittelpunkt der Qualitätsentwicklung stehen die verschiedensten Formen professioneller Selbstreflexion, bei der die Pädagoginnen und Pädagogen ihr eigenes Handeln hinterfragen, den Freiraum ihrer Entscheidungen immer wieder neu vermessen und ihre professionelle Identität entwickeln. Der Weg der Entwicklung zu einer solchen Schule ist lang und muss über mehrere Jahre angelegt werden. Unabdingbar braucht die Schule dazu Ressourcen und Unterstützung von außen.

Wichtig ist, dass sich solche Innovationen und professionellen Weiterentwicklungen in den sozialen und pädagogischen Arbeitsfeldern von unten nach oben, also aus dem Feld selbst heraus entwickeln müssen. Veränderungen können nur in kleinen Schritten erwartet werden. Angesichts der erheblichen Herausforderungen, die Kinder und Jugendliche mit Gefühls- und Verhaltensstörungen sowohl für die Professionellen wie für die Organisationen der Erziehungshilfe darstellen, ist ein solches Schulethos die wichtigste Grundlage der pädagogischen Arbeit und ermöglicht sowohl Erziehungserfolge für die Schülerinnen und Schüler als auch das „berufliche Überleben" der Professionellen.

Die Schule zur Erziehungshilfe als lernende Organisation

„Schule als Haus des Lernens
- ist ein Ort, an dem alle willkommen sind, die Lehrenden wie die Lernenden in ihrer Individualität angenommen werden, die persönliche Eigenart in der Gestaltung von Schule ihren Platz findet,
- ist ein Ort, an dem Zeit gegeben wird zum Wachsen, gegenseitige Rücksichtnahme und Respekt vor einander gepflegt werden,
- ist ein Ort, dessen Räume einladen zum Verweilen, dessen Angebote und Herausforderungen zum Lernen, zur selbsttätigen Auseinandersetzung locken,
- ist ein Ort, an dem Umwege des Lernens und Fehler erlaubt sind und Bewertungen als Feedback hilfreiche Orientierung geben,
- ist ein Ort, wo intensiv gearbeitet wird und die Freude am eigenen Lernen wachsen kann,
- ist ein Ort, an dem Lernen ansteckend wirkt.

Im „Haus des Lernens" sind alle Lernende, in ihm wächst das Vertrauen, dass alle lernen können. Diese Schule ist ein Stück Leben, das es zu gestalten gilt." [5]

„Unser Schulhaus, hintere Ansicht mit dem Auto der Direktorin", Zeichnung von David, Klasse 7, zum Thema:
Was mir an der Schule am besten gefällt

Geht es um Probleme oder Veränderungen in einer Schule zur Erziehungshilfe, treffen wir auch auf Ablehnung. Vorwiegend hört man drei Meinungen:
- Unsere Arbeit lässt sich nicht planen. Sie ist so vielschichtig, dass wir immer in der Situation entscheiden müssen.
- Die Vorgaben für unsere Arbeit sind so eng, dass wir keinen Spielraum für Veränderungen haben.
- Ich bin als Pädagoge/Pädagogin Einzelkämpfer/Einzelkämpferin.

Was bedeutet die Forderung, dass Schulen zur Erziehungshilfe selbst lernende Organisationen sein sollen?

Diese drei Argumente legen sehr unterschiedliche pädagogische Arbeitsstile nahe. Jede dieser Aussagen hat einen wahren Kern. Allerdings möchten wir im Folgenden die Ausschließlichkeit dieser Aussagen in Frage stellen und damit für eine Professionalisierung plädieren, die den hohen Anforderungen der pädagogischen Arbeit an einer Schule zur Erziehungshilfe entspricht.

a) Wenn wir von Organisationen oder Strukturen sprechen, denken wir zuerst an die Vorgaben, die zur Einrichtung und Gestaltung einer Schule zur Erziehungshilfe geführt haben. Es gibt Gesetze, welche die schulische Hilfe für bestimmte Kinder und Jugendliche strukturieren, es gibt Regelungen für die Feststellung des Förderbedarfs und für das Aufnahmeverfahren, es gibt Rahmenrichtlinien und Stundentafeln, Vorgaben über Klassenmesszahlen und und und.

Was sehen wir, wenn wir die Schule zur Erziehungshilfe als Organisation betrachten?

Diese Strukturmerkmale von Organisationen setzen einen Rahmen für die pädagogische Arbeit. Sie geben Orientierung und Handlungssicherheit, die bis zu einem gewissen Grade auch entlasten. Häufig erleben wir solche Vorgaben aber auch als Einschränkungen, die Innovationen und Veränderungen verhindern. Schulen zur Erziehungshilfe verändern sich ständig. Es gibt keinen Stillstand. Jeder bringt unerwartete Ereignisse mit sich, Veränderungen, die nicht in ihrer Gesamtheit zu planen sind. Auch wenn die gesetzlichen Vorgaben und die äußeren Rahmenbedingungen relativ stabil sind, unterliegt das Leben in der Schule einem ständigen Wandel. Das beginnt mit der Bewertung, der Reflexion der vielen kleinen und großen Alltagsprobleme und der Reaktion auf diese und endet längst nicht bei den Beschlüssen der Schulkonferenz. Schulen zur Erziehungshilfe sind lebendige Organisationen, die Handlungsspielräume brauchen.

b) Jeder Pädagoge/jede Pädagogin hat immer wieder viele gute Ideen, die er oder sie in das Schulleben einbringt. Pädagoginnen und Pädagogen engagieren sich für ihre Schule oft weit über das Maß ihrer Dienstverpflichtungen hinaus.
Wenn wir an dieser Stelle von der Schule zur Erziehungshilfe als lernende Organisation sprechen, dann geht es darum, dass Schulen zur Erziehungshilfe nicht ausschließlich als Gemeinschaft von Schülerinnen und Schülern, Pädagoginnen und Pädagogen unter bestimmten gesetzlichen und äußeren Voraussetzungen zu beschreiben sind, sondern als Organisationen zu verstehen sind, die innerhalb gewisser Grenzen ihre eigenen Strukturen bestimmen können und im Sinne ihres pädagogischen Auftrags entwickeln müssen.[6]

c) Schöpferische Vorstellungen und Veränderungen in Schulen zur Erziehungshilfe gehen meist von einzelnen engagierten Pädagoginnen und Pädagogen aus. Dabei erfahren sie mehr oder weniger Unterstützung. Nicht selten wird diese Unterstützung auch schmerzlich vermisst. Dabei werden wertvolle Energien verschenkt, gute Ideen können nicht umgesetzt werden. Enttäuschung und Entmutigung sind die Folge. Dem lässt sich entgegenwirken, wenn Sie es schaffen, Ihre Ideen und schöpferischen Vorstellungen in einen Prozess einzubringen, der von Ihrer Schule als Organisation getragen und verantwortet wird.

Für gelingende Prozesse der gemeinsamen Qualitätsentwicklung in Ihrer Schule möchten wir im Folgenden einige Anregungen geben.

Wie können lernende Organisationen charakterisiert werden?

Der Begriff „lernende Organisation" kommt aus der Organisationsforschung und löst Vorstellungen ab, die davon ausgehen, dass Organisationen im Wesentlichen zielorientierte, rational geplante Systeme mit festen Strukturen sind. Er besagt, dass Organisationen Systeme sind, die sich verändern, in denen jeder Akteur Einfluss auf Entwicklung haben kann.

Eine solche Perspektive ist optimistisch. Sie hält Strukturen für veränderbar, glaubt an die Möglichkeit des Einzelnen, Veränderungen zu initiieren und daraus einen kontinuierlichen Prozess der Qualitätsentwicklung werden zu lassen.

„Ziel eines Organisationsentwicklungsprozesses ist die Selbstentwicklung der Mitglieder und die Selbsterneuerung der Organisation." [7]

Betrachten wir unter diesem Blickwinkel zentrale Organisationsmerkmale und Fragen, die sich daraus für die Schule zur Erziehungshilfe entwickeln lassen:[8]

Organisationsmerkmale
1. Organisationen sind nicht nur Arbeitssysteme, die sich entsprechend ihrer Aufgabenstellungen organisieren, sondern Handlungszusammenhänge mit eigenen Kulturen.
2. In Organisationen gibt es sehr unterschiedliche Bilder von den eigenen Strukturen.
3. Organisationen sind immer in Bewegung. Dadurch passen sie sich an veränderte Umwelten und Aufgabenstellungen an und erhalten ihre Stabilität.
4. Ziele, Werte und Motive werden nicht als Handlungsursachen begriffen - und deshalb ist das Handeln auch nicht durch sie erklärbar. Ziele dienen auch der Selbstdarstellung.

Welche Fragen leiten sich aus diesen Zusammenhängen für eine Schule zur Erziehungshilfe ab?
Welches Bild haben Sie von Ihren Aufgaben, ihren Möglichkeiten und Grenzen?
Welche unterschiedlichen Auffassungen von Erziehung gibt es in Ihrem Kollegium?
Welche kulturellen Stile sind in Ihrem Kollegium vorhanden?
Gibt es Freundschaften unter den Mitarbeiterinnen und Mitarbeitern?

Wer beeinflusst in der Schule den Prozess der Meinungsbildung und Entscheidungsfindung in wichtigen Fragen?
- die Schulleitung,
- erfahrene oder jüngere Kolleginnen und Kollegen,
- bestimmte Gruppierungen?

Welche Veränderungen gab es warum im Kollegium?
Wie hat sich die Schülerschaft verändert (Zahlen und Probleme)?
Gibt es neue Richtlinien, die Ihre Arbeit verändern o.ä.?
Wie gehen Sie in Ihrer Schule damit um?
Sind in ihrer Schule in letzter Zeit besondere Probleme aufgetreten?
Wie hat die Schule darauf reagiert?
Ist das Handeln in der Schule allein aus den pädagogischen Leitideen der Schule zu erklären?
Welche Rolle spielen die Begeisterung für ein bestimmtes Fach, Resignation, Streben nach Einfluss, Wunsch nach Ruhe...?
Gibt es signifikante Differenzen in der Wahrnehmung der Schule bei Schülern, Eltern und/oder Lehrern und wie wird damit umgegangen?

Die Abläufe in einer Organisation können nicht allein durch individuelles Verhalten erklärt werden. Ebenso wichtig wie der einzelne Pädagoge/die Pädagogin und sein/ihr Verhalten sind die Interaktionsmuster, die Strukturen und Kulturen, die sich entwickelt haben. Sie verengen und erweitern Verhaltensspielräume und Einflussmöglichkeiten für den Einzelnen.

„Eine ihren Entwicklungsprozess selbst organisierende Schule, an deren Gestaltung die Lehrkräfte (wir ergänzen alle Pädagoginnen und Pädagogen) und Schülerinnen/Schüler, die Schulleitung, die Eltern, Hausmeister und weiteres Personal mitwirken, nennen wir eine 'Lernende Schule':

Was sind Schulen als lernende Organisationen?

- Eine solche Schule steht in der Tradition der pädagogischen Aufklärung, aber sie nimmt die Konzepte und Modelle des 'Lernenden Unternehmens', der Organisationsentwicklung und der Schulkultur auf.
- Sie entfaltet eine soziale Architektur, in der Menschen mit ihren Stärken und Schwächen zu gemeinsamen Problemlösungen ermutigt werden.
- Und sie verfügt über Instrumentarien, um die eigene Praxis kritisch zu reflektieren, um aus Widerständen und Konflikten zu lernen und um die gesetzten Entwicklungsziele selbstbewusst zu verantworten." [9]

In Anlehnung an das oben skizzierte Organisationsverständnis bedeutet dies:
a) In einer lernenden Schule werden die Spielräume für die Gestaltung der schulischen Arbeit und des Schullebens wahrgenommen und genutzt. Die Mitarbeiterinnen und Mitarbeiter und das Kollegium fühlen sich aktiv verantwortlich für die Gestaltung der Schule.
b) Organisationsentwicklung ist immer Teamentwicklung. Pädagoginnen, Pädago-

gen und Schülerschaft mit ihren Stärken und Schwächen nehmen auf das Leben in der lernenden Schule Einfluss und gestalten es.
c) Organisationsentwicklung in einer lernenden Schule ist nicht Vollzug von Geplantem, aber auch nicht nur situatives Reagieren. In der lernenden Schule werden Veränderungen planmäßig und offen, zielorientiert und auf die eigenen Gegebenheiten abgestimmt, langfristig und situativ verstanden.

Wenn eine Schule zur Erziehungshilfe als Organisation systematisch lernt und sich verändert, geschieht das auf verschiedenen Ebenen. Es geht darum, Problemsichten zu ermitteln, gemeinsam Kompromisse zu finden, Entscheidungen zu treffen und die Ebenen sinnvoll zu vernetzen. In nachfolgender Tabelle wurden die verschiedenen Ebenen von uns zusammengefasst.

Lernebenen

Vision	Zukunftsorientierung
	Entwicklung eines Leitbildes
	Formulierung zentraler Werte
Schulprofil	Programmatik
	Konzepte
	Arbeitsprogramme
Inhalte	Entwicklungsschwerpunkte
	Arbeitsbereiche
	Arbeitsformen
	Projekte
	Besonderheiten
Organisation	Jahrgänge und jahrgangsübergreifende Klassen
	Fachgruppen
	Raumkonzepte
	mobile Dienste
	Ambulanzen
	Kooperation
Elternarbeit	
Team	tragfähige Arbeitsstrukturen
	Kooperation im Kollegium
	Teamleitung
	Verantwortungsübernahme
	Konfliktmanagement

Pädagoginnen/	
Pädagogen	Fortbildung
	innerschulische Weiterbildung
	Supersivion

Dienstliche Weisungen übergeordneter Verwaltungsebenen werden in der Schule häufig eher als Störfaktoren erlebt, die den Schulalltag durcheinander bringen. Sie sind aber wichtige Instrumente zur Umsetzung des staatlichen Bildungsauftrages und sichern Chancengleichheit.

Rechtliche Vorgaben und Verwaltungsvorschriften können Wandel und Veränderungen in der Schule bewirken. Ob diese Veränderungen positive Innovationen im Sinne professioneller Qualitätsentwicklung werden, hängt einerseits davon ab, ob die Gründe für diese Vorgaben einsichtig und nachvollziehbar sind und ob sie die Situation in den Schulen berücksichtigen. Dabei haben die Schulverwaltungen wichtige Aufgaben in der Beratung und Moderation von Schulentwicklungsprozessen. Die positive Innovationskraft von Weisungen ist vor allem auch davon abhängig, wie diese in der Schule verstanden, akzeptiert und umgesetzt werden und ob sie Teil eines internen Schulentwicklungsprozesses werden.

Qualitätsentwicklung der Schulen ist dabei immer ein Selbstentwicklungsprozess auf lokaler Ebene. Sie kann von außen nur angestoßen werden. Inwieweit solche Impulse angenommen werden, entscheidet sich in der Schule selbst. Die schulischen Erfahrungen werden im täglichen Vollzug schulischen Lebens aufgearbeitet und beeinflussen weitere Entscheidungs- und Handlungsprozesse. In vielen Schulen werden diese wichtigen Alltagserfahrungen einer systematischen kollegialen Reflexion nur in eingeschränktem Maße unterzogen.

Ein Vergleich soll die Unterschiede im Umgang mit pädagogischen Alltagserfahrungen verdeutlichen:

Alltägliches Bewerten und Reflektieren
- ungeplant
- unregelmäßig/punktuell
- beruht auf einzelnen Eindrücken und Einzelmeinungen
- individuelle Erfahrungen als Basis
- ungeklärte Bewertungskriterien
- keine klaren Fragestellungen
- wird nicht dokumentiert
- Pausengespräche über besondere Verhaltensschwierigkeiten in einer Klasse
- weiteres Vorgehen: unterschiedliche Problemwahrnehmung und Handhabung je nach Situation und Pädagogin/Pädagoge

Systematische Reflexion
- geplant
- regelmäßige Aktivität

3. Schule zur Erziehungshilfe als lernende Organisation

- beruht auf unterschiedlichen Sichtweisen und breiter Datenbasis
- Informationen werden gezielt gesammelt
- vorab geklärte Bewertungskriterien
- klare Fragestellungen
- Dokumentation
- Selbstbefragung zu Häufigkeit und Situationen, in denen die Klasse besonders schwierig ist; auf der Basis der Auswertung gemeinsamer Problemdiskussionen
- Erweiterung oder Veränderung der Problemsicht, gemeinsame Strategieplanung, situative Entscheidung wird leichter

Professionelle in der schulischen Erziehungshilfe

Welches sind die Ecksteine?

Die Ecksteine, welche die Mauern unseres Hauses zusammenhalten, die dem Fundament erst seine Festigkeit und dem ganzen Bauwerk seinen Halt geben, sind gleichzeitig die Schlusssteine unserer Kuppel, in denen sich der Bau vollendet. Wir selber sind diese Ecksteine, mit uns fängt die Entwicklung unseres Hauses an. Die Veränderung unseres Hauses setzt unsere Mitarbeit am Bau voraus...

Die Pädagoginnen und Pädagogen
Gerade in der Arbeit bei Kindern und Jugendlichen mit Gefühls- und Verhaltensstörungen werden die Grenzen der Erziehung und ihrer Intentionen immer wieder deutlich.

Pädagogischer Optimismus und Grenzerfahrungen[10]
Aus eigenem Wunsch heraus wollte ich Lehrerin an einer Sonderschule werden. Vor fünf Jahren erhielt ich die Möglichkeit, von der Grundschule an die Schule zur Erziehungshilfe zu wechseln. Damals konnte ich nur schwer abschätzen, welchen Kindern und Jugendlichen ich von nun an begegnen würde. Mit einer großen Portion Optimismus und Elan wollte ich für diese Schüler da sein. Doch sehr bald merkte ich, Kinder mit Verhaltensstörung sind besondere Kinder. Von ihrer Umwelt erfahren sie zumeist Ablehnung und Stigmatisierung. Sie fallen auf und vor

allem bereiten sie größere Schwierigkeiten. Ich möchte bekennen, es gab und gibt oftmals Situationen, wo ich denke, persönliche Grenzen erreicht zu haben.
Was steckt hinter diesen Auffälligkeiten, hinter diesem Anderssein? Im Lehrerkollegium konnte ich Verständnis, Trost und Zusammenhalt erfahren. Uns Lehrer verbinden irgendwo dieselben schweren Probleme und Schutzmechanismen. Daraus erwachsen jedoch auch alltägliche Unzufriedenheit, Ratlosigkeit, Leere, Gleichgültigkeit. Jedem von uns wird bewusst, es soll sich etwas ändern, damit Schüler und Lehrer wieder gern in die Schule kommen und unsere Schule ihrem pädagogischen Auftrag gerecht wird.
Wo packen wir es an? Wer hat noch Kraft dafür? Welche Voraussetzungen sind notwendig, um Veränderung durchzuführen? Gibt es Partner außerhalb der Schule? ...
Schüler mit Gefühls- und Verhaltensstörungen provozieren mit ihrem Verhalten, suchen Aufmerksamkeit, brechen Regeln und testen Grenzen aus. Diese Schülerinnen und Schüler bedrohen die schulische Ordnung. Sie reagieren gar nicht oder unerwartbar auf konventionelle Sanktionen und bedrohen dadurch die Lehrenden in ihrer Berufsrolle. Die Lehrkräfte werden durch das schwierige Verhalten dieser Schülerinnen und Schüler in ihrer Person herausgefordert und können sich diesen Herausforderungen nicht entziehen. Die Pädagoginnen und Pädagogen, die mit solchen Kindern konfrontiert sind, fragen immer wieder danach, was man tun kann oder tun soll. Diese Frage ist natürlich berechtigt und es gibt methodische Grundlagen und Erfahrungswerte im Umgang mit schwierigem Verhalten. Aber der tatsächliche Zugang zu diesen Problemen liegt eher in der reflexiven Auseinandersetzung der Lehrkräfte mit diesen pädagogischen Herausforderungen.
Die Lehrerin Annette Lauer[11] fasste diesen Zusammenhang in der Formulierung: „schwierige Schüler fordern schwierige Lehrer". Sie meinte damit Lehrkräfte,
- die auf schwieriges Verhalten nicht nur mit konventionellen Sanktionen reagieren,
- die sich auf die Suche ihrer Schülerschaft nach Grenzen einlassen und sich in diesem Prozess mit ihren eigenen Grenzen und ihrem Umgang damit konfrontieren,
- die schwieriges Verhalten nicht nur als Bedrohung und Verletzung einer gegebenen oder geforderten Ordnung verstehen, sondern als Aufforderung, die schulische Ordnung zu verändern, weiter zu entwickeln und in kreativer Weise an unkonventionelle pädagogische Situationen anzupassen,
- die schwieriges Verhalten als Aufforderung für eigenes Lernen verstehen und sich auf einen gegenseitigen Lernprozess mit diesen Kindern einlassen.

Die pädagogische Arbeit bei Kindern mit Gefühls- und Verhaltensstörungen wird hier verstanden als ein offener Prozess, in dem vorhandene Ordnungsmuster und Strukturen immer wieder durchbrochen und gleichzeitig in den pädagogischen Aushandlungsprozessen mit diesen Schülerinnen und Schülern immer wieder neu aufgebaut werden. Die pädagogische Arbeit bei Kindern mit Gefühls- und Verhal-

tensstörungen lässt sich zu großen Teilen als künstlerisch-kreativer Akt beschreiben.
Auf der Seite der Schülerschaft erfordert es Vertrauen in die Erwachsenen und deren Glaubwürdigkeit, die nur in solchen Prozessen entstehen kann. Für die Pädagoginnen und Pädagogen bedeutet dies
- die Wahrnehmung der Stärken und Fähigkeiten des Schülers/der Schülerin,
- den Glauben und das Vertrauen in seine/ihre Gestaltungs- und Lernfähigkeit,
- die Bereitschaft, die pädagogischen Selbstbeschreibungen und die eigene professionelle Identität offen zu halten und weiter zu entwickeln.

Was bedeutet pädagogische Profession?

Pädagogisches Handeln braucht dazu aber auch Autonomie- und Gestaltungsräume und wird gestützt durch kollegiale Austauschprozesse, kollegiale Unterstützung und kollegiale Solidarität.

Das, was wir tun, um diese Kinder in ihrer Entwicklung und ihrer „Verwirklichung des rechten Lebens zu fördern und zu stützen" [12], muss an den Fähigkeiten der Kinder, an ihrer Problemsicht, ihren Einsichts- und Verständnismöglichkeiten ansetzen.

Für die Professionellen in den Arbeitsfeldern der Erziehungshilfe bedeutet dies den Abschied von expertenorientierter Berufsrollen zugunsten des Umgangs mit verantwortungsgetragener Unsicherheit („Berufsethos") gegenüber diesen Kindern und Jugendlichen und ihren Familien. Die professionelle Arbeit in der Erziehungshilfe fordert deshalb neben der Freude am Umgang mit Kindern auch Bescheidenheit und den Abschied von der pädagogischen Vorstellung sicher bestimmbarer Wirkungen des pädagogischen Handelns.

Angesichts dieser grundlegenden Ambivalenz pädagogischen Handelns – bestimmen zu wollen, was unsicher bleibt- müssen die Gütekriterien moderner Erziehungshilfe neu bestimmt werden zwischen
- der Autonomie (Autonomieförderung),
- den Erfahrungsräumen der Kinder und Jugendlichen (Lernumwelten),
- den Grenzen, die wir ihnen pädagogisch und ethisch begründet setzen,
- sowie der „Fürsorge", die sie erleben müssen.

Von zentraler Bedeutung ist angesichts der gesteigerten pädagogischen Unsicherheiten das Berufsethos der professionellen Erzieher im Arbeitsfeld der Verhaltensgestörtenpädagogik. Die Entscheidung für diesen Beruf basiert auf der Bereitschaft, mit Kindern und Jugendlichen zu arbeiten, die sich den Erziehungsbemühungen und den Erwartungen der Gemeinschaft in weitem Maße entziehen. Wer sich diesen Herausforderungen professionell stellt
- ist grundsätzlich bereit, sich mit kindlichem Fehlverhalten und Aggressionen auseinander zu setzen,
- weiß, dass Verhaltens- und Einstellungsänderungen nicht kurzfristig erreicht werden können, sondern langfristig anzustreben sind,
- ist sich bewusst, dass soziale Beziehungen in kleinen Schritten aufgebaut und

von den Kindern und Jugendlichen immer wieder neu auf ihre Tragfähigkeit hin getestet werden müssen,
- weiß, dass Fehlverhalten nicht einfach aufgegeben werden kann, sondern neue alternative Verhaltensweisen in kleinen Schritten über längere Zeiträume hin aufgebaut, ausprobiert und erlernt werden müssen.

Was brauchen die Professionellen in der Erziehungshilfe?

Die Professionellen in der Erziehungshilfe brauchen Enthusiasmus, Optimismus, die Überzeugung in die Wichtigkeit ihrer Arbeit und den Glauben an die Entwicklungspotentiale der Kinder und Jugendlichen, mit denen sie zusammen sind. Sie brauchen gleichzeitig aber auch Ausdauer und eine hohe Frustrationstoleranz, um die Widerstände gegen die Welt, welche die Kinder und Jugendlichen an ihnen erproben, immer wieder aufs Neue auszuhalten. Und sie brauchen umfangreiches theoretisches Wissen im Umgang mit schwierigen Erziehungssituationen, sowie vielfältige Unterstützung, um diese herausfordernde Arbeit leisten zu können, ohne auszubrennen.

Auf Seiten der Pädagoginnen und Pädagogen verlangt die Arbeit in der Erziehungshilfe bestimmte Einstellungs- und Haltungsvoraussetzungen. Kinder und Jugendliche mit Gefühls- und Verhaltensstörungen legen ihre belasteten Biographien, ihre oft jahrelange Geschichte von Versagungen und Versagen nicht an der Schultüre ab. Sie aktualisieren ihre Ängste, Enttäuschungen, Selbstzweifel und Aggressionen im Schulalltag und können einen geregelten Unterrichtsablauf ebenso wie pädagogisch-therapeutische Angebote damit boykottieren. Diese Schülerinnen und Schüler sind Spezialisten darin, eigene Ängste und Aggressionen in den Pädagoginnen und Pädagogen selbst zu wecken und sich in Opposition zu ihnen zu bringen. Immer wieder versuchen sie, sich pädagogischen Intentionen und jeglichem Zugriff in einem für die Pädagogen oft schwer aushaltbaren Maße zu entziehen. Genau dieses Aushalten und Ertragen von problematischem Verhalten und im Gegenspiel dazu die permanenten Auseinandersetzungen des Erwachsenen mit den Fragen „Was lasse ich zu? - Wo setze ich Grenzen?" durchziehen den Alltag der Pädagoginnen und Pädagogen und fordern sie emotional und persönlich heraus.

Wichtig erscheint hier, die täglichen Erfahrungen auch im kollegialen Austausch zu reflektieren und sich im Sinne einer Selbstbefragung die oftmals unauflösbaren pädagogischen Alltagsprobleme immer wieder neu zu vergegenwärtigen:

- Welche Erwartung habe ich an diese Schülerin/diesen Schüler?
- Sind diese Erwartungen gerecht?
- Sind diese Erwartungen zu hoch, sind sie zu niedrig, sind sie kulturell-, alters- und entwicklungsangemessen?
- Kann ich einem Kind erlauben, was ich einem anderen verbiete?
- Wie reagieren die Schülerinnen und Schüler auf unterschiedliche Behandlung?
- Wieviel Nähe lasse ich zu? Wie viel Distanz brauche ich und/oder das Kind?
- Welche Gefühle des Versagens, der Enttäuschung, der Angst, Wut und Aggression weckt dieses Verhalten in mir?

- Sind meine emotionalen Reaktionen auf dieses kindliche Verhalten angemessen?

Natürlich verbindet sich mit Schule immer auch die Frage nach den unterrichtlichen und pädagogischen Qualitäten (Prinzipien, Inhalte, Strategien, Gestaltung), die störendes Verhalten von Kindern und Jugendlichen mit auslösen oder beeinflussen können. Viel zu oft wird dieser Aspekt übersehen. Es ist schwierig für Lehrkräfte, eine Klasse zu führen und zu unterrichten und gleichzeitig die Perspektive der Kinder einzunehmen. Eine Herausforderung ist eine solche Sichtweise für jede Pädagogin/jeden Pädagogen. Genau diese Perspektivenübernahme, die Infragestellung der eigenen Sicht, ist eine der wichtigsten reflexiven Aufgaben der Pädagoginnen und Pädagogen an der Schule zur Erziehungshilfe, der sie sich vor allem außerhalb von Unterrichtssituationen im Sinne der didaktischen und pädagogischen Reflexion der schulischen Alltagserfahrungen stellen müssen. Dauerhaft kann eine so gestaltete offene reflexive Auseinandersetzung mit den pädagogischen Herausforderungen an einer Schule zur Erziehungshilfe nur durchgehalten werden:
- wenn sich die Pädagogen in diesem Prozess gegenseitig unterstützen (Team),
- wenn die organisatorischen Voraussetzungen und die notwendigen Ressourcen für diese Zusammenarbeit geschaffen werden und
- wenn die Pädagogen ausreichende Möglichkeiten finden, ihre professionelle Weiterentwicklung entsprechend der veränderten pädagogischen Aufgaben, mit denen sie konfrontiert sind, zu betreiben.

Um Missverständnissen vorzubeugen: Die lernende Schule steht in der Verantwortung, auf Schulhausebene Strukturen und Arbeitsbedingungen zu schaffen und jene problemangemessene pädagogische Arbeit zu leisten, die professionellen Standards entspricht. Jenseits davon kann die Schule diese Verantwortung nur unter der Bedingung einer ausreichenden Finanzierung und Ressourcenausstattung übernehmen. Ausreichend bedeutet dabei, die Anerkennung von Knappheitsprinzipien, denen staatliche Institutionen immer unterworfen sind. In der Praxis steckt dahinter ein Aushandlungsprozess, der von den Schulen nur geführt werden kann, wenn sie sich ihrer eigenen Praxis vergewissert haben, wenn sie Ziele, Möglichkeiten, Methoden und Grenzen der eigenen Arbeit und den damit verbundenen Ressourcenverbrauch markieren und auch nach außen darstellen können.

Das Team
Die Qualität dieser Schulen lebt von den Pädagoginnen und Pädagogen, die zusätzliche Aufgaben übernehmen und das Schulleben aktiv gestalten.
Die Schule zur Erziehungshilfe als Organisation entwickelt ihre Identität nicht nur über Zielsetzungen, Rahmenbedingungen und Alltagsbewältigungen, sondern auch und vor allem über die professionellen Selbstbeschreibungen der Pädagoginnen und Pädagogen. Dieses Selbstprofil - die professionelle Identität - entwickelt sich in der inhaltlichen Auseinandersetzung mit der eigenen Arbeit und deren organisatorischen Rahmenbedingungen. Besonders bereichernd für das Klima einer Schule

und das Schulleben ist es, wenn diese Auseinandersetzung in einem offenen kollegialen Zusammenhang stattfindet.

Das Schulleben wird durch die individuelle Arbeit der Pädagoginnen und Pädagogen und durch punktuell gemeinsames Arbeiten in Jahrgangsgruppen, Klassenteams von Lehrkräften und pädagogischen Mitarbeiterinnen und Mitarbeitern, Projektvorbereitungen, Fallbesprechungen und pädagogischen Konferenzen gestaltet. Die Qualität kollegialer Austauschprozesse ist sowohl für die Alltagsorganisation, die Bewältigung von Konflikten, als auch für angestrebte inhaltliche Weiterentwicklung der Schule von großer Bedeutung. Sie als Pädagoginnen und Pädagogen wissen selbst am Besten, wie oft Sie Ihre Kolleginnen und Kollegen als Helfende, Unterstützende und Berater, aber auch als „Blockierer" erleben. Sie sind als Kollegium eine Gruppe von Pädagoginnen und Pädagogen, d.h. Sie arbeiten nicht nur gemeinsam, sondern diese Gemeinsamkeit lässt sich auf eine bestimmte Weise, nämlich als Gruppe beschreiben.

Eine Gruppe lässt sich definieren als
- eine begrenzte Anzahl von Menschen,
- die über einen eng begrenzten Zeitraum hinaus miteinander in Interaktion stehen,
- die sich als Gruppe verstehen und wahrnehmen,
- die sich in Verhalten und Arbeitsleistungen gegenseitig beeinflussen.

Gruppen haben
- Ziele, die nur zum Teil mit den Zielen der einzelnen Mitglieder übereinstimmen,
- unterschiedliche Führungsstrukturen (formale Verantwortung für Arbeitsaufgaben, informelle Führung als sozial-emotionaler Einfluss),
- Gruppennormen und setzen Einzelpersonen unter „Konformitätszwang", der realisiert wird durch Gruppendruck, Gruppenerwartungen oder persönliche Einwilligung in Normen,
- nicht auf allen Gebieten leistungsfördernden Einfluss auf Einzelpersonen[13]

Die Anforderungen an Schulen zur Erziehungshilfe, an jeden Einzelnen und an das Kollegium sind aufgrund der gestiegenen pädagogischen Komplexität hoch und verändern sich ständig. Das kann zu Krisen führen, wenn Pädagoginnen und Pädagogen diese Veränderungsabsichten ausschließlich als von außen gefordert erleben und deshalb abwehren. So verengen sich vorhandene Handlungsspielräume, Entwicklungspotentiale werden nicht genutzt, man hemmt ungewollt sich selbst und andere.

Deshalb möchten wir an dieser Stelle Ihren Blick darauf lenken, dass Qualitätsentwicklung in der Schule immer auch Teamentwicklung bedeutet. Teamarbeit ist eine der wichtigsten Voraussetzungen für erfolgreiches pädagogisches Handeln. Sie ermöglicht ergänzende Sichtweisen, die Auflösung starrer Gewohnheiten, die Überwindung der Isolation des einzelnen Pädagogen/der Pädagogin, die Erweiterung individueller Kompetenzen, Vertrauen in die eigene Arbeit und kollegiale

Solidarität. Teamentwicklung fordert deshalb die Gruppe (das Kollegium) heraus, sich mit sich selbst zu beschäftigen.

„Damit die Selbstreflexion nicht zur Nabelschau und zum Selbstzweck wird, sollte die Teamentwicklung bewusst, zielorientiert und methodisch durchgeführt werden." [14]

Was unterscheidet ein Team von einer Gruppe von Kolleginnen und Kollegen?

Dafür möchten wir hier einige Anregungen geben.
Ein Team ist eine Gruppe plus Faktor X.
Dieser Faktor umfasst eine Reihe von Qualitäten, die sich im Laufe der Zeit unter günstigen Umständen entwickeln.

- Übereinkunft   über Ziele, Daseinszweck und Funktion der Gruppe
- Konsens   über Regeln und Normen sowie Bewertung von Gruppenleistungen
- Kohärenz   Zusammenarbeit unter unterschiedlichen Konstellationen
- Konsistenz   Kontinuität des Gruppengeschehens in der Zeit
- Kontingenz   Geschlossenheit und Verbundenheit unterschiedlicher handlungsleitender Programme und Reaktionsmuster
- Identität   Bindung an überindividuelle Motive und Interessen
- Binnenstruktur und interne Differenzierung in Rollen und Zuständigkeiten[15]

Gruppen entwickeln sich durch neue Aufgaben, neue Menschen, Veränderungen von außen und die Erfahrungen des Gruppenalltags. Sie als Pädagoginnen und Pädagogen können für diese Veränderungen offen sein oder eher abwehrend reagieren. Teams entwickeln sich nicht im Selbstlauf. Erst wenn gemeinsames und ergänzendes pädagogisches Handeln systematisch überdacht wird, Konflikte zu Entwicklungsanlässen und nicht zu Krisen werden und Methoden, Ziele, sowie die Qualität pädagogischer Arbeit immer wieder in Frage gestellt und überprüft werden, wird aus dem Kollegium einer Schule zur Erziehungshilfe ein Team. Für den einzelnen Pädagogen/die Pädagogin heißt das, sich mit den eigenen Stärken und Schwächen aufgehoben zu fühlen in einem Kollegium, das sich durch seine Vielfalt ergänzt.

Wie kann sich ein Team selbst beschreiben?

In einem Team gibt es verschiedene Rollen, die erst in ihrer Gesamtheit, ihrem Gegenspiel und ihrer gegenseitigen Ergänzung das Team charakterisieren. Wenn Sie sich und Ihr Kollegium anschauen, können Sie möglicherweise sehr schnell entscheiden, wer eher die Impulse für Neues gibt und wer eher das Bewährte bewahren will; wer individuell strategisch plant oder wer es vorzieht, mit Kolleginnen und Kollegen gemeinsam zu arbeiten; wer kreativ und offen Neues ausprobiert, wer seine Arbeit eher systematisch organisiert, auch wer seine Arbeit eher an den zu erbringenden Leistungen oder an den Schülerinnen und Schülern orientiert. All diese Rollen sind in einem guten Team unverzichtbar. Die unterschiedlichen Perspektiven und Kompetenzen, die sich ergänzen, bereichern das Schulleben nicht nur, sondern ermöglichen erst Kompetenzerweiterungen, innovative und unkonventionelle Entwicklungen, die in der Schule zur Erziehungshilfe auch umsetzbar sind.

Rollen in erfolgreichen Teams:[16]

- Der Stratege

typische Eigenschaften:	weitblickend, tatkräftig, ideenreich, konzeptionell
positive Qualitäten:	denkt über den „Tellerrand" hinaus, erkennt Kräftefelder in Systemen, hat großes Interesse an Erneuerungen
mögliche Schwächen:	kann sich in unrealistische Ideen und Projekte verrennen, erkennt bewährte Routinen eventuell nicht

- Der Ideengeber

typische Eigenschaften:	individuell, ernsthaft, unorthodox
positive Qualitäten:	hat innovative Begabungen, Vorstellungskraft, hohen Intellekt und viel Wissen
mögliche Schwächen	„schwebt" manchmal „in den Wolken", neigt dazu, praktische Details oder das Protokoll zu übersehen

- Der Aktivierer

typische Eigenschaften:	extravertiert, enthusiastisch, wissbegierig, kommunikativ
positive Qualitäten:	besitzt die Eigenschaft, schnell Kontakt zu Personen aufnehmen zu können, will alles Neue erforschen, nimmt Herausforderungen an
mögliche Schwächen:	läuft Gefahr, das Interesse an einer Sache zu verlieren, wenn sie zur Normalität wird

- Der Gestalter

typische Eigenschaften:	dynamisch, aktiv
positive Qualitäten:	hat den Willen und die Bereitschaft, Veränderungen umzusetzen und Trägheit zu bekämpfen
mögliche Schwächen:	neigt zu Provokationen, Ärger und Ungeduld

- Der Moderator

typische Eigenschaften:	ruhig, beherrscht, selbstsicher
positive Qualitäten:	besitzt die Eigenschaft, potentielle Mitarbeiter ohne Vorurteile einzubinden, hat eine starke Wahrnehmung für objektive Gegebenheiten
mögliche Schwächen:	zuweilen fehlen eigene kreative Fähigkeiten

- Der Teamworker

  typische Eigenschaften: sozialorientiert, freundlich, empfindsam
  positive Qualitäten: kann gut auf Menschen und Situationen eingehen und den Teamgeist fördern
  mögliche Schwächen: ist eventuell in Krisensituationen unentschlossen, vermeidet Konflikte lieber

- Der Qualitätssicherer

  typische Eigenschaften: sorgfältig, gewissenhaft, fleißig
  positive Qualitäten: hat die Energie, angefangene Dinge in bester Qualität durchzuziehen
  mögliche Schwächen: neigt dazu, sich über Kleinigkeiten aufzuregen, kann eventuell nicht gut improvisieren

- Der Systematiker

  typische Eigenschaften: nüchtern, besonnen, vorsichtig
  positive Qualitäten: beurteilt Situationen sachlich, ist an Praxis orientiert
  mögliche Schwächen: hat eventuell weniger eigene Ideen, kann andere nicht so gut motivieren

- Der Zuverlässige

  typische Eigenschaften: konservativ, loyal, pflichtbewusst
  positive Qualitäten: kann gut organisieren, arbeitet hart und diszipliniert, orientiert sich an Bewährtem
  mögliche Schwächen: ist mitunter nicht sehr flexibel, nicht sehr empfänglich für neue Ideen

Schley (1997) führt aus, dass ein gutes Team wie eine gute Mannschaft sei, in der alle Spielpositionen besetzt sind und in der es Offenheit über die jeweiligen Stärken und Schwächen gibt, so dass jeder Spieler optimal eingesetzt werden kann. Der Erfolg ergibt sich erst aus dem Zusammenspiel. Deshalb empfiehlt Schley im Kollegium einmal eine Mannschaftsaufstellung auszuprobieren. Welche Rolle schreibe ich mir, welche Rolle meinen jeweiligen Kollegen/meiner Kollegin zu?
Zum einen kann eine Diskussion über die Unterschiede in den Selbst- und Fremdzuschreibungen einen Diskussionsprozess im Team einleiten, der zu mehr Offenheit und Klarheit untereinander führen kann. Zum anderen zeigt eine solche Mannschaftsaufstellung, welche Positionen im Team zu stark besetzt sind und wo es Lücken gibt. Im Teamentwicklungsprozess können so gemeinsam einzelne Rollen stärker berücksichtigt werden.

Teamentwicklung ist ein Prozess, der sich nicht in seiner Gesamtheit, aber nach Kriterien beschreiben lässt, der nicht zu steuern, aber zu beeinflussen ist. Ein produktiver Teamentwicklungsprozess kann in vier Phasen unterteilt werden: [17]

Orientierungs- und Testphase
- Klärung von Positionen und Erwartungen
- höfliches Abtasten und freundliches Verstehen
- Alles wird akzeptiert
- Interessengegensätze sind noch nicht erkennbar

Wie kann sich ein Team entwickeln? [18]

Zentrale Fragen in dieser Phase sind:
- Was sind die Aufgaben und Ziele des Teams?
- Wer hat welche Position?
- Wer leitet, wer moderiert... im Team?
- In welcher Beziehung stehe ich zum Team?
- Wo ist Unterstützung zu erwarten?
- Von wem sind wir abhängig?
- Was erwarten wir von uns selbst?

Auseinandersetzungsphase:
- Streitphase mit Übertreibungen und gegenseitigen Zuschreibungen
- Bildung von Untergruppen, Fraktionskämpfe
- viele offene Fragen
- Unvereinbarkeiten, Abgrenzungen, Auseinandersetzungen, Blockaden

(Die Auseinandersetzungsphase ist besonders bedeutsam für den Prozess der Teamentwicklung, weil erst hier notwendige und mögliche Veränderungen angesprochen werden. Zuweilen erscheint es sinnvoll, für diesen Prozess einen Unbeteiligten als Moderator zu gewinnen.)

Zentrale Fragen in dieser Phase sind:
- Wer will das Gleiche wie ich?
- Wer will etwas Anderes?
- Wer erkennt meine Bemühungen an?
- Wer gibt mir Sicherheit?
- Wer ist mein Freund, wer sieht die Dinge anders?
- Wer übt die Kontrolle aus?

Regel- und Konsensphase
- Aushandlungsprozess für Auseinandersetzungen und produktive Wirkungen
- Spielregeln entwickeln
- Normen aushandeln
- Grenzen ziehen

- Positionen klären
- Konsens bilden (Einigen im Dissens - unterschiedliche Meinungen und verschiedenes Herangehen an Probleme mit gemeinsamer Zielsetzung)

Zentrale Fragen in dieser Phase sind:
- Wie werden Konflikte verarbeitet?
- Welche Normen vereinbaren wir?
- Wer hat welche Rolle?
- Wer ist wie beteiligt?

Produktivitätsphase
- konstruktive Neuorientierung
- Teammitglieder bemühen sich um Kooperation
- Teammitglieder haben ihre Positionen, Rollen und Aufgaben gefunden
- Neue Lösungen werden erarbeitet
- Gruppenaktivitäten richten sich auf Aufgaben und Funktionen
- Informelle Kontakte sind fördernd
- Probleme werden nicht mehr verdrängt, es werden keine Schuldigen mehr gesucht und niemand zieht sich mehr resigniert zurück
- Unterschiedlichkeit wird nicht länger als Belastung, sondern als Qualität erlebt
- Erfolge in konkreten Veränderungsprojekten

Um ein Team zu werden, braucht eine Gruppe Ziele, klare Rollen- und Aufgabenverteilungen, Entscheidungs- und Handlungsspielräume, regelmäßigen Austausch, Erfolgserlebnisse, Unterstützung und eine kompetente Leitung.

Die Teamleitung
Schulleitungen umfassen nicht nur den Schulleiter/die Schulleiterin, ihr gehören auch die Lehrerkonferenz, die Schulkonferenz und häufig auch ein Leitungsteam an. Die Anforderungen an die Schulleitung sind komplex und vielschichtig. Sie lassen sich in Handlungsdimensionen zusammenfassen, die stichpunktartig benannt werden können:

Handlungsdimensionen der Schulleitung[19]
- Führung   Zielklärung
               Systementwicklung
               Personalentwicklung
               Evaluation

- Management   Dienststellenleitung
               Budgetmanagement
               Qualitätsmanagement
               Gesundheitsmanagement

- Moderation	Projektplanung und -durchführung
	Teamentwicklung
	Konfliktbearbeitung

Dabei wandelt sich das Leitbild kompetenter Schulleitungen. Sie gelten als Motoren von Entwicklung, die als „teamcoach" diese Rolle nicht allein spielen. Schulentwicklungsprozesse benötigen Pädagoginnen und Pädagogen, die sich als Akteure und Gestalter verstehen. Dafür brauchen diese weniger Vorgaben und Kontrolle als vielmehr die Unterstützung der Schulleitung.

„SchulleiterInnen stehen im Zentrum unterschiedlicher Erwartungen. Sie sind Ansprechpartner für LehrerInnen, SchülerInnen, Eltern, Schuladministration und -gestaltung, öffentliche Einrichtungen und das soziale Umfeld der Schulen. Bei ihnen bündeln sich Informationen, werden Entscheidungen getroffen, Aufgaben verteilt, Abläufe geplant, Probleme gelöst, Entwicklungen reflektiert und Konzepte geprüft. (...) Sie sind
- Hierarchiespitze,
- Repräsentanten des Systems,
- Ansprechpartner im Alltag,
- Visionäre,
- Krisenmanager,
- Richtungsgeber,
- Administratoren,
- Klärungshelfer,
- Ratgeber,
- Schlichter,
- Ermutiger,
- schließlich und nicht zuletzt Kollege und Mensch." [20]

Die Rollenanforderungen werden situativ bestimmt unterschiedlich ausgeprägt sein. Aber richtig ist, dass an die Schulleitung aufgrund ihrer besonderen Position unterschiedlichste Erwartungen gestellt werden.
Dabei muss sie sich mit den verschiedensten Schwierigkeiten auseinandersetzen.
Um einige Stichworte zu nennen: in Ausmaß und Intensität zunehmende
- Verhaltensauffälligkeiten,
- Qualitätsanforderungen,
- Elternerwartungen,
- Ressourcenknappheit,
- Kooperationsnotwendigkeit oder auch Missverständnisse,
- Unvereinbarkeiten,
- Meinungsverschiedenheiten,
- Erwartungen der Öffentlichkeit.

Nicht alle Problemstellungen in einer Schule führen zwangsläufig zu Konflikten. Aber wenn Konflikte wahrgenommen werden, dann gibt es meist einen Verhandlungsbedarf mit außerschulischen Partnern. Konflikte mit den Eltern, der Schulaufsicht, den Politikern, den Medien oder der Wirtschaft beeinflussen die Arbeit in der Schule zum Teil ganz erheblich und können die Pädagoginnen und Pädagogen belasten. Schulleitern und Schulleiterinnen kommt deshalb auch eine wichtige Funktion als Konfliktmanager zu.

Kontroversen führen zu Spannungen und werden als unangenehme Belastungen erlebt. Wegen ihrer meist negativen Bedeutungszuschreibung werden die innerschulischen Konflikte oft nicht oder nur „hinter vorgehaltener Hand" angesprochen und hemmen so die schulische Arbeit.[21]

Es gehört immer noch nicht zu unserem pädagogischen Selbstverständnis, Probleme und Konflikte als Entwicklungskatalysatoren zu verstehen. Das Zugeben von Schwierigkeiten wird häufig noch als Bankrotterklärung der pädagogischen Praxis und Eingeständnis pädagogischer Kompetenzdefizite verstanden, die wir lieber verschweigen, um uns nicht dem Vorwurf der Unfähigkeit auszusetzen. Widersprüche, Scheitern, Konflikt und Enttäuschung konstituieren Pädagogik genauso wie kindliche Autonomiegewinne und Lernerfolge. Sie dürfen nicht verheimlicht oder verdrängt werden, sondern müssen im Rahmen professioneller Selbstthematisierung bearbeitet und verarbeitet werden. Deshalb ist eine besondere Aufgabe der Schulleitung in der Organisations- und Teamentwicklung die Bearbeitung von pädagogischem Scheitern und Konfliktmanagement. Sie muss Konflikte erkennen können, deren Ursachen und Dynamik analysieren und über Methoden und Konzepte zur Konflikthandhabung verfügen. Damit soll keineswegs gesagt sein, dass nur Schulleiter und Schulleiterinnen als Konfliktmoderatoren in der Schule fungieren sollten. Aber ihnen obliegt die übergeordnete Verantwortung für die Qualität der schulischen Arbeitsprozesse. Deshalb ist es für die Schulleitung besonders wichtig, Konflikte produktiv managen zu können, sowohl deren Eskalation als auch deren Vermeidung zu verhindern.

Umgang mit Konflikten

Warum sind Kooperation und Konflikte Motoren der Teamentwicklung?

Zusammenarbeit, Unterstützung, Vertrauen, Verbindlichkeit und gegenseitiges Verstehen sichern die notwendige Gemeinsamkeit für kooperative Teamarbeit. Lebendige Auseinandersetzungen, das offene Streiten, das Ringen um Lösungen ermöglichen Teamentwicklung. Harmonie und Auseinandersetzung gehören zur kooperativen Teamarbeit.

„Das Zusammenleben und Arbeiten in der Schule braucht beide Qualitäten. Ohne Kooperation ist Schule nicht zu machen und ohne Streit ist die Gemeinsamkeit nur Form, hohl und ohne Substanz."[22]

• Kooperation durch Harmonie	• und Auseinandersetzung
Akzeptanz	Konfrontation
Verstehen	Konflikt
Versöhnung	Streit
Friedlichkeit	Kampfgeist
Höflichkeit	Unerbittlichkeit

Was sind Konflikte?

Konflikte lassen sich nicht vermeiden. Wir müssen lernen, mit ihnen umzugehen. Es gibt zunächst persönliche Entscheidungskonflikte, die wir täglich mit uns selber austragen müssen. Nach Lewin können wir zwischen drei Formen dieser inneren Konflikte unterscheiden:
1. Wir müssen uns zwischen zwei Möglichkeiten entscheiden, die wir beide als positiv erleben, von denen wir aber nur eine wählen können.
   Wer die Wahl hat, hat die Qual.
2. Wir müssen uns zwischen zwei Gegebenheiten entscheiden, die wir beide negativ erleben - Welches wird das kleinere Übel sein? - und dann „in den sauren Apfel beißen".
3. Wir müssen uns zwischen zwei Alternativen entscheiden, die jede positive und negative Aspekte hat.
   Das ist wohl die Form eines inneren Konfliktes, die uns am Häufigsten begegnet.

Innere Konflikte führen zu Verunsicherungen. Wenn wir mit ihnen nicht mehr allein zurechtkommen und die Entscheidungen, zu denen wir uns genötigt sehen, uns zu sehr belasten, können diese auch direkte Auswirkungen auf äußere, zwischenmenschliche Konflikte haben.

„Sozialer Konflikt ist eine Interaktion
• zwischen Akteuren (Individuen, Gruppen, Organisationen u.s.w.),
• wobei wenigstens ein Aktor
• Unvereinbarkeiten im Denken/Vorstellen/Wahrnehmen
• und/oder Fühlen
• und/oder Wollen
• mit dem anderen Aktor (den anderen Aktoren) in der Art erlebt,
• dass im Realisieren eine Beeinträchtigung
• durch einen anderen Aktor (die anderen Aktoren) erfolge." [23]

Warum ist Konfliktmoderation so wichtig?

Konflikte haben immer etwas mit gegenseitigen Wahrnehmungen, Vorstellungen und Interessen zu tun, die sich ausschließen oder unvereinbar scheinen. Deshalb eskalieren ausbrechende Konflikte so oft, verhärten sich Meinungen und werden Positionen unvereinbar, dass keine Verständigung mehr möglich erscheint. Glasl hat die Eskalation von Konflikten in Form einer Treppe dargestellt, deren wesentliche Elemente wir hier übernehmen wollen.[24]

- Verhärtung	Standpunkte prallen aufeinander,
bestehende Spannungen erzeugen Verkrampfungen,
noch gibt es aber keine starren Lager und Parteien,
Es überwiegt noch die Überzeugung, dass die Konflikte durch Gespräche zu lösen sind.

- Debatte	Polarisation, Schwarz-Weiß-Denken,
verbale Gewalt,
Subgruppenbildung um Standpunkte,
Es gibt einen scheinbar Überlegenen und einen Unterlegenen.

- Taten	Tatsachen werden geschaffen,
Nonverbales Verhalten dominiert,
Misstrauen,
Fehlinterpretationen bestimmen die gegenseitige Wahrnehmung.

- Koalitionen zur Imagesicherung	Gerüchte bezogen auf Wissen und Können,
einander in negative Rollen manövrieren und bekämpfen,
Werben um eigene Anhänger,
Die Gerüchteküche kocht.

- Gesichtsverlust	öffentliche und direkte Angriffe,
Demaskierungen und Enttäuschungen,
Isolation,
Es geht nur noch um Prinzipien.

- Drohstrategien	Drohung und Gegendrohung,
permanenter Stress

Die folgenden drei letzten Stufen der Treppe seien hier der Vollständigkeit halber genannt, sie sind vor allem typisch für politische oder auch wirtschaftliche Konfliktkämpfe.

- begrenzte Vernichtungsschläge	absolut keine Verständigung mehr möglich
nur noch Versuch, den eigenen Schaden klein zu halten

- Zersplitterung	Desintegrieren des feindlichen Systems

- gemeinsam in den Abgrund   totale Konfrontation
                                Vernichtung um den Preis der Selbstvernichtung

Konfliktmanagement verhindert, dass Konflikte eskalieren und zur teilweisen oder totalen Handlungsunfähigkeit führen. Konflikte haben allerdings auch gewinnbringende Dimensionen.

Die andere Seite von Konfliktmanagement ist deshalb die Nichtvermeidung und Akzeptant von Konflikten. Konflikte sind sinnvolle und produktive Entwicklungskräfte. Sie sind der Antrieb, ohne dessen Energie jede Teamentwicklung zum Stillstand käme. Erst die Auseinandersetzung in Konflikten ermöglicht es im Team Spannungen produktiv umzusetzen, Verständnis füreinander zu lernen, Kompromisse zu finden und für schwierige Aufgaben neue Lösungen zu finden. Das wird aber nur gelingen, wenn Konflikte moderiert und Eskalationen vermieden werden.

Erfolgversprechende Interventionsstrategien unterscheiden sich nach Konflikttypen:[25]

- Neue Lösungen zur Bewältigung von aufgaben- und sachorientierten Konflikten können durch die Systematisierung der Auseinandersetzung mit Hilfe von Problemanalysen, Entscheidungstechniken und Konferenzgestaltungen gefunden werden.
- Verständnis füreinander zu entwickeln, kann das Ergebnis sozio-emotionaler Konflikte sein, wenn es dem Moderator/der Moderatorin gelingt, durch Empathie für beide Seiten die Kommunikation zwischen den Konfliktparteien wieder zu öffnen.
- Die Suche nach Kompromissen kann in vielen Verhandlungskonflikten produktiver sein, als der Versuch einen Konsens für eine Variante zu finden oder Mehrheitsentscheidungen durch Abstimmungsverfahren zu erwirken. Einen solchen Kompromiss zu erwirken, erfordert die Moderation des Verhandlungsprozesses.
- Selbst Machtkonflikte können zu produktiven Spannungen führen, wenn ihre zweiseitige Struktur verdeutlicht wird und gegenseitige Abhängigkeiten visualisiert werden.

Wie kann man mit Konflikten produktiv umgehen?

Den produktiven Umgang mit Konflikten zu lernen, erfordert vor allem eine veränderte Wahrnehmung von Problemen: Das schließt zunächst eine Konfliktklärung ein, die emotionale und sachliche Anteile erkennen lässt und es ermöglicht, diese in der Konfliktbehandlung zu berücksichtigen. Konfliktmanagement und -moderation erfordern zudem die Berücksichtigung bestimmter Prinzipien. Die folgende von Schley übernommene Übersicht ist eine Anregung.[26]

Konflikte zu managen, heißt in Notsituationen einzugreifen. Dabei geht es vor allem darum, blockierende Verhärtungen von Fronten oder die Ausweitung und Eskalation eines Konfliktes zu vermeiden. Konfliktmanagement, wie es in der folgenden Übersicht vorgestellt wird, ist hierfür geeignet, weniger allerdings für die wirkliche Nutzung des Entwicklungspotentials, das in Konflikten steckt. Vor allem bei sozio-emotionalen Konflikten und Machtkonflikten wird es manchmal notwendig sein, diese zunächst einzugrenzen und handhabbar zu machen.

Zehn Prinzipien des Konfliktmanagements - „Notausrüstung" [27]

Systemausschnitt definieren
- Wer ist vom Konflikt und der Klärung betroffen?
- Wer ist an der Klärung zu beteiligen?

Kontrakte schließen
- Übereinkünfte zwischen Konfliktpartnern
- als verbindliche Verabredungen festhalten

Spielregeln festlegen
- komplexe Situation entflechten, in Einzelschritte auflösen,
- für diese Verfahrensvorschläge benennen

Aktiv zuhören
- verstehen und
- das Verstandene zur Überprüfung, ob es so gemeint war, wiedergeben

Offene Fragen stellen
- interessiert und konkret nachfragen
- Wie-Fragen, keine Warum-Fragen

Realität der Situation benennen
- subjektive Sichtweisen als Realitäten anerkennen
- auch die nicht aufgedeckten Themen im Konflikt ansprechen

Visualisierung der Konfliktstruktur anstreben
- Konflikt sichtbar machen, Problembilder erstellen

Feedback verabreden
- gezielte Rückmeldungen von Konfliktpartnern einholen und diesen auch solche geben

Ziele und Ergebnisse festhalten
- Maßnahmenpläne zur Steuerung der Zielumsetzung,
- Schaffung von Verbindlichkeiten

Maßnahmen verabreden
- Reden schafft Voraussetzung, Handeln bringt Veränderung!

Zu einer wirklich produktiven Veränderung - und damit einer neuen Vision, der Weiterentwicklung des Schulkonzeptes, der Vereinbarung neuer pädagogischer Inhalte, der Umstrukturierung der Arbeitsorganisation, der professionellen Kompetenzerweiterung im Team oder der einzelnen Pädagoginnen und Pädagogen - bedarf es aber der Bereitschaft aller Konfliktparteien, gemeinsamer Zielvereinbarungen und vor allem des veränderten gemeinsamen Handelns. Um einen solchen Umgang mit aufgaben- und sachorientierten - oder auch Verhandlungskonflikten zu ermöglichen, sind Teamleiter und -leiterinnen als Moderatoren gefragt, die
- die Konflikte frühzeitig erkennen,
- offen und sensibel für deren innovative Kraft sind,
- die Fähigkeit besitzen, alle Teammitglieder in den Entwicklungsprozess einzubeziehen, der durch Konflikte angestoßen werden kann.

Teammoderatorinnen und -moderatoren halten die produktiven Veränderungen in Gang, indem sie Inhalte und Teamprozesse so klären und unterstützen, dass sich alle Teammitglieder als Verursacher und Gestalter von Entwicklung erleben können.
Dabei möchten wir besonders aufmerksam machen auf den Unterschied zwischen Konfliktmanagement und Konfliktmoderation. Die Konfliktmoderation wird in fünf Phasen untergliedert, wobei der eigentliche Prozess der Konfliktlösung oder der Kompromissverhandlung eingebettet ist in Vorbereitungsphasen und in die Umsetzung neuer Handlungsformen.

Phasenmodell der Konfliktverarbeitung mit Hilfe von Moderation[28]
1. Selbstklärung
Zunächst bedarf es der bewussten Entscheidung eines potentiellen Konfliktmoderators/einer -moderatorin, einen Konflikt anzusprechen und zu einem konstruktiven Umgang mit diesem beizutragen. Dazu erscheint es sinnvoll, selbst Klarheit über eigene Betroffenheit und Ziele zu erlangen.
- Wie erlebe ich den Konflikt?
- Was genau stört mich?
- Was will ich ansprechen?
- Welche Beziehung habe ich zu den Konfliktpartnern?
- Was will ich in diesem Konflikt erreichen?

2. Motivationsklärung
Wenn der eigene Entschluss gefasst wurde, einen Konflikt zu moderieren, muss sich der/die Moderierende um die Bereitschaft des Teams (oder auch der Parteien) zur offenen Auseinandersetzung und zur produktiven Lösung dieses Konfliktes bemühen.

2.1. Basis schaffen
- Beschreibung des eigenen Situations- bzw. Konflikterlebens, der eigenen äuße-

ren und inneren Wahrnehmung
- eigene Sicht der inneren und äußeren Folgen des Konfliktes darlegen, der Bedeutung des Konfliktes für mich und in Beziehung zu anderen

2.2. Vorabsprachen
- Verabredung zum Gespräch
- Bedingungen für Gespräch vereinbaren

3. Konfliktlösung
Folgende Schritte können bei dem Bemühen um einen veränderten Umgang mit Konflikten hilfreich sein.

3.1. Einstieg in das Konfliktgespräch
Die Darstellung der Sicht der einzelnen Teammitglieder, die Beschreibung ihres Konflikterlebens nimmt eine Schlüsselposition im Ablauf des weiteren Geschehens ein. Nur wer sich mit seiner Sichtweise ernst genommen und verstanden fühlt, wird bereit sein, sich in den angestrebten Veränderungsprozess aktiv einzubringen. Deshalb sind die Anforderungen an den Konfliktmoderator/die Konfliktmoderatorin besonders hoch. Er oder sie muss in der Lage sein, eigene Betroffenheit und Meinungen in dieser Phase zurück zu stellen und
- aktiv zuzuhören,
- nicht zu unterbrechen,
- nicht „zurechtzurücken",
- nicht zu rechtfertigen,
- versuchen zu spiegeln, zu akzeptieren und zu verstehen.

3.2. Formulierung der Konfliktstruktur
Um den Konfliktablauf und die bisherigen Strategien des Umgangs zu verdeutlichen, kann der Konflikt in Form eines „Teufelskreises" oder Analyse der Grundbotschaften visualisiert werden. Bildliche oder symbolische Darstellungen helfen dabei die Unterschiede heraus zu arbeiten:
- Polaritäten und jeweilige Polbesetzung von Handlungsweisen
- Unterschiede in Sichtweisen und Wahrnehmung
- unterschiedliche Interessen

3.3. Gemeinsame Zielformulierung
Was wollen wir erreichen? Diese Frage wird in einem Team immer sehr verschieden beantwortet werden. Aufgabe der Moderation ist es jetzt, die bestehenden Gemeinsamkeiten heraus zu arbeiten, um so eine gemeinsame Zielstellung zu ermöglichen, die für alle Beteiligten einen denkbaren Kompromiss darstellt.
- Formulieren der Punkte über die Konsens besteht
- Erarbeitung eines gemeinsamen Zieles

3.4. Sammeln von Lösungsvorschlägen

Das angestrebte Ergebnis dieses Arbeitsschrittes sind gemeinsame Lösungsvorschläge, die von allen annehmbar sind. Dafür wird ein Dreierschritt vorgeschlagen:
- ungewertete Sammlung aller Ideen zur Realisierung des Zieles
- Gewichtung der Lösungen
- gemeinsame Entscheidung zur Auswahl der Lösungsschritte

3.5. Maßnahmeplan

Die Konfliktlösung muss sich im Handeln abbilden, nicht nur im Reden über den Konflikt!
Die Erarbeitung eines Umsetzungsplanes sollte sehr detailliert erfolgen mit
- zeitlichen Festlegungen und
- Schrittfolgen.

4. Realisierung der Maßnahmen

Das Ziel, zu konkreten verbindlichen Umsetzungen zu gelangen, ist nun Aufgabe aller Pädagoginnen und Pädagogen in Zusammenarbeit mit Schülerinnen und Schülern, Eltern und Kooperationspartnern. Der Moderator/die Moderatorin kann zur Unterstützung des Gelingens auf Festlegungen zur Umsetzung und unterstützende Maßnahmen dringen:
- Welche Hilfsmittel brauchen wir zur Durchsetzung unseres Umsetzungsplanes?
- Wer ist indirekt von unseren Lösungsschritten betroffen?
- Wen wollen wir wie beteiligen?
- Wen müssen wir informieren?
- Welche begleitenden Unterstützungen und Spielregeln könnten uns helfen?

5. Überprüfung und Evaluation

Mit der Realisierung von neuen Handlungsformen im Ergebnis einer solchen Konfliktverarbeitung kann ein kontinuierlicher Entwicklungsprozess auf den Weg gebracht werden. Deshalb ist es besonders wichtig, Rückmeldungen zu verabreden, welche die Diskussion der Umsetzung der verabredeten Maßnahmen, deren Effektivität zur Konfliktlösung und die Zufriedenheit mit den angestrebten Lösungen ermöglichen.
- Verabredung von Kontrollpunkten und Überprüfungsgesichtspunkten
- Verabredung der Folgen bei Nichteinhaltung
- Festlegungen über weitere Verfahrenswege

Eine reflexive Auseinandersetzung mit Konflikten im oben skizzierten Sinne ermöglicht die Aufrechterhaltung produktiver Veränderungsprozesse. Die formalen Verfahrensschritte der Konfliktmoderation können auch auf die reflexive Auseinandersetzung mit Konzepten und Arbeitsprogrammen sowie den Arbeitsfeldern in Schulen zur Erziehungshilfe angewandt werden.

Konzepte und Arbeitsprogramme in Schulen zur Erziehungshilfe

Wie sieht der Bauplan aus?

Auch der Bauplan unseres Hauses ist etwas Besonderes. Wir holen ihn immer wieder aus seiner Schublade und orientieren uns an ihm. Zuweilen brauchen wir den Bauplan, um uns zu vergewissern, dass wir nicht auf Sand gebaut haben. Manchmal müssen wir nachschauen, was noch tragfähig ist an unserem Bau und was wir verändern wollen. Wenn wir mit unseren Nachbarinnen und Nachbarn zusammenarbeiten, nutzen wir ihn, um uns besser verständigen zu können und dem Vermieter unseres Hauses können wir anhand der Bauzeichnung unsere Arbeit und unsere Vorstellungen besser verdeutlichen. Und wir fertigen mit dem Bauplan viele Zeichnungen, die uns seine Umsetzung erleichtern.

Brauchen Schulen zur Erziehungshilfe Konzepte und Arbeitsprogramme?

Um die Frage direkt zu beantworten, wir meinen „ja" und zwar unbedingt, gerade weil die pädagogische Arbeit in einer Schule zur Erziehungshilfe so situationsabhängig und nie vollständig im Voraus zu planen ist. Die besondere Aufgabe einer Schule zur Erziehungshilfe[29] kann nicht allein durch die verantwortliche Arbeit des einzelnen Pädagogen/der Pädagogin, des Teams oder allein durch guten Unterricht oder aber mit Hilfe selbst aufgestellter Erziehungspläne für jeden einzelnen Schüler/jede Schülerin erfüllt werden. Die besonderen Schwierigkeiten der Arbeit an Ihrer Schule erfordern, wie oben beschrieben, die reflexive Auseinandersetzung mit den Zielen, Problemen und Problemlösungen des pädagogischen Alltags. Reflexive Bildungs- und Erziehungsarbeit in der Schule zur Erziehungshilfe findet ihre unverzichtbare Rückkopplung im Team und in Kooperation mit anderen Partnern und Partnerinnen, die Hilfe und Unterstützung für Kinder und Jugendliche mit Gefühls- und Verhaltensstörungen leisten können. Für die Qualität der Schulentwicklung in diesem Sinne sind alle Organisationsebenen von Bedeutung:

- Vision/Leitidee
- Schulprofil
- Inhalte
- Organisation
- Team
- Kooperation
- Pädagogin/Pädagoge

Jede Schule hat ihr ganz eigenes und spezifisches „Gesicht".
Größe, Umfeld, Schülerpopulation, besondere Bedingungen und Aktivitäten, Traditionen und vieles anderes mehr verbieten generalisierende Beschreibungen und Konzeptvorschläge für Schulen zur Erziehungshilfe.
Dennoch gibt es vielfältige formale und inhaltliche Gemeinsamkeiten, die sich in der gemeinsamen Arbeit für und mit Kindern und Jugendlichen mit Gefühls- und Verhaltensstörungen ergeben. Das Ziel jeder Schule zur Erziehungshilfe sollte sein, das Wissen über die eigene Schule und die eigene Arbeit zu erweitern, um die Angemessenheit von Handlungsstrategien und Organisationsstrukturen überprüfen und verbessern zu können.
Die „... regelmäßige, systematische Selbstreflexion pädagogischer Arbeit dient dabei als Grundlage für die Planung und Weiterentwicklung der eigenen schulischen Arbeit." [30]
Die Basis einer systematischen Selbstreflexion ist ein kreatives, anforderungbezogenes Schulkonzept, das auf einer guten Vision der eigenen Arbeit aufbaut. Ein solches Konzept wirkt aber nur handlungsleitend für die pädagogische Arbeit, wenn es für diese übersetzt und untersetzt wird, d.h. wenn aus dem Schulkonzept ein Arbeitsprogramm entwickelt wird, das die konzeptionellen Ideen auf die spezifischen Aufgaben und Arbeitsinhalte der jeweiligen Schule sowie deren Organisation überträgt.

Fünf gute Gründe für die Selbstreflexion der pädagogischen Arbeit:

Wie unterstützen Konzepte und Programme die Arbeit an Schulen zur Erziehungshilfe?

1. Arbeitsalltag von Pädagoginnen und Pädagogen
Reflexion kann unterstützen und situatives Handeln erleichtern.
- Entwicklung von Handlungsstrategien
- Gestaltungs- und Methodenabsprache für Unterrichts- und Erziehungsarbeit und adäquate Handlungsformen in Problemsituationen
- Unterstützungsangebote für Schülerinnen und Schüler

2. Schulentwicklung
Durch Reflexion können Veränderungen systematisch gestaltet werden.
- Nutzung von Gestaltungsspielräumen der Schule
- Entwicklung und Umsetzung eines Schulprofils
- Selbstorganisation
- Teamarbeit
- Entwicklungsschwerpunkte

- Selbstentwicklung - Bewahren und Verändern
- Steuerungsinstrument zur Qualitätsentwicklung

3. Qualitätssicherung
Manchmal fehlt es im problem- und informationsüberladenen Schulalltag an Kraft, Mut und Motivation.
Systematische Reflexion und Evaluation der eigenen Arbeit hilft, die Erfolge der eigenen Arbeit wahrzunehmen und Probleme als Entwicklungspotentiale zu nutzen.
- Verantwortung für die Qualität der eigenen Arbeit
- Qualitätskontrolle und Korrektur (Evaluation)

4. Außendarstellung
Die systematische Reflexion der pädagogischen Arbeit erhöht das Wissen über die eigenen Kompetenzen, stärkt professionelle Unterschiede in ihrer Spezifik, erleichtert die Darstellung der alltäglichen besonderen Arbeit nach außen und damit das Verständnis bei Anderen für die notwendige Erschließung von Ressourcen.
- Arbeits- und Entwicklungsaufgaben an der Schule und deren derzeitiger Stand
- anstehende Entscheidungen und deren Begründungen

5. Kooperation
Die systematische Darstellung der eigenen Arbeit erhöhte die Transparenz und steigert die Bereitschaft von Anderen, an der gemeinsamen Gestaltung des Schullebens zu partizipieren:
- Kinder und Jugendliche
- Eltern
- Schul- und Schulverwaltungsamt
- Schulträger
- im Jugendhilfeverbund
- Regelschule
- weitere Kooperationspartner
- Öffentlichkeit

Leitlinien und offene Gestaltungsansätze, wie wir sie hier vorstellen, können Orientierungen sein, die dann in jeder Schule individuell mit Leben zu füllen sein werden.
Wird von Pädagoginnen und Pädagogen über Gestaltung und Weiterentwicklung von Schule nachgedacht, geht es einerseits um das Wohl der Schüler und Schülerinnen, andererseits aber immer auch um die Gestaltung des eigenen Arbeitsplatzes, dessen Umfeld und die Lebensqualität aller Beteiligten.
Um die Entwicklung der eigenen Schule nicht dem Zufall oder der Aktivität Einzelner zu überlassen, sondern als verantwortlichen Prozess kooperativer Zusammenarbeit zu gestalten, empfiehlt es sich, ein gemeinsames Arbeitsprogramm zu

erstellen. Damit wird ein Prozess der Gestaltung und Reflexion in Gang gebracht, der eine regelmäßige Überprüfung und Fortschreibung ermöglicht. Ein solcher Prozess vollzieht sich in mehreren Phasen, die sich nicht zeitlich, aber durch Aufgabenschwerpunkte abgrenzen lassen.

Wie kann ein Arbeitsprogramm entwickelt werden?
Leitideen
Welche Grundvorstellungen die pädagogische Arbeit an einer Schule zur Erziehungshilfe leiten, scheint zunächst selbstverständlich zu sein. Wir möchten dennoch Ihr Augenmerk zunächst auf mögliche eigene Leitideen richten.

Für eine solche Vergewisserung oder auch Problematisierung der eigenen Leitideen eignet sich die Methode der Kartenabfrage.

Was sind unsere wichtigsten pädagogischen Ziele?

- Im Rahmen einer pädagogischen Konferenz schreiben alle Mitarbeiter und Mitarbeiterinnen die drei Erwartungen an Ihre Arbeit auf Karteikarten, die sie selbst als die Wichtigsten ansehen und jeweils mindestens eine Erwartung, die sie als ungerechtfertigt empfinden. Dazu notieren Sie bitte, von wem die genannten Erwartungen gestellt werden.
- Danach sortieren Sie gemeinsam Ihre Karteikarten nach Gemeinsamkeiten und Unterschieden (eventuell in Gruppen).
- Für die verschiedenen Erwartungsgruppen suchen Sie dann Überbegriffe, die Sie als Ziele Ihrer Arbeit formulieren.
- Diskutieren Sie gemeinsam, welche der so erhaltenen Zielformulierungen Leitideen Ihrer Arbeit sein können.
- Welche Ziele würden Sie nicht als Leitideen Ihrer Arbeit bezeichnen?
- Formulieren Sie im Anschluss daran, die wichtigsten Grundideen der gemeinsamen pädagogischen Arbeit.
- Überlegen Sie gemeinsam, ob und wie Sie die dahinter stehenden Erwartungen an Ihre Arbeit dennoch berücksichtigen müssen.

Als Beispiel dafür, welche Leitgedanken bei der Wahl des Namens der Schule als Programm bedeutsam waren, sollen an dieser Stelle Reflexionen von Pädagoginnen und Pädagogen der Astrid-Lindgren-Schule Burg eingefügt werden.
Bei den Überlegungen, welcher Schulname gewählt werden sollte,
spielten zwei Sachverhalte eine vorrangige Rolle:
1. Es sollte sich um einen Namen handeln, mit dem schon nach außen dokumentiert wird, dass es sich um eine Schule für besondere Kinder handelt. Dabei wurde ganz bewusst auf einen traditionellen Namen (Makarenko, Comenius, Salzmann u. ä.) verzichtet, um auch in der Namensgebung auf neue Wege hinzuweisen.
2. Wir suchten einen Namen, der symptomatisch ist für die Toleranz gegenüber dem Anderssein und für den verständnisvollen Umgang mit Kindern, die anders sind.

Wir haben uns letztendlich für den Namen Astrid Lindgren entschlossen, weil dieser Name weltweit mit ganz besonderen Kindern in Verbindung gebracht wird. Kinder, die sich sehr bewusst außerhalb eingefahrener gesellschaftlicher Normen bewegen, aber durch ihre liebenswerte Darstellung für Sympathie und Toleranz werben.

Bei der Gestaltung des schulischen Alltags versuchen wir, den Namen der Schule Programm werden zu lassen, was sich aber durchaus öfter als sehr schwierig erweist. Dabei ist dies weniger eine Frage der theoretischen Grundlagen und konzeptionellen Überlegungen, als mehr ihrer praktischen Umsetzung. Es erweist sich als problematisch, eingefahrene pädagogische Gleise zu verlassen, sich in einer doch völlig anderen Lehrerrolle zurecht zu finden und genügend Nervenstärke und hohe Frustrationstoleranz mitzubringen, um mit Kindern, die sich regelmäßig außerhalb jeden Normgefüges bewegen, effektiv arbeiten zu können.

Es dürften noch einige Jahre des gegenseitigen Lernens vergehen, ehe der Name unserer Schule wirklich und wahrhaftig Programm wird.

Konzepte

Was wollen wir?
Was wollen wir nicht?

Am Beginn der Erarbeitung eines Plans zur Qualitätsentwicklung für die eigene Schule können große Probleme stehen (innerschulische oder Vorgaben von außen), die Veränderungen erzwingen. Es können aber auch Fragen sein, denen sich lernende Organisationen im Sinne professioneller Selbstentwicklung permanent stellen.

Solche Fragen können zum Beispiel sein:
- Was ist der besondere Auftrag unserer Schule?
- Was wollen wir in Zukunft erreichen?
- Welche spezifischen Erziehungsziele verfolgen wir?
- Welche zentralen Werte sollen uns dabei leiten?
- Was heißt das für
  - unsere Schule als Organisation?
  - die Leitung der Schule?
  - das Team der Pädagoginnen und Pädagogen?
  - die Kooperation in der Schule?
    (Pädagoginnen und Pädagogen, andere Mitarbeiter und Mitarbeiterinnen, Schülerinnen und Schüler, Eltern)
  - die Kooperation mit anderen Beteiligten im Unterstützungsprozess?
  - die Aufnahme an unserer Schule?
  - unsere Hilfe in anderen Systemen, vornehmlich in Regelschulen?
  - unsere Diagnostik?
  - die gemeinsame Erziehungsplanung?
  - die Gestaltung des Unterrichts?
  - die Gestaltung pädagogisch-therapeutischer Prozesse?
  - die Gestaltung des Schullebens?

Die je eigenen Antworten auf diese Fragen werden das besondere „Gesicht" und somit die Größe, das Umfeld, die Schülerpopulation, das Pädagogenteam, die besonderen Bedingungen und Aktivitäten, sowie die Traditionen Ihrer Schule zur Erziehungshilfe berücksichtigen. Die einzelnen Abschnitte des Konzeptentwurfs sollten in kleinen Gruppen von Pädagoginnen und Pädagogen unter Mitwirkung der Schülerschaft, Eltern und anderen Beteiligten erarbeitet und gemeinsam im Plenum der Schulkonferenz besprochen werden.

Schulprofil
Zum Profil einer Schule zur Erziehungshilfe gehören neben den Leitideen und der Programmatik für die pädagogische Arbeit, wie sie in einem Konzept festgeschrieben wird, die konkreten Bedingungen.

Wie erreichen wir, was wir erreichen wollen?

Ein Schulprofil:
- die Leitideen
- das Schulkonzept
- die Schülerinnen und Schüler mit ihren besonderen Stärken und Problemen
- die Beteiligung des sozialen Umfeldes der Schule
- die Mitarbeitenden mit ihrer Qualifikation und ihren besonderen Fähigkeiten
- die Arbeitsschwerpunkte, Arbeitsformen, Projekte, pädagogisch-therapeutische Angebote
- Organisation und Beteiligung an Diagnostik und Erziehungsplanung
- Lernorganisation, Lerngruppen, Klassenstrukturen, Unterrichtsmethoden Erziehungsmittel
- Raumkonzepte, Gestaltung der Schule, sowie Nutzung des Schulgeländes und des Umfelds
- Arbeitsstrukturen, Organisation der Kooperation im Kollegium, Fachgruppen, Verantwortungsregelung
- Fortbildung, innerschulische Weiterbildung, Supervision
- konkrete Kooperationsvereinbarungen (mit genannten Kooperationspartnern)
- Nutzung von Angeboten im Schulumfeld

Die Umsetzung des Schulkonzeptes in ein Schulprofil kann über Arbeitsprogramme erfolgen, die das Vorgehen vom Ziel bis zu seiner Umsetzung festlegen. Die Voraussetzung dafür ist eine genaue Analyse der schulischen Situation in allen aufgeführten Bereichen.

Bestandsaufnahme
Pädagogische Arbeit vollzieht sich im konkreten Handeln. Die Stärken und Schwächen dieses Handelns konkret beschreiben und bewerten zu können, ist ein wichtiger Aspekt pädagogischer Professionalität. Dabei geht es nicht nur um Transparenz und Qualitätskontrolle, sondern auch ganz wesentlich um die Weiterentwicklung der pädagogischen Arbeit.

Tun wir, was wir tun wollen?

- Eine solche Bestandsaufnahme kann eine Projektgruppe von Lehrkräften, päd-

agogischen und technischen Mitarbeitern und Mitarbeiterinnen vorbereiten. Zunächst sind klare Fragestellungen und Bewertungskriterien zu erstellen. (Sie werden sich, entsprechend der Problemstellung, auf einige wenige Bereiche beschränken.)
- In die Datensammlung können auch Schülerinnen, Schüler und Eltern einbezogen werden.
- Die Analyse der gewonnenen Daten kann wiederum von der Projektgruppe vorgenommen werden. In deren Bewertung sollten alle Betroffenen einbezogen werden.
- Die gemeinsame Auswertung der Daten ist die Voraussetzung gemeinsamer Entscheidungen, die unterschiedliche Sichtweisen berücksichtigen und in der pädagogischen Praxis der Schule umsetzen.

Durch diese Art der Auswertung werden sich Schwerpunkte für eine Qualitätsentwicklung abzeichnen. Die Ergebnisse sollten allen Mitarbeiterinnen und Mitarbeitern sowie den Schülern- und der Elternvertretung vorgestellt und gemeinsame pädagogische Ziele formuliert werden. Das ist die Bedingung dafür, dass aus Betroffenen Beteiligte werden und viele Mitarbeiterinnen und Mitarbeiter, aber auch Schülerinnen und Schüler und eventuell Eltern Aufgaben eigenverantwortlich übernehmen.

Wie soll es weitergehen?

Arbeitsprogramme

Arbeitsprogramme sind ein wichtiges Hilfsmittel auf dem Weg, die „lernende Schule" im Schulalltag Wirklichkeit werden zu lassen. Die Planung eines konkreten Schulprogramms stellt Zielsetzungen, Arbeitsschwerpunkte und Teilaufgaben mit Zeitvorgaben dar und erläutert diese.

Konzepte und Arbeitsprogramme sollen einem ständigen Diskussionsprozess ausgesetzt werden. Dieser dient der Abwägung und Beurteilung von Möglichkeiten und Chancen. Kritische Einwände, positiv gewertet, können zur Überarbeitung und Präzisierung beitragen.

Vom Ziel - zur Umsetzung - zum Ziel:
- Ziele vereinbaren
- Fragestellungen und Bewertungskriterien
- Daten sammeln
- Daten auswerten
- Daten interpretieren
- gemeinsame Entscheidung zu Veränderungen
- Arbeitsprogramme (Maßnahmen verabreden)
- Arbeitsprogramme realisieren
- Rückmeldungen
- Ergebnisse festhalten (Daten sammeln)
- Ziele mit den Ergebnissen vergleichen und neue Ziele formulieren

Arbeitsprogramme beziehen sich wie pädagogische Konzepte auf konkrete Arbeitsinhalte und deren Organisation. Nachdem wir in diesem Schwerpunkt vor allem Anregungen zur Organisation geben wollten, wenden wir uns im Folgenden den „Inhalten" der Schule zur Erziehungshilfe zu.

Fußnoten Kapitel 3

1. K.-H. Benkmann (1997) hat Tendenzen und Perspektiven einer künftigen Entwicklung des organisierten Systems der sonderpädagogischen Förderung im Bereich der schulischen Erziehungshilfe abgeleitet aus einer breiten Untersuchung der Konzepte verschiedenster Praxisprojekte. Wir lehnen uns hier an seine Darstellung der Entwicklungsansprüche an.
2. Nach: Benkmann, K.H.: Neuere Konzepte schulischer Erziehungshilfe. Hagen 1997
3. Rosenholtz, S.J.: Teacher's workplace. New York: Teachers College Press, Columbia University, 1991
4. Fend, H., Qualität im Bildungswesen. München: Juventa 1998
5. Bildungskommission NRW: Zukunft der Bildung - Schule der Zukunft. Neuwied; Kriftel, Berlin 1995, S.86
6. vgl. dazu auch Rolff, H.-G.: Selbstorganisation durch Organisationsentwicklung. In: ders. (Hrsg.): Wandel durch Selbstorganisation. Weinheim München 1993, S.147ff

   ebenso Phillipp, E.: Gute Schule verwirklichen. Ein Arbeitsbuch mit Methoden, Übungen und Beispielen der Organisationsentwicklung. 3. Auflage, Weinheim und Basel 1995
7. Rolff, H.-G.: Schulleitungsseminar: Grundkurs Organisationsentwicklung. Soest 1986
8. Nach: Horster, L.: Wie Schulen sich entwickeln können. Bönen 1998, 4. Auflage
9. Ekholm, M. u.a.: Wirksamkeit und Zukunft der Lehrerfortbildung in Nordrhein-Westfalen. Düsseldorf 1996, 73
10. Frau Hagemann, Lehrerin in der Schule mit Ausgleichsklassen, Erich-Weinert-Str., Halle
11. Lauer, A.: Schwierige Schüler fordern schwierige Lehrer. Süddeutsche Zeitung, 1998 (61)
12. Speck, O.: Chaos und Autonomie in der Erziehung. München: Reinhardt 1996
13. nach: Rolff, H.G. u.a.: Manual Schulentwicklung. Weinheim 1998
14. ebd., S. 174
15. Schley, W.: Systemberatung und Organisationsentwicklung in Bildungs- und Erziehungseinrichtungen. Hagen 1997, S. 73
16. ebenda
17. Unter dem Stichwort schulinterne Kooperation gehen wir auf praktische Aspekte der Teamentwicklung im 4. Kapitel noch einmal näher ein.
18. in Anlehnung an Philipp, E.: Teamentwicklung in der Schule. Konzepte und Methoden. Weinheim 1996
19. Nach: Rolff, H.-G. u.a. Manual Schulentwicklung. Weinheim 1998, 204ff
20. Schley, W. Systemberatung und Organisationsentwicklung in Bildungs- und Erziehungseinrichtungen. Hagen 1997, 102
21. vgl. auch Neubauer, Walter F. u.a.: Konflikte in der Schule. Berlin 1992, 4. Auflage
22. Schley, W. Systemberatung und Organisationsentwicklung in Bildungs- und Erziehungseinrichtungen. Hagen 1997
23. Glasl, F.: Organisationsentwicklung. Stuttgart 1975, S.14f.
24. Nach: Glasl, F.: Konfliktmanagement: Ein Handbuch zur Diagnose und Behandlung von Konflikten für Organisationen und ihre Berater. Bern und Stuttgart 1990
25. Konflikttypologie nach Mastenbroek zitiert nach Rolff, H.-G.: Manual Schulentwicklung. Weinheim 1998, 188
26. Zur vertiefenden Auseinandersetzung empfehlen wir neben der genannten Lektüre:
    Becker, A./ Becker, H.: Psychologisches Konfliktmanagement. München 1992
    Buchen, H./ Horster, L./ Rolff, H.-G. (Hrg.): Schulleitung und Schulentwicklung - Erfahrungen, Strategien, Konzepte. Berlin 1994
    Schwarz, G.: Konfliktmanagement. Wiesbaden 1995
27. Nach: Schley, W.: Systemberatung und Organisationsentwicklung. Hagen 1997, 115f
28. ebda., S.112f

29 Vgl. Abschnitt „Begründung einer Schule zur Erziehungshilfe"
30 Burkard, Ch.: Selbstevaluation, Materialien zur Lehrerfortbildung, Bönen 1996 (2. Auflage), 12

Literatur Kapitel 3

Becker, A. ./ Becker, H.: Psychologisches Konfliktmanagement. München 1992

Benkmann, K.H.: Neuere Konzepte schulischer Erziehungshilfe. Hagen 1997

Bildungskommission NRW: Zukunft der Bildung - Schule der Zukunft. Neuwied; Kriftel, Berlin 1995

Buchen, H./ Horster, L./ Rolff, H.-G. (Hrg.): Schulleitung und Schulentwicklung - Erfahrungen, Strategien, Konzepte. Berlin 1994

Burkard, Ch.: Selbstevaluation, Materialien zur Lehrerfortbildung. Bönen 1996

Ekholm, M u.a.: Wirksamkeit und Zukunft der Lehrerfortbildung in Nordrhein-Westfalen. Düsseldorf 1996

Fend, H.: Qualität im Bildungswesen. München 1998

Glasl, F.: Organisationsentwicklung. Stuttgart 1975
Glasl, F.: Konfliktmanagement: Ein Handbuch zur Diagnose und Behandlung von Konflikten für Organisationen und ihre Berater. Bern und Stuttgart 1990

Horster, L.: Wie Schulen sich entwickeln können. 4. Auflage, Bönen 1998

Lauer, A.: Schwierige Schüler fordern schwierige Lehrer. Süddeutsche Zeitung, 1998 Nr. 61

Neubauer, Walter F. u.a.: Konflikte in der Schule. 4. Auflage, Berlin 1992

Phillipp, E.: Gute Schule verwirklichen, Ein Arbeitsbuch mit Methoden, Übungen und Beispielen der Organisationsentwicklung. 3. Auflage, Weinheim und Basel 1995
Philipp, E.: Teamentwicklung in der Schule. Konzepte und Methoden. Weinheim 1996

Rolff, H.-G.: Schulleitungsseminar: Grundkurs Organisationsentwicklung. Soest 1986
Rolff, H.-G.: Wandel durch Selbstorganisation. Weinheim München 1993
Rolff, H.-G. u.a.: Manual Schulentwicklung. Weinheim 1998

Rosenholtz, S.J.: Teacher's workplace. New York: Teachers College Press, Columbia University 1991

Schley, W.: Systemberatung und Organisationsentwicklung in Bildungs- und Erziehungseinrichtungen. Hagen 1997

Speck, O.: Chaos und Autonomie in der Erziehung. München 1996

Schwarz, G.: Konfliktmanagement. Wiesbaden 1995

4. Schule als fürsorgliche Gemeinschaft

Manchmal nehmen wir uns die Zeit, darüber nachzudenken, warum unser Haus so ist, wie es ist. Bewohner, Bewohnerinnen und Bau, Fundament und Ecksteine, Bauplan und Arbeitshilfen haben wir bedacht. Sie geben die Bedingungen vor, denen unser Haus genügen soll. Finden wir ihre Besonderheiten, die Ansprüche und Erwartungen (die man alle nicht auf den ersten Blick, nur bei längerem und genauem Hinschauen sieht), in der Architektur, Innenausstattung und Landschaftsgestaltung wieder?

Was ist mit unseren Zimmern, mit unserem Garten? Können wir hier gut leben, lieben und streiten, arbeiten lernen und spielen, lachen und weinen, uns ärgern, wütend sein und miteinander reden?

Die schulische Sonderung von Kindern und Jugendlichen mit Gefühls- und Verhaltensstörungen ist nur durch den Schweregrad der Störung und durch die Intensität individueller pädagogisch-therapeutischer Förderangebote in der Schule zur Erziehungshilfe gerechtfertigt. Eine gesonderte Beschulung in diesem Sinne kann nur einen geringen Prozentsatz aller Kinder betreffen. Sie muss von speziellen pädagogischen Prinzipien geleitet sein. Dazu gehören

- planmäßige, systematische und möglichst durch Beobachtung geleitete Interventionen,
- kontinuierliche Feststellung und Überprüfung von Entwicklungsfortschritten und individuellen schulischen Leistungserfolgen,
- Strukturierung der Lernumwelt und der Lernaufgaben,

- individuell gestaltete pädagogisch-therapeutische Maßnahmen, die den Lern- und Verhaltensproblemen der Kinder entsprechen,
- Maßnahmen, die auf verschiedenen Interventionsebenen, wenn erforderlich in Vernetzung mit den wichtigsten kindlichen Lebenswelten aufeinander abgestimmt sind (z.B. im Jugendhilfeverbund),
- Möglichkeiten aktiven Lernens an Beispielen (Lernstrategien, Modell-Lernen),
- Rhythmisierung, flexible Gestaltung des Unterricht und Wechsel der Unterrichtsformen,
- Kontinuität der Maßnahmen, wenn erforderlich auch über längere Zeiträume (möglichst auch Kontinuität der sozialen Beziehungen),
- Orientierung auf den Transfer individueller Lern- und Entwicklungsfortschritte in außerschulischen Lebensfeldern[1] und
- die breite Verfügbarkeit von Dialog- und Hilfeangeboten in schulischen, sozialen und emotionalen Erfahrungsfeldern.

Entscheidend für den schulischen Erziehungserfolg sind die soziale Struktur, die Atmosphäre und das Klima der Schule. Das Ziel ist deshalb die Gestaltung der Schule als „fürsorgliche Gemeinschaft".[2]

Was versteht man unter einer Schule als „fürsorgliche Gemeinschaft"?

Kinder an Schulen zur Erziehungshilfe brauchen ein Erziehungsmilieu, in dem Achtung, Mitgefühl und „Fürsorge" im Mittelpunkt stehen. Sie müssen sich im pädagogischen Dialog als Person mit Stimmungen, Gefühlen, einer eigenen Geschichte und Spielräumen individueller Lebensgestaltung anerkannt fühlen. Im Rahmen fürsorglicher Gemeinschaften müssen Kinder und Jugendliche ihre Leistungsfähigkeit, Erfolge, Lob, Bestätigung, Freundschaft, Hilfe, aber auch Konflikte und Widerstand erleben. Sie können gemeinsam Feste feiern und Sinn in der Hilfe für den Anderen und der Solidarität mit seiner Not erleben. Beziehungsfähigkeit, Beziehungen und Vertrauen wachsen auf der Grundlage gemeinsamer Erfahrungen und Erlebnisse, gemeinsam verbrachter Zeit und geteilter Erinnerungen. Es ist die Kontinuität einer fürsorglichen Gemeinschaft - in der gemeinsame Geschichten, kollektive Zusammenhänge erlebt werden - welche die Grundlage ist, auf der Vertrauen, Hoffnung und Optimismus für das eigene Leben entwickelt werden können.

Wir können pädagogisch nichts erreichen, was die Kinder nicht auch selbst anstreben. Deshalb müssen wir unsere Ziele und Maßnahmen mit den Lebensgeschichten, Lebensentwürfen und den subjektiven Problemdeutungen der Kinder in pädagogisch-reflexiven Prozessen vermitteln, eingebettet in den Schutz der fürsorglichen Gemeinschaft. Die Kinder brauchen Unterstützung bei den vielfältigen Entscheidungen, die sie in ihrem Leben zu treffen haben und die sich daran orientieren sollte, dass Handlungsmöglichkeiten und Alternativen nicht zunehmend eingeengt, sondern erweitert werden.

Wie drückt sich Fürsorge im Schulhaus aus? Welche Bedeutung und Effekte hat Fürsorge? Wir müssen diese Frage auf der Ebene der Wahrnehmung der beteiligten Individuen, also der Schülerinnen und Schüler und der Lehrkräfte und zusätzlich auf der Ebene der sozialen Werte, Prioritäten und Qualitäten der Institution Schule stellen.³

Die Schülerinnen und Schüler empfinden diese Fürsorge,
- wenn sie von den Lehrkräften als Persönlichkeit anerkannt und respektiert werden,
- wenn die Lehrkräfte ihnen zuhören und ihre Anstrengungen anerkennen,
- wenn die Lehrerinnen und Lehrer fürsorglich sind,
- wenn sie eine eher aktive als passive Rolle in den schulischen Lernprozesse übernehmen können,
- wenn mit ihnen gesprochen, statt über sie hinweg geredet wird und
- wenn die Lehrkräfte sensibel in der Wahrnehmung ihrer Lernprobleme sind.

Wann sehen Schülerinnen und Schüler ihre Schule als fürsorgliche Gemeinschaft?

Das Maß der Fürsorglichkeit einer Schule lässt sich auch durch folgende Fragestellungen hinterfragen:
- Wie sichtbar und ansprechbar ist unsere Schulleitung?
- Wieviel Unterstützung wird von den Lehrkräften angeboten?
- Wie hoch ist der Grad der Sicherheit bzw. das Ausmaß der Gewalt an unserer Schule?
- Wie ist die Qualität der Interaktionen zwischen den Schülergruppen?
- Wie ist das Verhalten der Schülerinnen und Schüler allgemein?
- Wie verfügbar sind extra curriculare Aktivitäten und Angebote?
- Wie hoch ist die Beteiligung der Schülerschaft bei Entscheidungsprozessen?
- Wie ist der Zustand der Schulgebäude?⁴

Was sind Kriterien einer fürsorglichen Gemeinschaft aus der Schulhausperspektive?

Es gibt darüber hinaus vielfältige weitere Aspekte, anhand derer die fürsorgliche Qualität einer Schule für Schüler und Pädagogen ablesbar ist:
- Wenn sich die Schülerinnen und Schüler von ihnen geschätzt fühlen.
- Wenn sie an die Lernfähigkeit und die Zukunftschancen der Kinder glauben.
- Wenn es gute Beziehungen zwischen Schülerschaft, Lehrkräften, Eltern und Schulleitung gibt und die Lehrkräfte miteinander in einem professionellen Dialog stehen.
- Wenn sie die Schule als wichtigen Einflussfaktor für die Zukunft der Schüler und Schülerinnen sehen.
- Wenn Regeln in der Schule so klar sind, dass sich die Kinder ihrer bewusst sind und diese selbständig verbalisieren können.
- Wenn sich die Kinder den Regeln und Werten der Schule verpflichtet fühlen.
- Wenn die Schülerinnen und Schüler ihr vorhandenes Wissen in den Unterricht einbringen können.
- Wenn sie vorhandenes Wissen kritisch überprüfen.
- Wenn umfassende Diskussionen Bestandteil des alltäglichen Klassenlebens sind, bei denen Schülerinnen und Schüler ihre Ideen darstellen und auf die Ideen anderer eingehen können.
- Wenn diese Diskussionen einfühlsam und nachdenklich sind und zwischen-

Wann ist die Schule für die Lehrerinnen und Lehrer eine fürsorgliche Gemeinschaft?

menschliche Aspekte berücksichtigen.
- Wenn die Schülerinnen und Schüler gerne und mit Ausdauer lernen.
- Wenn es Diskussionen zu pädagogischen Fragen und langfristige Planungen im Kollegium gibt.
- Wenn die Lehrkräfte gemeinsame pädagogische Wertvorstellungen teilen.
- Wenn es Möglichkeiten der Supervision für die Mitarbeiter gibt.
- Wenn in Konfliktsituationen psychologische Beratungs- und Moderationsangebote genutzt werden können. Wenn Feste gemeinsam gefeiert werden.
- Wenn es Ansätze für eine systematische Evaluation der schulischen Prozesse gibt.

Sind Sie der Meinung, dass viele dieser Qualitätsaspekte an Ihrer Schule schon Realität sind?
Sollte das der Fall sein, dann arbeiten Sie an einer „guten Schule". Das wird sich daran zeigen, dass Sie gerne in die Schule gehen, dass Ihre Arbeit von Kollegen, Schülern und Eltern geschätzt wird. Sie werden Ihre Arbeit als anstrengend empfinden, aber auch das Gefühl haben, dass sich der Stress, den Sie auf sich nehmen und Ihr Engagement lohnen und dass Sie insgesamt die Kompetenzen besitzen und die notwendige Unterstützung erhalten, die Sie für Ihre Arbeit brauchen. Freuen Sie sich über diese Situation, aber verstehen Sie diese nicht als selbstverständlich. Ihre Schulsituation verdient Ihr weiteres Engagement und Wertschätzung, um zu erhalten, was Sie beruflich befriedigt.
Es könnte sein, dass Sie viele dieser Faktoren in Ihrem Klassenzimmer verwirklicht sehen, aber diese Qualitäten im weiteren Umfeld Ihrer Schule vermissen. In diesem Fall sollten Sie durch Nachfrage bei den Schülern und Eltern selbstkritisch überprüfen, ob Ihre Einschätzung von Anderen geteilt wird. Wenn dies der Fall ist, sollten Sie die Kolleginnen oder Kollegen suchen, die Ihren pädagogischen Zielen am Nahesten stehen. Arbeiten Sie mit diesen Kollegen zusammen und versuchen Sie diese Zusammenarbeit in kleinen Schritten auf andere Kollegen auszuweiten. Gehen Sie zielstrebig, aber in kleinen Schritten voran. Vermeiden Sie nach Möglichkeit eine Spaltung des Kollegiums. Bedenken Sie, dass auch unter Kollegen Geben und Nehmen kein gleichförmiger Prozess ist. Denken und handeln Sie hinsichtlich der Veränderungen, die Sie sich an Ihrer Schule wünschen, kooperativ und langfristig.
Es könnte auch sein, dass Sie die Qualitätsdimensionen an Ihrer Schule weitgehend vermissen und den Eindruck haben, dass Ihr pädagogisches Engagement im Rahmen der allgemeinen Kultur Ihrer Schule verpufft. Sie erleben Ihre Arbeit als sinnlos, fühlen sich gestresst und müde. Sie gehen am Morgen ungern in die Schule und freuen sich vor allem darauf, dass die Arbeitszeit vorbei ist. Ihre Arbeit erfüllt Sie nicht mit Befriedigung. Der zunehmende Stress, den Sie beruflich erleben, kann sich auch ins Privatleben auswirken. Sie müssen, obwohl es gerade Ihnen am Schwersten fällt, am Dringendsten etwas tun. Auch Sie müssen sich nach mindestens einem Kollegen, einer Kollegin umschauen, mit dem / der Zusammenarbeit möglich

erscheint. Sie brauchen jetzt zumindest kleine Erfolge in Ihrer Arbeit. Beginnen Sie mit kleinen Veränderungen Ihrer täglichen Arbeit, die Sie gemeinsam besprechen und planen. Beginnen Sie beispielsweise mit konkreten Veränderungen im Umgang mit einem Kind. Konzentrieren Sie sich auf eine konkrete Verhaltensweise dieses Kindes, die Sie zuerst beobachten. Diskutieren Sie Ihre Beobachtung mit dem Kind und entwickeln Sie einen Verstärkungsplan, den der Schüler akzeptiert. Stellen Sie sicher, dass die Verhaltensanforderung vom Schüler erfüllt werden kann. Realisieren Sie Ihren Plan und variieren Sie ihn, falls das erforderlich ist. Blenden Sie bei gesichertem Erfolg die Verstärkung langsam aus und verstärken Sie den Schüler bei positivem Verhalten zufällig. Bauen Sie Ihre kleinen Erfolge in kollegialer Zusammenarbeit aus und versuchen Sie andere Kollegen zu beteiligen. Ihr Weg zur guten Schule ist besonders weit. Aber vergessen Sie auf diesem Weg nicht, dass es vor allem auch um Ihr eigenes berufliches Wohlbefinden geht, dass immer auch die Voraussetzung einer fürsorglichen Einstellung zu Kindern mit Gefühls- und Verhaltensstörungen ist.

Die Gestaltung der Schule zur Erziehungshilfe als Lebensraum *

Gestalten ist Ausdrucksarbeit. Gestalten bedeutet Formgebung entsprechend den inneren Bedingungen und äußeren Gegebenheiten. Gestaltungen in der Schule zur Erziehungshilfe sollen
- die Ziele der Betreuung der Kinder und Jugendlichen mit besonderem Erziehungsbedarf unterstützen und räumlich erkennbar machen,
- im Schulhaus eine Ordnung verkörpern, die den Menschen dient, die dort leben,
- in der Anordnung der Räume ihren Funktionen entsprechen und
- gleichzeitig die Menschen schützen, die diese Räume nutzen,
- durch Verbindungen zwischen den Räumen und Zugängen Orientierungen bieten,
- Abgrenzungen ermöglichen, wo sie erforderlich und erwünscht sind,
- in Formensprache und Farbgebung den inneren Themen der Menschen, die in dieser Einrichtung leben, entsprechen,
- Störungen des alltäglichen Lebens so weit als möglich vorbeugen.

Für die Realisierung dieser Gestaltungsprinzipien lassen sich verschiedene Bezugspunkte finden. Wir lehnen uns bei unseren Anregungen zur Gestaltung und Ausstattung an mögliche „innere Themen" von Schülerinnen und Schülern, deren Eltern, sowie Pädagoginnen und Pädagogen einer Schule zur Erziehungshilfe an. Innere Themen (oder Bilder) sind biographisch bedingte seelische Inhalte, die unsere Wahrnehmung und unser Verhalten deutlich beeinflussen. Sie sind Bestandteile unseres Selbstkonzepts und in der Regel nur zu Teilen bewusst. Es handelt sich häufig um Konfliktfelder, die unser seelisches Gleichgewicht bedrohen, aber natürlich auch um stützende, bestätigende, frohe und glückliche Inhalte.

Das Selbstkonzept von Kindern und Jugendlichen mit besonderem Erziehungsbedarf ist geprägt durch vielfältige Anteile von Angst und Destruktivität. Daraus erwachsen typische innere Themen:
- Ich bin dumm, hässlich, zu klein, zu groß.
- Mich mag keiner; mir glaubt keiner.
- Ich komme immer zu kurz.
- Ich kann nie etwas recht machen.
- Was ich anfange, geht sowieso schief.
- Aus mir wird nichts.
- Das schaffe ich nie.
- Die Anderen sind stärker, schlauer, besser, besser dran.
- Gleich werde ich angegriffen.
- Bestimmt nimmt mir einer was weg.
- Mir schiebt man alles in die Schuhe.
- Mich lässt ja keiner tun, was ich will.
- Für mich ist das Schlechteste gerade gut genug.
- Ich traue keinem Erwachsenen.
- Mir hört keiner zu.
- Wenn einer in meine Nähe kommt, will er mir an den Kragen.
- Die Anderen sind schuld.
- Schule ist doof. „Pauker" sind fies.
- „Bullen" sind Schweine.
- Ich mache kaputt, was mich kaputt macht.

Diese Bestandteile des Selbstkonzeptes sind bei Kindern und Jugendlichen mit besonderem Erziehungsbedarf nicht selten. Eine mögliche Korrektur solcher Erfahrungen beginnt bei der Aufnahme in die Einrichtung nicht nur im zwischenmenschlichen Bereich, sondern bei der Besichtigung der aufnehmenden Einrichtung. Der Versuch mit den Augen von Kindern und Jugendlichen durch Schulgelände und -gebäude zu gehen, kann viele Fragen an selten bedachte Aspekte der Gestaltung aufwerfen.
Mögliche positive Erfahrungen der Kinder und Jugendlichen mit der schulischen Raumgestaltung:
- Wie attraktiv ist der Sportplatz?
  Welche Anlagen für Sportspiele und Fun-Sportarten können die Schülerinnen und Schüler, aber auch Kinder und Jugendliche des Schulumfeldes unproblematisch außerhalb des Unterrichts nutzen? Wie und wann können Kinder auf dem Spielplatz der Schule wirklich spielen? Die Spielmöglichkeiten auf dem Spielplatz sind auf einige wenige Angebote beschränkt, die schnell langweilen. Für eine Erweiterung des Spielplatzangebotes können Bau- und Abenteuerspielplätze viele unkonventionelle Anregungen geben. Wenn Kinder zu eigenen Ideen für ihre Spielplatzgestaltung angeregt werden, können sie Phantasien entwickeln und deren Realisierungsmöglichkeiten erproben.

"Sport im Hort", Zeichnung von Sandra H., 4. Klasse zum Thema: Was mir an der Schule am besten gefällt

- Ich finde mich zurecht. Die Ein- und Ausgänge sind gut zu erkennen und groß genug, damit es kein Gedränge gibt, das mir immer so unangenehm ist.
  Mit welchen gestalterischen Mitteln laden die Eingänge dazu ein, die Schule zu betreten? Sind alle Ein-, Aus- und Durchgänge in unserer Schule benutzbar oder gibt es verschlossene Türen? Bringt die bestehende Regelung für Schülerinnen und Schüler Probleme? Lässt sich daran etwas ändern?
- Im Schulhaus werde ich mich bald gut auskennen, alles ist so gut gekennzeichnet, dass ich mein Klassenzimmer, die Toilette, den Pausenverkaufsstand, das Sekretariat usw. auf Anhieb finden kann.
  Wer sich häufig in einem Gebäude aufhält, läuft quasi fast „blind". Aber finden sich auch neue Mitglieder der Schulgemeinschaft und Gäste zurecht? Gibt es gut sichtbare und auf einen Blick erkennbare Raumkennzeichnungen und Wegweiser? Wenn nicht – könnten Schülerinnen und Schüler im Rahmen eines Projektes auf Entdeckungsreise durch das Schulgebäude gehen und Abhilfe schaffen, z. B. durch die Entwicklung und Gestaltung von Piktogrammen?
- Ich habe Platz, mich zu bewegen, ohne dass mir andere zu nahe kommen.
  Platz für Bewegung bieten nicht nur der Sport- und Spielplatz. Ein gut strukturierter Schulhof, Schulflure, die nicht verstellt sind, übersichtlich eingerichtete Klassenräume mit breiten Gängen zwischen den Tischen erfordern in vielen Schulen etwas Aufmerksamkeit und Sinn für kreative Gestaltungen. Das Ergebnis könnten vielleicht weniger Rangeleien der Schülerinnen und Schüler untereinander sein.

- Im Klassenzimmer habe ich einen eigenen Tisch und eigene Fächer, die meinen Namen tragen. Das Namensschild darf ich selbst gestalten.
Der individuelle Arbeitsplatz kann für die Schülerin/den Schüler der „eigene" Lernraum werden, auf die Verhaltensanforderungen in Lehr- und Lernsituation einstimmen und damit zu einer leicht zu realisierenden unterstützenden Ressource für Lernmöglichkeiten werden. Welche Gestaltungsmittel können dazu beitragen, dass Schülerinnen und Schüler ihren Arbeitsplatz gerne aufsuchen?
- Es gibt extra Räume, wo ich mit den Lehrerinnen und Lehrern oder der Schulleitung allein und ungestört sprechen kann.
Pädagoginnen und Pädagogen einer Schule zur Erziehungshilfe wollen sich Kindern und Jugendlichen als geduldige Zuhörer anbieten. Sie bemühen sich um das Vertrauen ihrer Schülerinnen und Schüler. Nur so haben sie eine Chance, dass diese das Ansinnen von Hilfe und Unterstützung auch als solches erleben. Das ist ein schwieriger Prozess, der viel Sensibilität und eine entsprechend entspannende Atmosphäre erfordert. Erleben Kinder und Jugendliche, dass ihre Pädagoginnen und Pädagogen Zeit und Raum haben, ihnen zuzuhören? Gibt es dafür einen Raum oder auch entsprechend gestaltete Nischen in Archiven, Vorbereitungsräumen oder anderen Funktionsräumen? Wenn nicht, welche äußeren Zeichen können verwendet werden, die verdeutlichen: ‚Wir möchten jetzt bitte nicht gestört werden.'?
- Für Freistunden oder die Hofpause und für die Pause draußen gibt es Spielesammlungen und Beschäftigungsmaterial, das ich allein oder mit anderen zusammen benutzen darf, damit mir nicht langweilig ist. Ich kann auch Vorschläge machen für neue Spiele.
Spiele und Material zur freien Beschäftigung gibt es in allen Schulen. Wie kann der freie Zugang zu diesen abgesichert werden? Wer organisiert die Anschaffung, die Ausgabe und Rücknahme sowie die Reparatur? Wie können Schülerinnen und Schüler dabei mit einbezogen werden?

Rückzugsräume
Ein großer Teil dieser Erfahrungen wird erst langfristig wirksam werden. Kinder und Jugendliche brauchen ihre eigenen Räume, in denen sie individuell und gemeinsam ihr eigenes Milieu gestalten können, mit denen sie sich identifizieren und in denen es Spaß macht, soziale Kontakte zu knüpfen. Der Aufbau sozialer Beziehungen kann unterstützt werden, wenn Schüleraktivitäten einen wichtigen Anteil an der Gestaltung der Schule als Lebensraum einnehmen. Schülerinnen und Schüler werden zu interessenbezogenen Tätigkeiten angeregt, die sie als sinnvoll wahrnehmen können, weil sie sich ihre Lernumgebung schaffen. Durch eigene Ausdrucksformen in der Gestaltung der Räume erleben sich Kinder und Jugendlich als selbstwirksam. Sie können neue Fähigkeiten an sich entdecken.

Die Zusammenarbeit mit den Eltern und Erziehungsberechtigten ist ein wichtiger Qualitätsaspekt schulischer Erziehungshilfe. Eltern und Verwandte unserer Kinder und Jugendlichen tragen häufig auch eine Vielzahl negativer innerer Themen in sich.
- Wenn das Kind gute Lehrkräfte gehabt hätte, wäre es nicht hier.
- Mein Kind soll abgeschoben werden.
- Die Regelschulklasse will kleinere Klassen haben, deshalb muss mein Kind raus, auch wenn es nur ein bisschen frech ist.
- Ein Sonderschüler ist abgeschrieben fürs Leben.
- In der Schule zur Erziehungshilfe lernt es nur noch den Rest von dem Unsinn, auf den es nicht selbst kommt.
- Schulen zur Erziehungshilfe sind der Abfalleimer der Regelschulen, man sieht es schon an den Gebäuden.
- In der Regelschule hat man mir nicht zugehört, hier wird es auch nicht anders sein.
- Wie es mir geht, interessiert niemanden.
- Mich nimmt doch keiner ernst und mein Kind schon gar nicht.

Die Meldung eines Kindes an die Schule zur Erziehungshilfe stellt für die Eltern in der Regel eine massive Bedrohung dar, häufig sogar eine seelische Verletzung. Meist sind dramatische Auseinandersetzungen mit der Regelschule voraus gegangen. Gelingt es, mit den Eltern einen Termin in der aufnehmenden Einrichtung selbst zu vereinbaren, ist dieses Ereignis oft prägend für die weitere Arbeit. Ob Pädagoginnen und Pädagogen die Unterstützung durch die Eltern ihrer Schülerinnen und Schüler einfach erwarten oder ob sie um die Bereitschaft der Eltern zur gemeinsamen Förderung ihrer Kinder werben, lasst sich vielleicht auch schon mit der Gestaltung der Schule zeigen.
Mögliche positive Erfahrungen:
- Die kümmern sich darum, dass man wenigstens das Haus gleich findet.
- Ich bin sowieso schon aufgeregt genug und habe keine Lust, mich zu verlaufen, zu spät zu kommen und mich gleich am Anfang zu blamieren.
- Wenigstens genug Platz haben sie für die wilden Kinder.
- Der Sportplatz kann sich sehen lassen, vielleicht kann ich mein Kind damit herlocken.
- Beim Pausenhof scheinen sie sich was gedacht zu haben. Das ist nicht so eine Betonwüste mit zwei aufgemalten Hüpfkästen.
- Hier sieht es ja richtig sauber aus, keine verschmierten Wände, keine ausgeleierten Türen und dass hier geputzt wird, kann man sogar riechen. Ich habe heute noch den Geruch von Ölspänen aus meiner Schulzeit in der Nase.
- Die Pflanzen im Haus sehen ja ganz frisch aus, nicht so angegammelt wie bei uns in der Firma.
- In diesem Haus findet man wenigstens jemand. Diese Hinweistafel ist kein Kreuzworträtsel.

- Wenigstens anständige Stühle haben sie in den Elternsprechzimmern. Beim letzten Elterntermin mit dem Klassenlehrer haben sie mich auf einen Kinderstuhl gesetzt.
- Gott sei Dank hat der Stuhl Armlehnen, da kann ich mich festhalten, wenn's mir schlecht geht.
- Sogar einen Aschenbecher und Tempotaschentücher haben sie hier. Wahrscheinlich war es hier schon öfter jemandem zum Heulen.
- Die Kinderarbeiten an der Wand scheinen nicht schon drei Jahre dranzuhängen und ordentlich gerahmt sind sie auch.
- Das finde ich gut, dass die Werkarbeiten beschriftet sind, wir haben so neumodische Materialien ja noch gar nicht gekannt.
- Irgendwie sieht das Haus aus, wie für Kinder gemacht.
- Der Hauswirtschaftsraum ist toll. Vielleicht lernen die da auch, wie viel Arbeit so ein Haushalt macht.
- Wenn die hier wirklich oft miteinander essen, dann bin ich nicht allein mit meinem Wunsch nach erträglichen Tischmanieren.
- Die Einrichtung sieht ganz stabil aus. Die Kinder gehen ja auch nicht besonders zart damit um. Beschädigte Stühle habe ich keine gesehen.

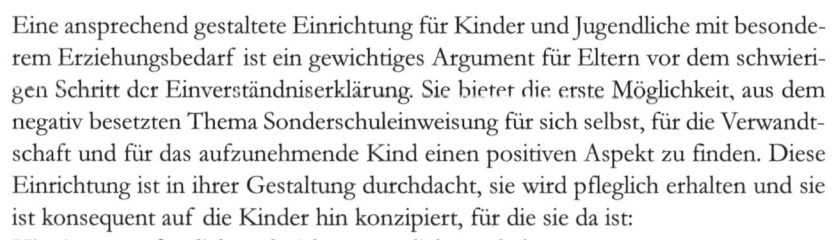

Eine ansprechend gestaltete Einrichtung für Kinder und Jugendliche mit besonderem Erziehungsbedarf ist ein gewichtiges Argument für Eltern vor dem schwierigen Schritt der Einverständniserklärung. Sie bietet die erste Möglichkeit, aus dem negativ besetzten Thema Sonderschuleinweisung für sich selbst, für die Verwandtschaft und für das aufzunehmende Kind einen positiven Aspekt zu finden. Diese Einrichtung ist in ihrer Gestaltung durchdacht, sie wird pfleglich erhalten und sie ist konsequent auf die Kinder hin konzipiert, für die sie da ist:
Hier ist etwas für dich und nicht gegen dich geschehen.
Auch die Mitarbeiterinnen und Mitarbeiter der Schule zur Erziehungshilfe können durch ihre inneren Themen belastet sein:
- Kein Mensch kann sich vorstellen, wie schwierig das hier ist.
- Niemand schätzt meine Arbeit richtig ein.
- Ich bin mit meinen Belastungen ganz allein.
- Alle gehen auf mich los, die Eltern, das Kollegium, die Schulleitung, die Schulaufsicht.
- Niemand macht sich um mich Sorgen.
- Die Leute setzen uns mit den Schülerinnen und Schülern gleich.
- Ich werde das Pensionsalter sowieso nicht erreichen.
- Ich muss mich vor diesen Kindern schützen.
- Wir haben bestimmt die schlechteste Ausstattung aller Schulen in der Stadt.
- Für solche Kinder ein schönes Schulhaus zu schaffen ist verlorene Liebesmüh. Die machen ja alles kaputt.
- Eigentlich gehören die Eltern solcher Kinder behandelt, manche auch bestraft.

- Die Kinder können nichts dafür, sie sind nicht verantwortlich, die Gesellschaft ist schuld.
- Es ist kein Wunder, dass sie alles kaputtmachen, sie sind ja selber kaputt.
- Eigentlich kann man gar nichts machen. Wir schützen die Lehrkräfte anderer Schulformen vor solchen Kindern.

Diese Gefühle kennt wohl zu bestimmten Zeiten jeder Mitarbeiter und jede Mitarbeiterin einer Einrichtung für Kinder und Jugendliche mit besonderem Erziehungsbedarf. Bestimmt haben auch diese Gefühle schwerpunktmäßig mit dem eigenen Selbstkonzept und der Qualität der zwischenmenschlichen Beziehungen unter den Kolleginnen und Kollegen zu tun. Die Bedeutung der „Botschaften", die den Schülerinnen und Schülern, Eltern, Mitarbeiterinnen und Mitarbeitern durch Anlage, Bauten und Ausstattung der Einrichtung vermittelt werden, ist nicht zu unterschätzen.

Mögliche positive Erfahrungen:
- Die Gesamtlage ist so geplant und gestaltet, dass die Beaufsichtigung der Kinder nicht erschwert ist.
- Die Bodenbeläge des Hauses sind so strapazierfähig und sinnvoll ausgewählt, dass ich im Klassenzimmer mit den Kindern malen und kleben kann, ohne dass ich immer in Panik bin, dass der Boden kaputtgeht.
- Die Klassenzimmermöblierung ist stabil, funktionell und ästhetisch ansprechend. Ich bin angenehm davon berührt, wenn ich die Tür aufmache.
- Es gibt genügend Stellfläche, Regale, Schubladen, so dass Unterrichtsmaterial nicht offen herumliegen muss, einstaubt oder verloren geht.
- Es gibt für jedes Kind einen Einzeltisch und für die Körpergröße passende Stühle, womit ich das Klassenzimmer entsprechend dem jeweiligen sozialen Entwicklungsstand der Gruppe einrichten kann.
- Das Pult ist groß genug und mit einer ausreichenden Anzahl von Schubladen versehen. Der Lehrerstuhl ist rückgratfreundlich, so dass ich entspannt darauf sitzen kann, wenn ich eine Pause brauche oder mich geärgert habe.
- Im Klassenzimmer und in den Fachräumen sind die Fenster gesichert. Ich muss nicht befürchten, in dramatische und gefährliche Situationen zu kommen.
- In jedem Zimmer, das ich mit Kindern benutze, ist ein Haustelefon, so dass mich wichtige Informationen direkt erreichen und nicht über einen Lautsprecher, der alle durcheinander bringt. Im Notfall kann ich selber Hilfe rufen.
- Unser Lehrerzimmer ist so angenehm eingerichtet, dass ich Freistunden gerne darin verbringe und manchmal auch Lust bekomme, nachmittags hier zu arbeiten.
- Die Lehrwerkstatt ist angemessen ausgestattet, die Maschinen sind stabil. Hier kann ich eigenes Material herstellen.
- Das Elternsprechzimmer ist keine Abstellkammer und kein Büro. Es gibt genügend unterschiedliche Sitzmöglichkeiten mit Armlehnen, an denen sich die Eltern festhalten können und Nähe und Distanz zu mir selbst bestimmen.

- Die Aufbewahrungsräume für Sportgeräte sind groß genug. Man kommt an alles heran, ohne durch die Entnahme eines Gerätes Chaos zu verursachen.
- Die Verwahrung halbfertiger Werkarbeiten ist durch fahrbare Regale für jede Klasse kein Problem.
- Es gibt im Schulgarten keine giftigen Pflanzen, die essbar aussehen.

Es ist möglich, eine Einrichtung für Kinder und Jugendliche mit besonderem Förderbedarf so zu gestalten, dass die Mitarbeiterinnen, Mitarbeiter und Kinder in ihrem schwierigen gemeinsamen Weg unterstützt und nicht behindert werden. Eine solche Gestaltung schafft ein kleines Stück täglicher Ermutigung.
Die genannten Beispiele „innerer Themen" ließen sich noch lange fortsetzen und sind sicherlich nicht allein durch bewusstes Gestalten aufzufangen. Bewusstes Gestalten im oben beschriebenen Sinne jedoch sendet jedem, der das Gelände oder die Einrichtung selbst betritt oder auch nur daran vorbeigeht, eine Botschaft zu über die Wertschätzung und Sorgfalt, mit der man miteinander umgeht.

Standort – Planung – Analyse
Bereits weit im Vorfeld einer Bau- oder Umbauplanung ist es notwendig, die Rahmenbedingungen des Standorts einer Errichtung für Kinder und Jugendliche mit besonderem Erziehungsbedarf zu überprüfen. Da eine Idealsituation nirgendwo vorzufinden ist, ist es wichtig, sich einen eigenen Kriterienkatalog zusammenzustellen und damit eine Abwägung der positiven und negativen Daten vorzunehmen.
Es ist dabei von großer Bedeutung, sich nicht von den „üblichen" Gepflogenheiten einer Stadtverwaltung, einer Landkreisverwaltung oder eines Trägers gedanklich einengen zu lassen. Diese gedankliche Freiheit nutzt allerdings nur dem, der die Gepflogenheiten und damit Rituale, Reviere, Ängste und Empfindlichkeiten seiner Partnerinnen und Partner kennt und respektiert. Nur Verhandlungspartnerinnen und -partner, die sich ernst genommen fühlen, sind auch bereit, sich zu bewegen. Folgende idealisierende Checkliste enthält Vorschläge für die Wahl und Gestaltung eines Schulstandortes:

- Grundstücksgröße -
  genügend Platz für
  - Biotope
  - Obstbäume
  - Nutzgarten
  - Kräutergarten
  - Duftbeete
  - fest installiertes Spielgerät
  - Wasserspielplatz
  - Sandspielplätze ...

- Erweiterungsperspektiven - eigene oder die der Anlieger
  - Nutzungseinschränkungen durch Anlieger

- eigene Gebäudeerweiterungen
- evtl. nur möglich durch Einschränkung der Freiflächen
- Grundstückslage
  - Interessenlage der Nachbarn
  - bebauungsrechtliche Situation
- Kooperation mit/Abgrenzung zu/Konfliktpotential gegenüber den Nachbarn
- Verkehrsanbindungen
- Sozialstruktur des Stadtviertels
- Einrichtungen im Stadtviertel, die als Gefährdungen angesehen werden müssen, z.B. Spielsalons, große Kaufhäuser
- Wohnorte des Klientels
- Wohnorte und Wohnmöglichkeiten der Mitarbeiterinnen und Mitarbeiter
- Nähe zu
  - anderen Schulen
  - Ärzten
  - Beratungseinrichtungen
  - Schwimmbädern
  - Bibliotheken
  - Theatern
  - Sportplätzen
- Nutzung naturgegebener oder vorgegebener Bedingungen, z.B.:
  - alter Baumbestand
  - Fließgewässer
  - unterschiedliche Bodenbeschaffenheit (Lehmgrund für Teich, Kiesgrund für offenen Werkplatz oder Grillplatz)
- Überprüfung vorhandener Baukörper auf ihre Eignung im Sinne pädagogischer Raumplanung

Es hat sich bewährt, die Standortanalyse und Planung nicht nur am Schreibtisch vorzunehmen, sondern sich die Gegend zu Fuß oder mit dem Rad anzueignen. Es ist nützlich, den geplanten Standort zu verschiedenen Tages- und Wochenzeiten in Augenschein zu nehmen. In Bürgerhilfsstellen, in Vereinsberichten, Tageszeitungsarchiven, bei Pfarrgemeinderäten, Polizeistationen, in Lokalen, Lebensmittelläden, bei Spaziergängen mit und ohne Hund lassen sich unersetzbare Informationen gewinnen.

Gestaltung von Ritualen und Höhepunkten des Schullebens
Rituale sind Teil der Alltagsbewältigung jedes Menschen. Sie ökonomisieren Alltagsabläufe im Sinne ihrer Automatisierung und lösen sie damit von aufwendigen Prozessen der bewussten Verhaltenssteuerung. Dies gibt zugleich Sicherheit, weil die Komplexität von Entscheidungsmöglichkeiten durch Ritualisierung reduziert wird und zwar ohne Risiko, weil Rituale ihr Ergebnis garantieren. Deshalb sind Kinder Meister von Ritualen. Ein Kind schläft so zum Beispiel nur mit einem bestimmten

Bär, weil dieser neben emotionaler Nähe und Schutz eben auch das Einschlafen garantiert. Andererseits: Ohne diesen Bär kann man dann auch nicht schlafen. Garantiert!
Die Bedeutung einer Alltagsstrukturierung durch Rituale bei Kindern und Jugendlichen mit Gefühls- und Verhaltensstörungen liegt zum einen in der Kontinuität und Sicherheit der Erwartungen mit der sie verbunden sind. Solche Alltagsrituale schaffen Verlässlichkeiten für Kinder, die in häufig chaotischen und unberechenbaren Lebenswelten aufwachsen. Sie schaffen Sicherheit und Vertrauen im Sinne eines Gefühls der Fähigkeit, die gestellten Verhaltensanforderungen zu kennen und meistern zu können. Die Einübung guter Rituale ist ein fundamentaler Baustein im systematischen Aufbau von Verhaltenskontrolle. Ritualisierte Formen der Strukturierung des Schulalltags sind u. a. Entspannungsübungen, Spiele, Rollenspiele, kreative Gestaltungsübungen oder Bewegungsübungen.
Höhepunkte und Rituale gehören zum Schulalltag. Sie verbinden die Pädagoginnen und Pädagogen, Schülerinnen, Schüler und Eltern und fördern die Identifikation mit der Schule. Die Vorbereitung und Durchführung solcher Höhepunkte im Schulleben beinhaltet sehr viel erziehliche Möglichkeiten, die soziale, emotionale und organisatorische Fähigkeiten fördern und in denen vorausschauendes Denken und Kooperationsfähigkeiten in praktischen Erfahrungszusammenhängen entwikkelt werden. Es werden Erlebnisse geschaffen, die für die Schülerinnen und Schüler auch noch in der Erinnerung nachwirken. Solche Projekte und Höhepunkte im Leben einer Schule bereichern das Schulklima. Sie fördern das Gemeinschaftsgefühl und das Gefühl des sozialen Zusammenhangs von Schülerinnen und Schülern, Eltern, Lehrkräften und eventuell auch die Wahrnehmung der Einrichtung in der Gemeinde. Nicht zuletzt entwickeln sich über solche Erfahrungen Selbstwertgefühl, Identifikation und Stolz auf die eigene Schule.
Rituale als verlässlich wiederkehrende, emotional ansprechende, strukturschaffende Ereignisse im Schulalltag können sein:
- gemeinsames Frühstück,
- Morgenkreis,
- gemeinsame Feiern in der Klasse oder Schule,
- regelmäßige thematische Höhepunkte an der Schule

Weitere Anregungen sind zu finden in: Kaufmann- Huber, G.: Kinder brauchen Rituale: ein Leitfaden für Eltern und Erzieher. Freiburg: Herder 1996

Ein Beispiel für ein Klassenritual:[5]
Während meiner Tätigkeit an der Schule stellte ich fest, dass viele Kinder auch an ihrem Geburtstag aus unterschiedlichen Gründen einen ganz normalen Tagesbeginn haben. Wenn sie bei uns in der Schule ankommen, hat bis dahin nichts darauf hingedeutet, dass dieser Tag für sie ganz besonders sein sollte. Deshalb beschloss ich, mit den Kindern die Geburtstage in der Schule zu feiern und unterrichtliche Inhalte im herkömmlichen Sinn an diesen Tagen in den Hintergrund zu stellen. Wenn das Geburtstagskind in der Schule eintrifft, wird es von der Klasse gefeiert.

Auf dem Lehrertisch wird ihm eine Geburtstagskerze entzündet und es wird ein Lied gesungen, während es vor der Klasse steht. Für manche Kinder ist die besondere Beachtung und Beobachtung durch die Anderen nicht immer leicht zu ertragen. Aber da hier der Grund angenehm ist, können sie den Platz im Mittelpunkt des Geschehens an diesem Tag genießen. Nach dem Lied gratuliere ich dem Geburtstagskind und überreiche ihm ein kleines Geschenk, bei dem es weniger auf den materiellen Wert ankommt. Für die Kinder ist es aber sehr wichtig zu sehen, dass das Geschenk besonders liebevoll von mir verpackt wurde.

Das Kind steht im absoluten Mittelpunkt des Tages, darf vorrangig bestimmen oder auswählen und findet in jeder Hinsicht spezielle Beachtung. Für Kinder meiner Klasse, die in gewohnter Weise einen besonderen Platz in der Gruppe einfordern, ist dies eine sehr schwierige Form der Einordnung. (Unter anderen Umständen würde es aus diesem Grund wahrscheinlich zu Eskalationen kommen. Da Geburtstage aber keiner Willkür meinerseits unterliegen, sondern kalendarisch festgelegt sind, was nicht nur die Reihenfolge festlegt, sondern auch garantiert, dass jeder im Laufe des Jahres einmal diese Position einnimmt, gibt es nur selten ernsthafte Auseinandersetzungen. Die Kinder entwickeln gerade in diesem Punkt einen deutlichen Gerechtigkeitssinn und fordern die Vorrangstellung des Geburtstagskindes vehement auch gegenüber Kindern ein, denen sie sich sonst nur zaghaft widersetzen.) Mir kommt es aber nicht nur darauf an, dass die Kinder an ihrem Geburtstag besondere Zuwendung erfahren. Sie sollen auch lernen, welche Pflichten gewöhnlich dazu gehören, wenn man seinen Geburtstag mit Freunden feiert. Deshalb bleibt das Kind in der Hofpause im Klassenraum und deckt mit meiner Hilfe sowie der Hortnerin seine Geburtstagstafel. In den Fällen, wo die Kinder von zu Hause nichts mitbringen, spendieren wir selbst einen kleinen Kuchen und Kakao. Das Geburtstagskind achtet beim Tischdecken nicht nur auf Vollständigkeit, sondern auch auf ästhetische Aspekte (Anordnung der Gedecke, Blumen, Servietten, Sauberkeit ...), die wir während dieser Tätigkeit besprechen. Am Ende der Hofpause nimmt die Klasse an einem ansprechend dekorierten Tisch Platz. Die „Gastgeberin" oder der „Gastgeber" ist nun verantwortlich, allen Gästen Kuchen und Getränk auszuteilen, aufzupassen, wessen Teller leer ist, nachzuschenken und dabei auch Aspekte der Gerechtigkeit und Höflichkeit zu bedenken. Meist bringen die Kinder ihre Lieblingsmusik mit, wobei das Geburtstagskind das Vorrecht der Auswahl hat. Das Ende unserer gemeinsamen Feier bilden die Aufräumarbeiten. Die Gastgeberin/der Gastgeber ist jetzt wiederum dafür verantwortlich, dass das Geschirr abgewaschen und in den Schrank geräumt und der Raum wieder hergerichtet wird. Natürlich kann sie oder er dafür um Hilfe bitten.

Andere Höhepunkte im Schuljahr können sein
- Klassenfahrten,
- Wochenendausflüge mit Schülerinnen,
- Schülern und Eltern, gemeinsame Freizeiten,
- Theaterprojekte,

- Wochenendseminare mit Eltern,
- Schulfeste (thematisch oder jahreszeitlich orientiert),
- Projekte im und für den Stadtteil (Gemeinde), offene Tage der Schule.

So sind positive, unterhaltsame und mitunter sogar abenteuerliche Aktionen im schulischen Rahmen nicht nur im Sinne des Erlebens von sozialer Nähe, von Gruppenzusammenhalt und Zugehörigkeit alle Beteiligten – Kinder wie Erwachsene - wichtig, sondern ermöglichen auch neue, unbelastete Zugänge zur eigenen Biografiegestaltung. Woran ich mich gerne erinnere, woran wir uns gemeinsam mit Freuden erinnern, wird uns in unserem Selbstwert und in unserer Gruppenidentität stärken und uns Kraft für neues gemeinsames Lernen geben.

„Unsere Klassenfahrt nach Arendsee", Zeichnung von Rene W., 5. Klasse, zum Thema: Was mir an der Schule am besten gefällt.

Schulinterne Kooperation

Wenn wir von Kooperation und Zusammenarbeit sprechen, dann meint Kooperation die Zusammenarbeit verschiedener Institutionen, während Zusammenarbeit oder Kollaboration eher bedeutet, dass es gemeinsame Ziele gibt, die durch Zusammenarbeit erreicht werden sollen (z. B. Prävention von Schulversagen). Der in der anglo-amerikanischen Fachdiskussion in jüngerer Zeit häufig verwendete Begriff der Kollaboration (Zusammenarbeit, Mitarbeit) ist, obgleich historisch betrachtet, ein Kollaborateur eine Hilfslehrkraft war, im Deutschen wegen anderer Bedeutungsinhalte negativ belastet. Allerdings ist auch der Begriff der Zusammenarbeit im schulischen Kontext mehrdeutig.

Drei Dimensionen der Zusammenarbeit lassen sich in unserem Arbeitszusammenhang grob unterscheiden:
- kollegiale Zusammenarbeit im Schulhaus (schulinterne Kooperation),
- kollegiale Zusammenarbeit mit integrativer Zielsetzung,
- interdisziplinäre Zusammenarbeit verschiedener Professionen.

Im Folgenden sollen Fragen der kollegialen Zusammenarbeit im Schulhaus diskutiert werden. Die kollegiale Zusammenarbeit mit integrativer Zielsetzung und die interdisziplinäre Zusammenarbeit werden nachstehend im Kapitel 6 des Leitfadens diskutiert.

Was umfasst der Begriff „kollegiale Zusammenarbeit" bzw. „schulinterne Kooperation"?

Es ist gar nicht so klar, was mit den Begriffen kollegiale Zusammenarbeit oder schulinterner Kooperation inhaltlich gemeint ist. Geht es um kollegiale Beratung, professionellen Austausch, Peer coaching, Team teaching oder geht es um die kollegiale und oftmals eher informelle Konversation außerhalb des Klassenzimmers? Kritisch wird vermerkt, dass der Zeitaufwand für kollegiale Zusammenarbeit im Stundendeputat der Lehrkräfte zu wenig berücksichtigt wird. Nicht zuletzt wird festgestellt, dass sich die Lehrprofession traditionell als individualistisch versteht, die Lehrkräfte sich eher als „Einzelkämpfer" sehen.

Gleichwohl gehen neuere Schulentwicklungsvorstellungen sehr entschieden davon aus, dass die Qualität schulischer Angebote von der Kollegialität und dem Maß der Zusammenarbeit des Kollegiums und einer gemeinsam getragenen Schulkultur sowie einem miteinander geteilten pädagogischen Ethos und der Qualität der Konsensfindung in einem Schulhaus abhängen.

Lernen ist ein sozialer Prozess der Veränderung und der Entwicklung von Bedeutungen und Handlungsmöglichkeiten. Erfolgreiche Lernprozesse fördern Selbstvertrauen, Freude und das Gefühl, etwas erreicht zu haben. Wer Erfolge erlebt, neigt dazu, sich zu öffnen, hat genügend Selbstvertrauen und Selbstwertgefühl, um Probleme einzugestehen, auf Menschen zuzugehen und gewinnbringende Kommunikations- und Austauschprozesse mit der Umwelt zu initiieren und aufrechtzuerhalten. Andererseits führen Misserfolge und Scheitern zu einem geringeren Selbstwertgefühl, gefährden die eigene professionelle Identität, verringern die Motivation, etwas zu versuchen und können im Extremfall zu Apathie, Vermeidungsverhalten und/oder Aggressionen führen. Wir kennen solche Wirkungsketten und die häufig damit verbundenen zirkulären Beschleunigungsprozesse aus der pädagogischen Praxis nur zu gut. Aber diese Prozesse lassen sich auch bei den Professionellen beobachten. Kollegiale Zusammenarbeit setzt genau an diesem Punkt ein. Sie stärkt das, was stark ist und ermöglicht gleichzeitig, dass durch Wissens- und Kompetenztransfer gestärkt und entwickelt wird, was gestärkt werden muss. Im Rahmen kollegialer Zusammenarbeit haben die Professionellen die Chance, miteinander und voneinander zu lernen.

4. Schule als fürsorgliche Gemeinschaft

Das Dilemma der Schulen scheint dabei zu sein, dass unter ihren Lehrkräften viel zu oft ein Klima der professionellen Isolation und der Vereinzelung entsteht, das die professionelle Autonomie von innen aushöhlt und professionelle Weiterentwicklung eher verhindert als vorantreibt. Andererseits ist die Notwendigkeit der Weiterentwicklung pädagogischer Professionalität in der Schule, angesichts der steigenden Varianz der Lernvoraussetzungen innerhalb der Schülerschaft, weitgehend unbestritten.

Im Rahmen eines modernen Verständnisses der Lehrtätigkeit wird deshalb unter dem Begriff der kollegialen Zusammenarbeit verstärkt nach neuen Formen des gemeinsamen Lernens im kollegialen Zusammenhang gesucht, die in schulischen Arbeitskontexten infolge eines individualistisch verengten Begriffs pädagogischer Freiheit viel zu lange vernachlässigt wurden. Dies darf nun aber nicht zu gegenteiligen Überziehungen, etwa zu einem Kollegialitätszwang führen. Kollegiale Zusammenarbeit kann nicht verordnet werden. Grundsätzlich basiert kollegiale Zusammenarbeit auf Freiwilligkeit. Auch Professionelle haben ein Recht auf den Schutz ihrer Individualität, insbesondere auch auf Schutz vor Gruppendruck.

Kollegiale Zusammenarbeit bedeutet auch nicht, gleicher Meinung sein zu müssen oder Übereinstimmung in jedem Fall herzustellen. Vielmehr bezieht gewinnbringende Zusammenarbeit ihre Dynamik aus unterschiedlichen professionellen Sichtweisen und Kompetenzen, aus Widerspruch, Herausforderung und der reflexiven Auseinandersetzung der Professionellen mit ihrer eigenen Praxis. Dies setzt den Respekt, die Achtung vor der Professionalität des anderen voraus. Von Hargreaves[6] wurden fünf Dimensionen beschrieben, die eine Kultur der Zusammenarbeit in der Schule auszeichnen:

Was zeichnet die Kultur der Zusammenarbeit aus?

Spontaneität
Zusammenarbeit entwickelt sich vor allem spontan aus der sozialen Gruppe der Lehrerinnen und Lehrer heraus. Gelingende Zusammenarbeit kann nicht verordnet werden. Allerdings kann sie durch die Schulleitungen und Schulverwaltung unterstützt und erleichtert werden.

Freiwilligkeit
Zusammenarbeit entsteht nicht durch Verwaltungsvorschriften oder durch Zwang. Sie erwächst und entwickelt sich aus der Erfahrung heraus, dass kollegiale Zusammenarbeit Spaß macht und produktiv ist für die Lösung der pädagogischen Probleme, mit denen die Lehrerinnen und Lehrer alltäglich konfrontiert sind.

Entwicklungsorientierung
In einer Kultur der Zusammenarbeit engagieren sich die Lehrkräfte für Projekte und Initiativen aus eigenem Interesse heraus. Sie selbst bestimmen die Ziele, für die sie sich engagieren und auch bei Forderungen und Verpflichtungen von außen sind ihnen Entscheidungsmöglichkeiten gegeben.

Flexibilität
Zusammenarbeit ist nicht immer eine zeitlich und räumlich geplante Aktivität. Zeitlich vorgeplante Treffen können Teil einer Kultur der kollegialen Zusammenarbeit sein. Sie sind nicht unbedingt die dominante Form der Zusammenarbeit. Vielmehr wird das Zusammenarbeiten von Lehrerinnen und Lehrern oft auch informell über Lob, Dank, Vorschläge und den Austausch neuer Ideen, die Besprechung von Problemen miteinander, das Übernehmen der Klasse oder das gemeinsame Führen von Elterngesprächen stattfinden.

Unvorhersagbarkeit
In einer von der Kultur der Zusammenarbeit geprägten Schule haben die Lehrerinnen und Lehrer die Kontrolle über die Projekte, an denen sie arbeiten. Die Ergebnisse dieser Arbeit sind prozessgebunden und oft schwer vorhersagbar. Dies liegt im Widerspruch zu Vorstellungen von zentraler administrativer Kontrolle über die Prozesse im Schulhaus.

In der Schule zur Erziehungshilfe scheint es selbstverständlicher als in jeder anderen pädagogischen Einrichtung, dass Erziehung und Unterricht eine untrennbare Einheit bilden. Die schulische Sonderung rechtfertigt sich ja gerade erst durch den besonderen Erziehungsbedarf der Kinder und Jugendlichen, der durch eine besondere Schule eingelöst werden soll. Sie benötigen Hilfe, Unterstützung und intensive pädagogische Förderung, um für ihre Probleme mit sich und ihrer Umwelt konstruktive Umgangsweisen zu erlernen.

Wie können Erziehungs- und Bildungsauftrag in einer Schule zur Erziehungshilfe miteinander vereinbart werden?

Die Verschränkung von Erziehungs- und Bildungsauftrag in der schulischen Erziehungshilfe und das Ernstnehmen der Subjektivität der Kinder und Jugendlichen scheinen das herkömmliche Verständnis schulischer Vermittlungsprozesse zu sprengen. Die Frage lautet: „Können die Lehrkräfte ministerielle Lehrplanvorgaben einhalten und gleichzeitig einen flexiblen und offenen Unterricht planen und durchführen, der den individuellen Lern- und vor allem Erziehungsbedürfnissen der Schülerinnen und Schüler gerecht wird?"
Natürlich ist man geneigt, mit einem schnellen „Nein" auf diese Frage zu antworten. Im Prinzip kann es für diese Anforderungen immer nur Annäherungen geben. Dabei handelt es sich um eine für die Pädagogik konstitutive Spannung zwischen Praxis und Idealität, die ausgehalten werden muss. Vielleicht antworten Sie auf die oben gestellte Frage etwas einschränkend: „Es wird uns nicht immer gelingen. Aber im Prinzip ist das unser Auftrag, den wir im Rahmen unserer Möglichkeiten erfüllen wollen. Daran arbeiten wir. Dafür tragen wir die Verantwortung." Die Differenz von schulischen Lernprozessen und Erziehung darf aber auch nicht überspannt werden. Schulische Lernerfolge sind ein pädagogisches Remedium von großer Kraft. Schulische Lernprozesse können mithin ein quasi therapeutisches Medium guter Erziehung sein.

Sozialarbeit in der Schule zur Erziehungshilfe [7]

Warum brauchen wir Sozialpädagogik in der Schule zur Erziehungshilfe?

Die Schule zur Erziehungshilfe stellt ein ganz spezielles Angebot im Rahmen einer breiten Maßnahmenpalette dar, um Kinder und Jugendliche zu unterstützen, ihre Schwierigkeiten mit sich und ihrem sozialen Umfeld bewältigen zu können. Zu diesen Problemen gehören neben Leitungsverweigerung oder –versagen auch soziales Verhalten sowie der Umgang mit Scheitern und Alltagsproblemen.

Der Unterricht, auch an einer Schule zur Erziehungshilfe, ist zunächst am Lernen und an der Bewältigung von Lehrstoffen ausgerichtet. Es geht um Wissensvermittlung und Verhaltenserwartungen. Dabei bieten der Unterricht und sein Umfeld (Pausen, Projektvorbereitungen, spezielle Lernhilfen, Hausaufgabenbetreuung usw.) Anlässe für pädagogisch thematisierbare und auswertbare Situationen. Hier haben Lehrerinnen und Lehrer ihr „Feld" pädagogischer Arbeit, vielfältige Möglichkeiten, aber auch Grenzen. Das kann aber nicht alles sein, was eine Schule zur Erziehungshilfe zu leisten hat. Erziehungsaufgaben der Schule lassen sich insbesondere im Focus der Kompetenzförderung des emotionalen und sozialen Verhaltens beschreiben.

Das heißt, Schülerinnen und Schüler mit vielfältigen Methoden und Verfahren dabei zu unterstützen:
- das eigene Selbstwertgefühl und Selbstvertrauen zu stärken,
- die individuellen Interessen und Stärken zu ergründen,
- ihre Eigenzeit sinnvoll zu gestalten,
- ihre sozialen Kompetenzen und Kommunikationsfähigkeiten zu erweitern,
- vorhandenen Leidens- und/oder Erfolgsdruck sowie Probleme zu verringern,
- den Umgang mit Versagungen zu lernen,
- eigene ergebnisorientierte Problemlösungen zu finden,
- intra- und interpersonelle Konflikte konstruktiv zu lösen,
- Strategien des Lernens und auch des Erschließens von Hilfen zu erlernen und
- realistische Lebensperspektiven und Handlungsalternativen zu entwickeln.

Die Sozialarbeit in der schulischen Erziehungshilfe dient der personalen und sozialen Integration von Kindern und Jugendlichen mit Gefühls- und Verhaltensstörungen. Sie ist ein wichtiger Bestandteil pädagogischer Arbeit in der Schule zur Erziehungshilfe auch unter dem Aspekt einer möglichen Verantwortungsübernahme für das eigene Lernen und Verhalten. Unterstützung der Schülerinnen und Schüler stellt Pädagoginnen und Pädagogen vor vielfältige Anforderungen. Das verlangt von ihnen:
- offen zu sein für die Probleme der Schülerinnen und Schüler und deren Bezugspersonen,
- sich mit der Lebenswelt von Kindern und Jugendlichen auseinander zu setzen,
- Ressourcen und Fähigkeiten von Schülerinnen und Schülern zu erkennen und zu erschließen,
- individuelle Erschwernisse und Beziehungsprobleme zu analysieren,
- kontinuierlich um das Vertrauen von Schülerinnen und Schülern zu werben,

- sich Kindern und Jugendlichen als Interessenvertreter anzubieten,
- Schülerinnen und Schüler über ihre Möglichkeiten und Rechte aufzuklären und bei deren Wahrnehmung zu unterstützen,
- verlässliche Beziehungen aufzubauen,
- Schülerinnen und Schüler zur Selbsthilfe und Eigenverantwortung zu motivieren,
- deren Entscheidungs- und Handlungskompetenzen, Konfliktfähigkeit und Kreativität zu fördern,
- vielfältige Möglichkeiten für Gespräche und Kontakte anzubieten,
- soziale, spielerische, sportliche, musische, bildnerische Gruppen- und Freizeitangebote zu organisieren,
- mögliche Partner zu erschließen und aufzuzeigen und dafür mit Kolleginnen und Kollegen, mit Eltern und anderen Professionellen zu kooperieren,
- in fachlichen und politischen Gremien präsent zu sein und nicht zuletzt
- zusätzliche materielle und finanzielle Mittel für diese Arbeit einzuwerben.

Dieses kann nicht allein vom Lehrkörper einer Schule geleistet werden. In einer Schule zur Erziehungshilfe ist es deshalb unumgänglich, dass Pädagoginnen und Pädagogen mit unterschiedlichen professionellen Möglichkeiten und Fähigkeiten in verschiedenen Aufgabenbereichen gleichberechtigt zusammen arbeiten. Sozialarbeiterinnen und -arbeiter in der Schule können die Erziehungsarbeit von Lehrerinnen und Lehrern ergänzen und unterstützen, indem sie:
- Lehrerinnen und Lehrer in stressbeladenen Situationen unterstützen,
- mit ihnen außerunterrichtliche Veranstaltungen, Aktionen, Feiern und Ausflüge organisieren,
- sowie bei Unterrichtsprojekten und Prozessen individueller Lernförderung zur Seite stehen,
- in Problemsituationen beraten und vermitteln,
- Lehrerinnen und Lehrer für jugendliche Lebenswelten und deren Hintergründe außerhalb der Schule sensibilisieren,
- Akzeptanz und potentielle Übernahme sozialpädagogischer Sichtweisen in der Schule fördern,
- über das System von Hilfen und Unterstützungsangeboten der Jugendhilfe informieren,
- Hilfe und Unterstützungsleistungen von Schule und Jugendhilfe koordinieren und so zur psycho-sozialen Entlastung der Lehrkräfte, zur Verbesserung der Lern- und Lebenssituation der Schülerinnen und Schüler und zur Klimaverbesserung in der Schule beitragen.

In der ersten Untersuchung der Rahmenbedingungen von zehn Schulen zur Erziehungshilfe in Sachsen-Anhalt[8] wurde festgestellt, dass in diesen insgesamt nur 33 pädagogische Mitarbeiterinnen und Mitarbeiter arbeiteten. Obwohl sich deren personelle Situation und die Einsatzgebiete in den einzelnen Schulen in den letzten

Jahren verändert haben, wird die derzeitige Situation von allen befragten Schulleitungen als defizitär beschrieben. Trotz personalpolitischer und finanzieller Einwände und unterschiedlicher Arbeitseinsätze, besteht Einigkeit darüber, dass in Schulen zur Erziehungshilfe dem sozialen Lernen ein besonderer Stellenwert zugemessen werden muss. Schulsozialarbeit sollte einen breiten Raum im Alltag der Schule einnehmen, um pädagogische Probleme systematisch bearbeiten zu können.

Wir verstehen im Folgenden unter Schulsozialarbeit sämtliche Aktivitäten einer Kooperation von Jugendhilfe und Schule – bzw. von Lehrerinnen und Lehrern mit Sozialpädagoginnen und Sozialpädagogen -, in denen es sich um sozialpädagogisches Handeln am Ort bzw. im Umfeld der Schule handelt.[9]

Gerade die Schulen zur Erziehungshilfe sind mit ihren spezifischen Situationsbedingungen und Problemlagen so different, dass einheitliche Vorgaben eher blockieren, als pädagogisch verantwortbares und verantwortetes Arbeiten unterstützen. Wir plädieren deshalb an dieser Stelle für mehr Autonomie der Schulen, die sowohl Entscheidungen über die Anzahl und den Einsatz von Mitarbeiterinnen und Mitarbeitern, als auch über die Verfügung von bereitgestellten Ressourcen einschließen sollte. Sozialarbeit in der Schule zur Erziehungshilfe ist ein so breit gefächertes Arbeitsfeld, dass es Teil kollegial verantworteter Schulentwicklungsprozesse sein muss, flexibel Arbeitsschwerpunkte auszuhandeln.

Was sind Voraussetzungen unterschiedlicher professioneller Möglichkeiten und Fähigkeiten?

Jeder Pädagoge/jede Pädagogin hat verschiedene Stärken, Interessen und Fähigkeiten, die, wenn sie in ihrer Vielfalt in die Gestaltung schulischen Lebens einbezogen werden, diesem seine ganz besondere Form geben. Es gibt aber auch Unterschiede, die sich aus der Verschiedenheit der Rolle ergeben. Das impliziert Schwerpunkte und Einschränkungen, die in der Reflexion pädagogischer Möglichkeiten zu berücksichtigen sind.

Lehrkräfte sind Spezialisten für die Gestaltung sequenzierter Lernprozesse. Sie strukturieren Lernangebote, evaluieren Erfolge und reflektieren Schwierigkeiten, geben Anregungen und Unterstützung, motivieren, fördern und bewerten. Dabei unterliegen sie strukturellen Zwängen. Sie können und sollen Schülerinnen und Schülern Partner und Helfer sein. Sie erfahren Probleme und Belastungen ihrer Schülerschaft meist vermittelt über das Verhalten im Unterricht und müssen Hilfe in Anforderungssituationen integrieren bzw. zusätzliche Angebote bereitstellen.

Pädagogische Mitarbeiterinnen und Mitarbeiter[10] haben leichter die Möglichkeit, andere Perspektiven einzunehmen. Ihr Arbeitsfeld ist weniger fest strukturiert. Sie können im Sinne einer Nachfrageorientierung individuelle Lebenslagen eher berücksichtigen und unkonventionelle Angebote erproben.[11]

Unter dem Sammelbegriff ‚pädagogischer Mitarbeiterinnen und Mitarbeiter' sollen hier alle Pädagoginnen und Pädagogen integriert werden, die unter dem Schwerpunkt sozialen Lernens in der Schule zur Erziehungshilfe tätig sind bzw. sein könnten.

Dabei können
- Erzieherinnen und Erzieher,
- Diplompädagoginnen und -pädagogen,
- Sozialpädagoginnen und -pädagogen,
- Schulsozialarbeiterinnen und -sozialarbeiter,
- Projektmitarbeiterinnen und -mitarbeiter (Kunst, Musik, Sport, Handwerk...),
- Honorarkräfte,
- Praktikantinnen und Praktikanten,
- Zivildienstleistende oder auch
- Absolventinnen und Absolventen eines freiwilligen sozialen Jahres

je nach Kompetenz und Zugang zu den Kindern und Jugendlichen verschiedene Aufgaben ausfüllen, die Teil eines Aushandlungs- und Reflexionsprozesses sein sollten.[12] Sowohl im Sinne der Ausrichtung pädagogischer Tätigkeit an den konkreten Problemlagen der Schülerschaft als auch einer internen Professionalisierung erscheint es dabei wenig sinnvoll, den Einsatz als pädagogische Mitarbeiterinnen und Mitarbeiter im Unterricht von der außerunterrichtlichen Arbeit zu trennen.

Wie kann soziales Lernen in der Schule zur Erziehungshilfe organisiert werden? Pädagogische Mitarbeiterinnen und Mitarbeiter können „Spezialisten für Zusammenarbeit" sein. Die Möglichkeiten und Formen dieser Zusammenarbeit sind sehr vielseitig und umfassen Interaktionen mit Schülerinnen und Schülern, Lehrerinnen und Lehrern, Eltern, Schulverwaltungen, anderen Jugendhilfeangeboten, kulturellen und sozialen Einrichtungen des Umfeldes.[13]

Zusammenarbeit im Unterricht
Formen der Einzelbetreuung und der Unterrichtsassistenz sind im Unterricht an der Schule zur Erziehungshilfe, im Rahmen der begleitenden Rückführung an die Regelschule oder im Sinne einer besonderen Unterstützung in der integrativen Beschulung möglich. Die spezifische Rolle pädagogischer Mitarbeiterinnen und Mitarbeiter ist dabei weniger die der unterstützenden Lehrkraft, als die des Helfers bei individuellen Lernproblemen. Anders als die Lehrkräfte, die den Unterrichtsablauf lenken müssen und dabei alle Kinder ihrer Klasse einbeziehen sowie Lernangebote geben und deren Erfolg kontrollieren müssen, ist es Aufgabe pädagogischer Mitarbeiterinnen und Mitarbeiter, Schülerinnen und Schülern zu helfen, entsprechend ihrer Lernvoraussetzungen das Angebotene zu verarbeiten. Da sie dabei nicht der Pflicht unterliegen, Ergebnisse bewerten zu müssen, haben sie auch in der Unterrichtssituation einen anderen Zugang zu den Problemen der Kinder als die Lehrkräfte. So können sich Lehrkräfte und pädagogische Mitarbeiterinnen und Mitarbeiter im Unterricht als gleichberechtigte Partner mit unterschiedlichen Aufgaben ergänzen und haben im Anschluss die Möglichkeit, aus verschiedenen Perspektiven das Unterrichtsgeschehen zu reflektieren und zu kritisieren. Selbstverständlich ist das kein einfacher Prozess, denn leicht wird Kritik als Angriff aufgefasst. Ein solcher kollegialer Arbeitsstil entlastet aber auch die Lehrenden von den Bela-

stungen des „Einzelkämpfertums", alles gleichzeitig „im Griff haben zu müssen" und ermöglicht gemeinsames Nachdenken über kontinuierliche Arbeit und Veränderungen.

Zusammenarbeit bei schulinternen Aktivitäten
Pädagogische Mitarbeiterinnen und Mitarbeiter können besondere themenzentrierte Angebote machen. Anders als im verpflichtenden Unterricht nehmen Schülerinnen und Schüler an solchen Veranstaltungen freiwillig teil oder nehmen sie eben nicht an. Das setzt solche Angebote unter einen besonderen Druck. Sie müssen attraktiv sein, damit Schülerinnen und Schüler sich angesprochen fühlen und einen Teil ihrer Freizeit in der Schule verbringen möchten.

Diese Projekte, Aktivitäten, Arbeitsgemeinschaften, Hausaufgabenhilfen, Workshops, Gesprächsgruppen, Exkursionen und Ausflüge müssen deshalb eingebettet sein in einen Rahmen niederschwelliger Angebote, die Kinder und Jugendliche einladen, sich in den Pausen, vor oder nach dem Unterricht zu treffen, um sich zu unterhalten, Musik zu hören oder zu spielen. Pädagogische Mitarbeiterinnen und Mitarbeiter müssen für sie präsent und erreichbar sein, auch ohne spezielle Angebote oder spezifische Problemlagen. Sie müssen Partner des Schulalltags werden, um in besonderen Situationen Zugang zu finden.

Besonders wichtig scheint in diesem Bereich der Zusammenarbeit die Unterstützung von Schüleraktivitäten. Bei dieser Hilfe zur Selbsthilfe nehmen pädagogische Mitarbeiterinnen und Mitarbeiter eine Beraterfunktion ein und unterstützen, ohne die Eigeninitiativen von Kindern zu lenken. Ein solches pädagogisches Herangehen kann Autonomie und soziale Kompetenz der Schülerinnen und Schüler in besonderer Weise fördern, eben weil es pädagogisches Mitarbeiterinnen und Mitarbeitern aus ihrer anderen Rolle heraus leichter fällt als Lehrkräften, Gesichtspunkte des Lerninteresses oder der Schulordnung zugunsten von „Experimenten" zurückzustellen.

Ein weiterer Schwerpunkt schulinterner Kooperation kann die Organisation von schulinternen Weiterbildungen, Seminaren und Supervisionsangeboten durch pädagogische Mitarbeiterinnen und Mitarbeiter sein.

**Zusammenarbeit in individuellen Problemlagen
und im Umfeld schulischer Konfliktsituationen (Fallarbeit)**
Soziale Notlagen, individuelle Schwierigkeiten und Leistungsprobleme erfordern die intensive sozialpädagogische Arbeit mit dem einzelnen Kind oder Jugendlichen. Diese individuelle Fallarbeit der pädagogischen Mitarbeiterinnen und Mitarbeiter setzt eine enge Kooperation und den fachlichen Austausch mit allen am Erziehungsprozess Beteiligten voraus.

Die Schwierigkeiten, die Kinder mit den Anforderungen der Schule, mit ihren Mitschülerinnen und Mitschülern oder mit Lehrkräften haben, und auch die Probleme, die sie sich selbst und die sie ihnen bereiten, sind breit gestreut. Mitarbeiterinnen und Mitarbeiter, die in solche emotional aufgeladene und belastete Situationen nicht unmittelbar involviert sind, können Vermittler werden. Dazu müssen sie Moderation bei Problemen anbieten und in manchen Fällen zu Anwälten der Kinder werden. Sie sind Pädagoginnen und Pädagogen, aber keine zusätzlichen Lehrkräfte. Ihre Rolle ermöglicht es, in festgefahrenen Konfliktsituationen Handhabungsangebote zu machen. Ihre Arbeit als „Krisenmanager" schließt auch ein, dass sie Berater für Lehrkräfte sein können und diese bei Problemen mit Klassen oder einzelnen Schülerinnen und Schülern unterstützen. Ihre Kompetenz für Konfliktmanagement ergibt sich sowohl aus ihrer spezifischen Ausbildung, als auch aus ihrer Rolle als „dritte Instanz" in der Schule.

Zusammenarbeit im außerschulischen Bereich
Auch die außerschulische Arbeit von Pädagoginnen und Pädagogen umfasst ein breites Spektrum von Aufgaben. Hilfen für Schülerinnen und Schüler in ihrem sozialen Umfeld zu erschließen, ist eine wichtige Voraussetzung dafür, deren außerschulische Lebenssituation zu verbessern, ihre soziale Integration zu erleichtern. Pädagogische Mitarbeiterinnen und Mitarbeiter können aufgrund ihrer Ausbildung und ihrer beruflichen Einbindung und ihrer flexiblen Arbeitszeit Netzwerke sozialer Kontakt- und Hilfeangebote leichter erschließen als Lehrerinnen und Lehrer.
Elternarbeit heißt nicht nur Information über schulische Anliegen und Vorhaben einerseits und die Auseinandersetzung mit schulischen Lern- und Verhaltensproblemen von Kindern und Jugendlichen andererseits. Elternarbeit hat das Ziel, Elternhaus und Schule eng zu vernetzen. Um diesen Anspruch einlösen zu können, sollten Eltern umworben und motiviert werden, an schulischen Prozessen und Angeboten nicht nur teilzunehmen, sondern diese auch mit zu gestalten. Das ist allerdings wegen zahlreicher Schwellenängste von Eltern gerade in der schulischen Erziehungshilfe besonders schwierig. Sozialpädagogische Handlungskompetenzen sind eine wichtige Ressource dieser motivierenden und aktivierenden Elternarbeit.
Begleitungen von Schulübergängen, Unterstützungen bei Berufsfindung und -bewerbung sind Prozesse, die individuelle Besonderheiten – Kompetenzen und Grenzen – berücksichtigen müssen. Trotz vielfältiger Bemühungen sind Lehrerinnen und Lehrer aufgrund anderer Arbeitsaufgaben mit der längerfristigen individuellen Begleitung und Unterstützung in diesem Prozess häufig zeitlich überfordert. Im Rahmen der Einzelfallarbeit kann hier ein Schwerpunkt der Tätigkeit von pädagogischen Mitarbeiterinnen und Mitarbeitern gesetzt werden.
Die außerschulische Arbeit von Pädagoginnen und Pädagogen umfasst dabei weitere Arbeitskontexte:
- die Kooperation mit Regelschulen und Vorschuleinrichtungen,
- gemeinwesenorientierte Angebote, also die Kooperation mit Vereinen, Betrieben und Institutionen,
- Netzwerkarbeit mit anderen Angeboten der Jugendhilfe und freien Trägern der Jugendarbeit.

Gestaltung der innerschulischen Kooperation

Die Aufgabenfelder in einer Schule zur Erziehungshilfe sind komplex und nicht alle gleichzeitig zu bewältigen. Die Auseinandersetzung mit der Qualität der eigenen Arbeit erfordert konzeptionelle Auseinandersetzung mit der eigenen Praxis und inhaltliche Schwerpunktsetzungen. Das Tätigkeitsspektrum der pädagogischen Mitarbeiterinnen und Mitarbeiter sowie erzieherische Aufgaben der Lehrerinnen und Lehrer gemeinsam zu besprechen und in einem Arbeitsprogramm festzuhalten, wäre eine wichtige Voraussetzung dafür, konstruktive Formen der innerschulischen Kooperation zu finden, Probleme wahrzunehmen und sich produktiv mit den Möglichkeiten und Grenzen dieser Kooperation auseinander zu setzen.

So liegt es in der gemeinsamen Verantwortung aller Pädagoginnen und Pädagogen einer Schule, welche der drei idealtypischen Grundmuster der innerschulischen Kooperation zugrunde liegt:
- Misstrauen und Kontaktvermeidung (Konkurrenz)
- Akzeptanz und Inanspruchnahme (Ergänzung der eigenen Arbeit)
- völlige Abtrennung beider Bereiche ohne wesentliche Überschneidungen.

Zahlreiche fördernde und hemmende Faktoren entscheiden, welche Form der Kooperation an einer Schule vorherrschend ist. Die Berücksichtigung, die schulinterne Umsetzung und die inhaltliche Ausgestaltung dieser Faktoren kann ein Beispiel für die Entwicklung eines Schulprofils zur Qualitätsentwicklung sein.

Strukturelle und organisatorische Faktoren der Kooperation:
- Rechtliche Regelungen (Statusprobleme, unterschiedliche Arbeitszeiten und Gehälter von Lehrerinnen/Lehrern und pädagogischen Mitarbeiterinnen/Mitarbeitern)
- Kooperationsvereinbarung zwischen Projektträger, Schule, Schulträger und staatl. Schulamt
- Finanzielle Spielräume (Geld für Materialien, Veranstaltungen ...)
- Räumliche und strukturelle Nähe der pädagogischen Mitarbeiterinnen und Mitarbeitern zu Lehrkräften
- Definition der institutionellen Einbindung (gemeinsame Planung und Abstimmung der Angebote, Einbeziehung in Teamsitzungen des Kollegiums, gemeinsame Weiterbildungen)
- Festlegung der Aufgabenbereiche und Arbeitsfelder
- Formen der gemeinsamen Evaluation der Kooperation
- Probleme und Druck von außen

Interaktionsformen der Kooperation:
- Anweisung der Kooperation durch Schulleitung
- Gemeinsame Verantwortung von pädagogischen Mitarbeiterinnen/Mitarbeitern und Lehrkräften für gelingende Kooperation
- Enge Kooperation mit bestimmten Lehrkräften

- Kooperation bei gewissen Projekten
- Kooperation in Problemfällen (Informationsaustausch, gemeinsame Planung der Unterstützung, gemeinsame Beratungsgespräche mit Betroffenen, abgestimmtes Vorgehen in der pädagogischen Arbeit)
- Harte Konfrontation

Persönliche Faktoren der Kooperation:
- Auseinandersetzung mit Berufsrollen und konkreten Tätigkeiten
- Öffnung und Motivation für Schulsozialarbeit
- Einlassen des Schulsozialarbeiters auf die Schulsituation
- Präsenz des Schulsozialarbeiters vor Ort
- Transparenz und Attraktivität der sozialpädagogischen Angebote
- Akzeptanz als gleichwertige kompetente Partner auch in ungewöhnlichen Situationen
- Gegenseitige Unterstützung
- Verbindlichkeit von Zielvereinbarungen und Absprachen

Probleme für Schüler:
- Kontrolle und Stigmatisierung („Überpädagogisierung")
- Unkenntnis der Angebote
- Wenig Akzeptanz der Angebote
- Fehlende Kontinuität sozialpädagogischer Arbeit

Probleme für Lehrkräfte:
- Parteilichkeit des Schulsozialarbeiters für Schüler,
- nicht loyal gegenüber Lehrkräften
- Unterschiedliche Rollenverteilung als grundsätzliches Problem
- Konkurrenz zwischen Schulsozialarbeiter und Lehrkräften

Wir wollen nachfolgend ein Beispiel für eine Bestandsaufnahme aufzeigen, die gleichzeitig aber auch ein mögliches Raster sein kann für vorbereitende Überlegungen zur Planung und Einführung von Schulsozialarbeit an Schulen zur Erziehungshilfe sowie von innerschulischen Kooperationsformen und Problemen zwischen Lehrerinnen/Lehrern und Schulsozialarbeiterinnen/Schulsozialarbeitern:[14]

1. Bedeutung von Schulsozialarbeit:
- Ist Schulsozialarbeit notwendig? Was ist Ihre persönliche Meinung?
  - Wenn nein: Halten Sie diese dennoch für sinnvoll?
  - Wenn ja: Warum?
- Gibt es Ihrer Meinung nach eine besondere Notwendigkeit für Schulsozialarbeit an der Sonderschule?   - Warum?
- Warum ist Ihrer Meinung nach, speziell an Ihrer Schule Schulsozialarbeit notwendig?

2. Beginn von Schulsozialarbeit in der eigenen Schule:
- Was war der Anlass, an Ihrer Schule einen Schulsozialarbeiter zu beschäftigen?
- (Gab es besondere Konflikte und Probleme an der Schule? Gab es vermehrt Verhaltensauffälligkeiten, Gewalt, hoher Anteil Fahrschüler, Verweigerer, Abbrecher? Gab es zudem äußere Anlässe?...)

3. Gestaltung der Schulsozialarbeit in der eigenen Schule
- Wie ist der Schulsozialarbeiter in das Schulleben eingebunden? Werden Angebote gemeinsam geplant und abgestimmt? Reden Sie gemeinsam über die Arbeit des Schulsozialarbeiters? Ist der Schulsozialarbeiter in Sitzungen des Kollegiums anwesend? Wie bringt er sich ein? Gibt es gemeinsame Weiterbildungen? Was bedeutet das für Sie als Lehrer?
- Welche Arbeitsschwerpunkte hat der Schulsozialarbeiter in Ihrer Schule? Wofür ist der Schulsozialarbeiter an Ihrer Schule verantwortlich? Haben sich damit für Sie als Lehrer Veränderungen für Ihre Arbeit und Verantwortlichkeit ergeben?
- Wie haben sich die Schwerpunkte der Schulsozialarbeit entwickelt? (Gab es schon bei der Beantragung der Schulsozialarbeit ein konkretes Konzept? Wurde ein Konzept mit dem Schulsozialarbeiter entwickelt? Haben sich die Arbeitsschwerpunkte situativ ergeben? ...)
- Sind Ihrer Meinung nach die Rahmenbedingungen für gute Schulsozialarbeit gegeben? (rechtlicher Rahmen, finanzielle Spielräume, Status des Sozialarbeiters an der Schule) Wirkt sich das auch direkt auf Ihre Arbeit aus?
- Gibt es noch weitere Aufgaben, die der Schulsozialarbeiter an Ihrer Schule wahrnimmt?
- Sollte Ihrer Meinung nach der Schulsozialarbeiter noch andere Arbeitsschwerpunkte haben? Warum?
- Hat der Schulsozialarbeiter Aufgaben außerhalb der Schule? Wissen Sie, mit welchen Einrichtungen er am intensivsten kooperiert? Wirkt sich das auf Ihre Arbeit aus?
- Gehört die Kooperation mit Lehrkräften zu den Arbeitsaufgaben des Schulsozialarbeiters?

4. Gestaltung der Kooperation mit der Schulsozialarbeiterin /dem Schulsozialarbeiter
- In welchen Zusammenhängen kooperieren Sie mit dem Schulsozialamt? (Konflikte, Beratung, Fallbesprechungen, Unterrichtsprojekte, außerunterrichtliche Veranstaltungen) Würden Sie sich das anders wünschen? Warum?
- Wie sieht diese Kooperation konkret aus? (Interaktionsformen)
- Gab es Veränderungen in den Kooperationsformen zwischen Schulsozialarbeiter und Lehrkräften?   - Wenn ja:
                Was meinen Sie, waren die Gründe für solche Veränderungen?

- Wenn nicht: Was meinen Sie, sind die Gründe für diese Stabilität?
- Was meinen Sie, welche Bedingungen sind an Ihrer Schule gegeben/nicht gegeben, damit Kooperation funktioniert (strukturell, organisatorisch, persönlich)?
- Welche Bedingungen sollten sich Ihrer Meinung nach unbedingt verändern?
- Was bringt Ihnen die Schulsozialarbeit ganz persönlich für Ihre Arbeit?
- Welche Probleme bringt die Schulsozialarbeit für Sie mit sich?
- Bringt die Schulsozialarbeit auch Probleme für Schüler? Wie erleben Sie das als Lehrer?

Könnten Sie abschließend einschätzen, wie sich Arbeiten, Lernen und Leben in Ihrer Schule seit Einführung der Schulsozialarbeit verändert hat? ... Warum ist das so?

Organisation der schulinternen Kooperation

Ebenso differenziert ist die Organisation von innerschulischer Kooperation. Nicht alle Pädagoginnen und Pädagogen können ständig miteinander kooperieren. Das führt zur Bildung von Gruppen. Diese Gruppenbildungsprozesse sollten im Sinne der Qualitätsentwicklung nicht allein dem Interesse und der Sympathie aneinander und zueinander überlassen werden, sondern im Sinne der Teamentwicklung als Netzwerk zur Selbstorganisation der pädagogischen Arbeit definiert werden. Dazu noch einmal Schley:

Wie kann kollegiale Kooperation in einer Schule zur Erziehungshilfe organisiert werden?

„Kleine Einheiten sind leistungsfähiger, die Informationswege sind kürzer, die Abstimmungen bilden sich natürlicher ab" [15]

Empfohlen werden Teams von 5 bis 7 Pädagoginnen und Pädagogen (Lehrkräfte und pädagogische Mitarbeiterinnen und Mitarbeiter),
- wegen der stärkeren Einbindung in Entscheidungen,
- wegen der besseren Verbindlichkeit der Absprachen,
- wegen verantwortlicher Umsetzungen im Team,
- wegen flexibler Möglichkeiten zu Korrekturen, Veränderungen und situativen Anpassungen,
- wegen dem größeren Vertrauen und der wachsenden Risikobereitschaft in überschaubaren Einheiten,
- weil das Feedback persönlicher, wirkungsvoller und annehmbarer wird,
- weil Teams die Fähigkeiten der einzelnen Mitglieder weiterentwickeln,
- weil komplementäre Stärkeergänzung Schwächen Einzelner ausgleichen kann und alle voneinander lernen.[16]

Solche Teams agieren sehr selbständig und flexibel, treffen Absprachen untereinander und vertreten sich gegenseitig. Inhaltlich sind die verschiedensten Teamstrukturen möglich, z. B.
- nach Lerngruppen,
- nach Klassenstufen,

- nach Art oder Einsatzort in integrativen Förderangeboten,
- nach Erziehungsschwerpunkten,
- nach Lehrgebieten,
- nach Konzeptschwerpunkten,
- nach Entwicklungsschwerpunkten und
- nach Problemfeldern.

Im Rahmen der Schulorganisation bilden viele kleine Teams eine große Einheit. Deshalb sollte auch die Koordination der Teams organisiert sein. Je nach Größe der Schule zur Erziehungshilfe können verschiedene Ebenen eingezogen werden, welche die pädagogische Arbeit der Teams koordinieren und aufeinander abstimmen.

Aktivitäten der Schülerinnen und Schüler

Welche Aktivitäten können von Schülerinnen und Schülern in der Schule ausgehen?

Schülerinnen und Schüler sind die wichtigsten Mitglieder der Schule. Die Schule sollte für sie eine Lebenswelt sein, in der sie lernen und zu jungen Erwachsenen heranreifen, die selbständig ihren Platz im Leben finden und gestalten. Die Schule ist für Heranwachsende der Ort, an dem sie demokratische Strukturen erleben, einüben und erkennen können, dass Eigenaktivität notwendig ist, wenn Ziele erreicht werden sollen.

Eigenaktivität und die Wahrnehmung eigener Interessen ist auch in Schulen zur Erziehungshilfe in vielen Formen möglich und nicht nur auf Teilbereiche beschränkt. Offene Angebote und punktuelle Veranstaltungen können unter Schülerinnen und Schülern ebenso durchgeführt werden wie kontinuierliche Gruppenangebote. Durch unterschiedlichste Veranstaltungsformen und -inhalte haben viele Schülerinnen und Schüler die Möglichkeit, sich an der Gestaltung des Schullebens zu beteiligen und ihre persönlichen Begabungen und Erfahrungen einzubringen. Sie lernen, sich für ihre Interessen einzusetzen und gemeinsam mit Anderen Wege der Umsetzung zu suchen.

Beispiele und Modelle für die Organisation und Realisierung der Interessen und Anliegen der Schülerinnen und Schüler sollen nachfolgend kurz skizziert werden.

Schülervertretung

Die Schülervertretung ist ein wichtiges Instrument der Mitsprache. Die Schülerinnen und Schüler wählen einen Klassensprecher/eine Klassensprecherin. Diese bilden gemeinsam den Schülerrat einer Schule. Sie vertreten ihre Mitschülerinnen und -schüler und können von diesen mit der Wahrnehmung ihrer Interessen gegenüber Lehrerinnen und Lehrern, pädagogischen Mitarbeiterinnen und Mitarbeitern, der Schulleitung und der Schulkonferenz beauftragt werden.

Schulleitung, Lehrkörper und pädagogische Mitarbeiterinnen und -mitarbeiter sollten die Wahl an sich und die Arbeit der gewählten Schülervertreter unterstützen, damit sie wirklich Anteil nehmen können an der Gestaltung der Schule.

Kann man an der Schule zur Erziehungshilfe Elemente der Selbsterziehung einführen?

Schülerversammlung

Die Schülerinnen und Schüler haben ihre eigene Perspektive auf Schule und schulische Erfahrungen. Ereignisse im Schulleben sind nicht nur eine Angelegenheit der Erwachsenen. Die Meinung der Schülerinnen und Schüler ist ebenso wichtig. Für sie sollten wichtige Entscheidungen nicht nur transparent und nachvollziehbar sein, sie sollten auch die Möglichkeit erhalten, Einfluss auf Entscheidungen zu haben. Die setzt umfassende Information und regelmäßige Austauschprozesse mit der Schulleitung voraus. So kann die Identifikation mit dem Leben in der Schule verstärkt werden und Verantwortungsgefühl für den eigenen Beitrag zur Gemeinschaft entwickelt werden.

Schlichtungsstelle

Immer mehr Schulen zeigen erfolgreich Möglichkeiten auf, wie durch die Einrichtung von Schlichtungsstellen, so genannten „Konfliktbüros" von Kindern und Jugendlichen ein Forum geschaffen werden kann, das Konflikte zwischen unterschiedlichen Parteien (zwischen Schülern, aber auch zwischen Schülern und Lehrkräften) aufnimmt, die Betroffenen berät und gemeinsam mit ihnen Empfehlungen für die Konfliktlösung erarbeitet. Zusammen mit einem Pädagogen/einer Pädagogin werden die Sitzungen vorbereitet und Argumente für bzw. gegen jeweilige Konfliktlösungsmuster gesammelt. Dabei erleben sich die Schüler und Schülerinnen als bedeutsame Entscheidungsträger. Diese Form erlebter Demokratie ist prägend für die weitere Entwicklung. Bedeutsam für die Errichtung solcher Gremien sind die Erfahrungen, die mit Ansätzen der „gerechten Gemeinschaft" gemacht wurden.[17]

Patenschaften

Veränderungen des Verhaltens benötigen Zeit und Unterstützung. Gemeinsam mit einem Paten oder Tutor aus der eigenen oder einer höheren Klasse kann beraten werden, welche Hilfen dazu benötigt werden und wie Ziele erreicht werden können. Neue Schüler sind oft verunsichert, sie wissen nicht, wohin sie sich zuerst wenden sollen, welche Regeln an der Schule gelten etc. Die Heranwachsenden sind oft recht gut in der Lage, Verantwortung für einen Mitschüler oder eine Mitschülerin mitzutragen. Verantwortlichkeit für sich und andere kann durch solche Patenschaften entwickelt werden, die sich aber zunächst auch auf begrenzte Bereiche (z.B. einen Leistungsbereich oder eine bestimmte Hilfeleistung) beziehen können.

„Kummerkasten"
Durch den Schülerrat, aber auch innerhalb einer Klassengemeinschaft kann ein „Kummer-„ oder „Meckerkasten" eingerichtet werden. Hier erhalten Schülerinnen und Schüler Gelegenheit, ihre Meinung zum Schulgeschehen zu äußern. Lehrkräfte, pädagogische Mitarbeiterinnen und -mitarbeiter und die Schülerschaft sollten daran interessiert sein, in regelmäßigen Gesprächen diese Äußerungen auszuwerten, um so Anregungen für Verbesserungen der Schulgestaltung zu erhalten. Eine Erweiterung eines „Meckerkastens" kann ein „Briefkasten" darstellen, in dem die Schülerinnen und Schüler ihre Unzufriedenheit einschließlich ihres Wunsches nach Änderung einbringen können. Die Verschriftlichung dieser Probleme hat zwei Vorteile: Erstens wird mit dem Brief eine Verbindlichkeit geschaffen, die für Absender und Empfänger nachweisbar ist. Zweitens wird mit der Forderung nach schriftlicher Formulierung die emotionale Spontaneität unter Kontrolle gebracht und es entstehen reflektierte Problemschilderungen. In diesem Punkt kann besonders auch auf die Erfahrungen von J. Korczak verwiesen werden.[18]

Schülerzeitung
Eine weitere Form schriftlichen Ausdrucks von Schülerinteressen und -wünschen ist die Schülerzeitung. Diese ist nicht nur eine Dokumentation, sondern gleichzeitig ein Forum, in dem Schülerinnen und Schüler auf ihre Anliegen aufmerksam machen, sich in der Formulierung von Anliegen üben, ihre Kooperationsfähigkeiten entwickeln und Öffentlichkeit erfahren.

Neben den eben beschriebenen Anregungen können aber auch Freizeitaktivitäten wie z.B. Schülertheater, Schülerclub oder Tauschbörsen Schülerinnen und Schülern ein Podium bieten, das eigenverantwortliches Handeln ermöglicht.

Welche Chancen für eigenverantwortliches Handeln stellt die Schule zur Erziehungshilfe ihren Schülerinnen und Schülern bereit?

Ziel der Schule zur Erziehungshilfe ist es, eine Rückführung in die Regelschule zu erreichen. Das heißt, die Schülerinnen und Schüler sollten dann in der Lage sein, ihr Verhalten so weit selbst regulieren zu können, dass sie keine besondere Hilfe mehr benötigen. Diese Fähigkeit zur Selbstregulation setzt die Möglichkeit voraus, probehandelnd in beschützenden Situationen soziale Kompetenzen geübt zu haben. Ein solcher Raum der sozialen Erfahrungen und der Kompetenzentfaltung ist die Schule zur Erziehungshilfe immer, wenn es ihr gelingt, Elemente der Selbsterziehung in ihre alltägliche Arbeitsweise aufzunehmen.
Welche Elemente könnten dies sein? Eine Schulgemeinschaft arbeitet und lebt nach einem bestimmten Regelwerk (Schulordnung, Hausordnung ...). Die Schülerinnen und Schüler müssen diese Regeln kennen, um sie einhalten zu können. Dafür ist es hilfreich, die Zahl dieser Regeln möglichst überschaubar zu halten und die Einhaltung dieser Regeln dann aber auch konsequent einzufordern. Regeln werden aber

nur eingehalten, wenn sie verstanden werden und wenn sie als sinnvoll angesehen werden. Es ist deshalb hilfreich, wenn
- Regeln gemeinsam aufgestellt werden,
- gemeinsam beraten wird, welche Regeln für das gemeinsame Leben in der Klasse und Schule notwendig sind und die Schülerinnen und Schüler verstehen, dass
- Regeln schützen und dem Einzelnen helfen, sich in der Gemeinschaft wohl zu fühlen.

Entscheidend ist dabei die Konzentration auf möglichst wenig Regeln, die dann aber auch wirklich Gültigkeit haben und durchgesetzt werden. Regeln sollten auch im Zusammenhang mit Regelverstößen immer wieder neu mit den Schülerinnen und Schülern diskutiert werden. Wichtig ist dabei auch, dass im Kollegium ein Konsens über die notwendigen schulhausinternen Regeln und über Konsequenzen bei Verstößen hergestellt wird. Dies ist manchmal ein schwieriger Prozess. Aber gerade die Übereinstimmung der Erwachsenen mit festgelegten Regeln im Schulhaus erhöht die Glaubwürdigkeit dieser Regeln und gibt den Schülerinnen und Schülern die notwendige Orientierung darüber, was wünschenswertes und was nicht toleriertes Verhalten in dieser Schule ist. Regeln sollten für die Schülerinnen und Schüler transparent und präsent sein. Die Verantwortung des Einzelnen für die Gemeinschaft, die Achtung und Fürsorge untereinander werden nur dann gelernt, wenn sie gelebt und als Kultur des Umgehens miteinander erlebt werden.

Was passiert, wenn Regeln nicht eingehalten werden?
Dies ist eine Frage, die nicht nur von den Pädagoginnen und Pädagogen allein beantwortet werden sollte. Auch die Schülerinnen und Schüler sollten ihre Antwort einbringen müssen, um die Konsequenzen eines Regelverstoßes zu verstehen. Dies ist nicht immer leicht, da Schülerinnen und Schüler häufig andere Vorstellungen haben als Pädagoginnen und Pädagogen. Doch Kinder und Jugendliche haben ihre eigene Perspektive und können sich in Mitschülerinnen und Mitschüler so hinein versetzen, wie es Erwachsene häufig nicht können. Dabei geht es eben nicht um die Durchsetzung starrer Regelsysteme gegen die Schülerinnen und Schüler. Vielmehr geht es um lebendige Erwartungen und Vorstellungen darüber, wie Menschen miteinander umgehen sollen, wie sie sich gegenseitig vor Verletzungen schützen können und sollen.
Zu fragen ist dabei immer, ob die Regeln transparent und überschaubar sind und ob sich ein Schüler beim Verstoß einer Regel der Vorschrift oder des Verbotes überhaupt bewusst war. Komplexe Regelsysteme im Klassenzimmer, auf dem Pausenhof, in der Sporthalle etc., die sich auch noch von einander unterscheiden, bleiben ohne Wirkung. Je weniger Regeln es gibt, umso größer ist die Chance, dass sich die Schüler ihrer bewusst sind und dass sie sich im Rahmen der Komplexität schulischen Alltagslebens durchsetzen lassen.
Die Aktivität in der Auseinandersetzung mit Regelverletzungen sollte vorwiegend auf der Seite der Schülerinnen und Schüler liegen. Aufgabe der Pädagoginnen und

Pädagogen ist vor allem die Strukturierung dieser Auseinandersetzungsprozesse. Die Entscheidungskompetenzen sollten weitestgehend bei den Schülerinnen und Schülern liegen. Der pädagogische Auftrag ist hier besonders die Schaffung einer positiven Peer-Kultur, in der sich die Heranwachsenden in demokratischen Formen mit ihren eigenen Problemen auseinandersetzen können.

Ein Beispiel für Eigenverantwortung[19]
In der 7. Klasse an einer Schule zur Erziehungshilfe sollte ein längerfristiges Projekt gestaltet werden. Es stand zunächst die Frage an, wie die Klasse ihre gemeinsame Arbeit gestalten wollte. Zuerst einmal wurde anonym erfasst, welche Wünsche, aber auch welche Ängste vor gemeinsamen Übungen bestanden. Diese Stellungnahmen wurden ernsthaft diskutiert. Anschließend wurde besprochen, unter welchen Umständen die Ängste abgebaut und die Wünsche erfüllt werden können. So wurde ein gemeinsames Regelwerk für die Gruppe erstellt und festgehalten. Um dieses für alle sichtbar zu gestalten, wurde ein „Regelbaum" an der Wand befestigt, an dem die Regeln als Äpfel dargestellt waren. Die einstimmig wichtigste Regel wurde ganz oben platziert. Bei Regeln, die scheinbar unerfüllbar waren (z.B. keine Gewalt in der Sprache), wurde heftig diskutiert, ob man Regeln, die keiner einhalten kann, überhaupt aufstellen solle. Der Kompromiss kam von den Schülerinnen und Schülern selbst: Solche Regeln sollten aufgenommen werden, aber ein Regelverstoß nicht so streng geahndet werden. Regeln haben aber nur wenig Sinn, wenn Missachtungen keine Konsequenzen mit sich bringen. Auch darin waren die Schülerinnen und Schüler sich einig. Es fiel ihnen aber auch schwer, Konsequenzen zu Regelverstößen zu benennen. Wir einigten uns, dass wir bei konkreten Regelverstößen jeweils darüber sprechen würden, um dem Einzelnen die Chance der Rechtfertigung zu geben. Möglich wäre aber auch, einen Katalog an Konsequenzen aufzustellen. Diese Klasse entschied sich aber für ein individuelles Vorgehen und die Gruppenleiterin akzeptierte den Wunsch der Gruppe. Der Regelbaum wurde nie abgeschlossen. Zu Beginn jeder Gruppenstunde versammelten wir uns um diesen Regelbaum und besprachen, was sich bislang verändert hatte. Mit der Zeit gesellten sich zum Regelbaum Tiere. Jedes Kind wählte ein Tier aus, das am Besten zu ihm passte. Der Baum wurde zum Symbol für die Gruppe, man heftete sein Tier in die Nähe des Baumes, etwas weiter weg oder versteckte es. Am Baum wurden Gruppenprobleme besprochen. Auf Wunsch der Schülerinnen und Schüler blieb der Baum hängen und auch die Lehrerin wurde in das Regelwerk einbezogen.

Fußnoten Kapitel 4

1. vgl. auch Kauffman, J.M.: Inclusion of all students with emotional or behavioral disorders? Let's think again. In: Phi Delta Kappan 1995, 76
2. Opp, G.: Die Schule als „Caring- Community". In: Jantzen, W.: Geschlechterdifferenz in der Behindertenpädagogik. Zürich 1997
3. Phelan et al.: Speaking up: Students'Perspectives on school. In.: Phi Delta Kappan. 1992, 73
4. ebenda, 701
5. C. Wilke, Lehrerin an einer Schule mit Ausgleichsklassen in Halle
6. Hargreaves, A.: Changing teachers, changing times. New York, Columbia University: College Press 1994, 192 f
7. Zu den Anforderungen an Sozialarbeit in der Schule vgl. Qualitätszirkel Schulsozialarbeit des Landes Sachsen-Anhalt: Qualitätsstandards für die Schulsozialarbeit in Sachsen-Anhalt. igs. permedia GmbH Halle, 2000
8. vgl. Opp, G. u.a.: Zwischenbericht des Projektes „Erfassung struktureller, materieller und personeller Rahmenbedingungen der Schulen mit Ausgleichsklassen in Sachsen-Anhalt. Halle 1998
9. Olk, Th. u.a.: Forschungsbericht Schulsozialarbeit in Sachsen-Anhalt. Halle 1996, 68
10. Wir verzichten bewusst auf die Berufsbezeichnung „Schulsozialarbeiter", weil sozialpädagogische Arbeit an Schulen zur Erziehungshilfe von Pädagogen mit unterschiedlichen Ausbildungen und Berufsbezeichnungen geleistet wird.
11. Vgl. Flösser, G./ Otto H.-U./ Tillmann K.-J.: Schule und Jugendhilfe. Opladen 1996
12. vgl. Olk Th. u.a.: Forschungsbericht Schulsozialarbeit in Sachsen-Anhalt. Halle 1996, 310 ff
13. dazu: Eberle, H.-J.: Unterstützen und Integrieren. Sozialpädagogik in der Schule. Bad Heilbrunn 1985; Tillmann, K.-J. Schulsozialarbeit. München 1982
14. Erarbeitet im Sommersemester 2000 von Studierenden der Verhaltensgestörten- und Lernbehindertenpädagogik der MLU im Rahmen des Seminars „Schulsozialarbeit in der schulischen Lern- und Erziehungshilfe" für eine Befragung von Lehrerinnen und Lehrern an Sonderschulen.
15. Schley, W.: Systemberatung und Organisationsentwicklung. Hagen 1997, 150
16. Vgl. Rollen im Team
17. Kolber, W., Zalaznick, E., Noia, B.: Die Wirkung von Erfahrungen mit einer gerechten Gemeinschaft auf die Entwicklung von Schülern: Drei Berichte aus der Scandale Alternative School. In: Kuhmerker, L. et all.: Laurence Kohlberg: seine Bedeutung für die pädagogische und psychologische Praxis. Hrsg. der dt. Ausgabe: Garz, D. München 1996, 163 - 194
18. Vgl. Korczak, J.: Die Liebe zum Kind. Berlin 1982
19. I. Budnik: Erfahrungsbericht aus einer 7. Klasse der Korczak-Schule Halle

Literatur Kapitel 4

Eberle, H.-J.: Unterstützen und Integrieren. Sozialpädagogik in der Schule. Bad Heilbrunn 1985

Flösser, G./ Otto H.-U./ Tillmann K.-J.: Schule und Jugendhilfe. Opladen 1996

Hargreaves, A.: Changing teachers, changing times. New York, Columbia University: College Press 1994

Kauffman, J.M.: Inclusion of all students with emotional or behavioral disorders? Let's think again. In: Phi Delta Kappan 1995, 76

Kolber, W., Zalaznick, E., Noia, B.: Die Wirkung von Erfahrungen mit einer gerechten Gemeinschaft auf die Entwicklung von Schülern: Drei Berichte aus der Scandale Alternative School. In: Kuhmerker, L. et all.: Laurence Kohlberg: seine Bedeutung für die pädagogische und psychologische Praxis. Hrsg. der dt. Ausgabe: Garz, D. München 1996

Korczak, J.: Die Liebe zum Kind. Berlin 1982

Olk, Th. u.a.: Forschungsbericht Schulsozialarbeit in Sachsen-Anhalt. Halle 1996

Opp, G.: Die Schule als „Caring- Community", In: Jantzen, W.: Geschlechterdifferenz in der Behindertenpädagogik. Zürich 1997
Opp, G. u.a.: Zwischenbericht des Projektes „Erfassung struktureller, materieller und personeller Rahmenbedingungen der Schulen mit Ausgleichsklassen in Sachsen-Anhalt. Halle 1998

Phelan et al.: Speaking up: Students'Perspectives on school. In.: Phi Delta Kappan. 1992, 73

Qualitätszirkel Schulsozialarbeit des Landes Sachsen-Anhalt: Qualitätsstandards für die Schulsozialarbeit in Sachsen-Anhalt, igs. permedia GmbH Halle 2000

Schley, W.: Systemberatung und Organisationsentwicklung. Hagen 1997
Tillmann, K.-J.: Schulsozialarbeit. München 1982

Redl „Kinder, die hassen"

* Wir danken Herrn J. Grillenberger (Schulleiter einer Schule zur Erziehungshilfe in Augsburg), der uns erlaubt hat, sein unveröffentlichtes Manuskript zu Fragen der räumlichen Gestaltung der Schulen zur Erziehungshilfe (Grillenberger 1993) mit leichten Veränderungen zu übernehmen und zu ergänzen.

5. Arbeitsfelder in der schulischen Erziehungshilfe

Wir haben alles vorbereitet. Das war nicht einfach. Wir haben unterschiedliche Meinungen und Ansichten über das, was in unserem Haus ist und das, was sein soll. Wir haben uns gestritten, aber wir haben es geschafft, einen kleinsten gemeinsamen Nenner zu finden. Das war manchmal zum Verzweifeln, aber es hat auch Spaß gemacht. Irgendwie war das wie der erste frische Frühlingswind, der durch unsere Fenster kommt. Wir sollten uns vielleicht öfter solche Stunden gönnen... Aber jetzt beginnen wir den Gang durch unser Haus und das Gelände. Wir schauen nach, ob das, was wir sehen, so ist, wie wir es uns vorstellen und wenn es nicht so ist, wollen wir anschließend gemeinsam überlegen, was wir tun können, um unsere Wünsche zu verwirklichen...

Diagnostik

Das eigentliche Ziel von Diagnostik ist das Sammeln von Informationen, die für schulische Entscheidungen benötigt werden. Dabei handelt es sich im Wesentlichen um die Beantwortung von vier Fragebereichen:
- Besteht für ein bestimmtes Kind überhaupt besonderer Förderbedarf?
- Wenn ja, welche Auffälligkeiten dominieren im Erscheinungsbild?
- Was sind mögliche Auslöser und Ursachen für die Auffälligkeiten?
- Über welche Fähigkeiten verfügt die Schülerin/der Schüler?
- Und schließlich: Hatten die eingeleiteten Fördermaßnahmen Erfolg?

An dieser Stelle soll noch einmal die Definition von Gefühls- und Verhaltensstörungen vorgestellt werden, die der Darstellung des Förderdiagnostischen Programms zugrunde liegt.

Kasten 1: Definition von Gefühls- und Verhaltensstörungen (s. Kapitel 2):

Gefühls- und Verhaltensstörungen sind:
1. Emotionale Reaktionen und Verhaltensweisen in der Schule, die sich von altersangemessenen, kulturellen oder ethnischen Normen so weit unterscheiden, dass sie auf die Erziehungserfolge des Kindes oder Jugendlichen einen negativen Einfluss haben. Erziehungserfolge umfassen schulische Leistungen, soziale, berufsqualifizierende und persönliche Fähigkeiten.

Eine solche Beeinträchtigung ist
a) mehr als eine zeitlich begrenzte, erwartbare Reaktion auf Stresseinflüsse in der Lebensumgebung,
b) tritt über einen längeren Zeitraum in zwei verschiedenen Verhaltensbereichen auf, wobei mindestens einer dieser Bereiche schulbezogen ist und
c) ist durch direkte Intervention im Rahmen allgemeiner Erziehungsmaßnahmen insofern nicht aufhebbar, als diese Interventionen bereits erfolglos waren oder erfolglos sein würden.

Hinweise für die Diagnostik: Die Altersangemessenheit des Verhaltens und der emotionalen Reaktionen lässt sich verhältnismäßig gut mit Hilfe von entsprechenden Fragebogen beurteilen (vgl. Kasten 2). Die Passung des Verhaltens zu kulturellen und ethischen Normen ist jedoch ebenso wenig über Tests oder Fragebogen erfassbar wie negative Konsequenzen des Verhaltens für die Erziehungserfolge. An dieser Stelle muss die Entscheidung dem Urteil der diagnostizierenden Personen überlassen bleiben. Auch die Unterscheidung zwischen chronifizierten Verhaltensstörungen und akuten Belastungsreaktionen ist dem Ermessensspielraum der Diagnostiker überlassen, wenn die Verhaltensprobleme länger als etwa ein bis zwei Monate andauern. Für gewöhnlich spricht man aber nur dann von einer Belastungsreaktion, wenn in Gesprächen mit den Beteiligten oder aus der Aktenlage eine kurzfristig auftretende Belastung (z.B. Tod eines Angehörigen, Unfall etc.) feststellbar ist, die zumindest in zeitlichem Zusammenhang mit den Verhaltensproblemen steht. Demgegenüber stellen langfristige Belastungen wie z.B. negatives Erziehungsverhalten oder Problemverhalten der Eltern oft keine akuten, zeitlich begrenzten Belastungen dar, obwohl sie natürlich häufig an der Entstehung von Gefühls- und Verhaltensstörungen beteiligt sind.

1. Gefühls- und Verhaltensstörungen können im Zusammenhang mit anderen Behinderungen auftreten und erfordern für ihre Beschreibung Informationen aus verschiedenen Quellen und Messverfahren.
2. Diese Behinderungskategorie schließt Kinder und Jugendliche mit schizophrenen Störungen, psychosomatischen Störungen, Angststörungen und anderen dauerhaften Störungen wie soziale und Anpassungsstörungen mit ein, wenn sie die Erziehungserfolge wie unter Punkt (1) ausgeführt, negativ beeinflussen.

Hinweise für die Diagnostik: Für das Vorliegen der in 3. angeführten Störungen existieren relativ genau formulierte diagnostische Kriterien, die in der einschlägigen klinischen Literatur zu finden sind (z.B. ICD 10, DSM IV). Nichtsdestoweniger handelt es sich hier aber um nicht immer einfach zu stellende Diagnosen mit teilweise sehr komplexen Beurteilungsproblemen, die von Experten mit einer fundierten klinisch-psychologischen Ausbildung zu erstellen sind.

Beispiel 1:
Steffen, 8 Jahre alt, wird von seinem Klassenlehrer als „verhaltensauffällig und konzentrationsgestört" zur Begutachtung empfohlen. Für die Diagnostizierenden stellt sich nun zunächst die Frage, ob die Einschätzungen des Klassenlehrers zutreffend sind.
Steffen macht im Gespräch mit der Sonderschullehrerin einen kooperativen und aufgeweckten Eindruck, provoziert aber gerne durch obszöne Ausdrücke und verlangt andauernd Begründungen für die an ihn gerichteten Aufforderungen (die er dann jedoch ausführt). Die Auswertung des vom Lehrer ausgefüllten SVS-Fragebogens[1], auf dem Lehrkräfte Verhaltensmerkmale von Schülerinnen und Schülern über einen Zeitraum von vier Wochen einschätzen, ergibt, dass Steffen im Vergleich zu seinen Altersgenossen keine auffälligen Verhaltensabweichungen zeigt. Die von der Sonderschullehrerin im Gespräch mit den Eltern gesammelten Informationen reichen ebenfalls nicht aus, um die diagnostischen Kriterien für eine Störung des Sozialverhaltens oder eine Aufmerksamkeitsstörung gemäß DSM IV oder ICD 10 [2] zu erfüllen.
Die Eltern schildern ihn als „nervig mit seiner Fragerei" und berichten von gewissen Schwierigkeiten, seine Hausaufgaben am Stück zu Ende zu bringen. Gravierende Erziehungsprobleme gibt es aber ihren Auskünften zufolge nicht. Steffen selbst berichtet bereitwillig, dass es ihm schwer fällt, bei den Schulaufgaben oder im Unterricht bei der Sache zu bleiben. Er sagt jedoch, dass er zu dem Lehrer, der ihn zur Begutachtung empfohlen hat, ein schlechtes Verhältnis habe und sich von ihm ungerecht behandelt fühle.
Somit lässt sich die Hypothese einer Verhaltensstörung nicht aufrechterhalten. Anhand der Ergebnisse des Konzentrationstests d2 [3] lässt sich Steffen als ein Kind mit zwar relativ niedrigem, aber durchaus durchschnittlichem Konzentrationsvermögen charakterisieren.
Da die bisherigen Ergebnisse eine Diagnose von Verhaltensstörungen nicht stützen und auch die Befunde zur Konzentration nicht zur Annahme eines gravierenden Defizits berechtigen, welches spezielle Fördermaßnahmen erforderlich machen würde, lehnt die Sonderschullehrerin in ihrem Gutachten die Aufnahme an eine Sonderschule ab.
Die Diskrepanz zwischen der Verhaltensbewertung des Klassenlehrers und den Ergebnissen der Begutachtung lassen sich möglicherweise durch die Annahme erklären, dass er sich durch Steffen überfordert fühlt und aus diesem Grund seine persönlichen, subjektiven Kriterien für „Verhaltensauffälligkeiten" eine relativ niedrige Schwelle haben. Der Lehrer lehnt jedoch ein klärendes Gespräch ab.
Die Diagnose von Gefühls- und Verhaltensstörungen erschöpft sich aber keineswegs in der Feststellung, ob ein Kind an eine Schule zur Erziehungshilfe kommt oder nicht. Es handelt sich im Gegenteil um einen fortlaufenden Prozess, um eine strukturierte Abfolge einzelner Diagnoseschritte mit jeweils eigener Vorgehensweise und z.T. eigenen Verfahren, der sich über die gesamte Schullaufbahn der Schülerinnen und Schüler erstreckt.

Technisch gesprochen, handelt es sich um eine Art diagnostisches Programm mit einer für Sonderschulen spezifischen Mischung aus diagnostischen Fragestellungen, Vorgehensweisen und Methoden. Die Elemente dieses im Folgenden als förderdiagnostisches Programm (FÖPRO) bezeichneten diagnostischen Vorgehens sind der allgemeinen psychologischen und schulischen Diagnostik entnommen und spiegeln die Entwicklungen wieder, die auf diesem Feld in den letzten Jahren stattgefunden haben[4]. Wesentliche Bestimmungsmerkmale des förderdiagnostischen Programms sind im kombinierten Einsatz von status- und prozessdiagnostischen Zielsetzungen, adaptiven Strategien, der Annahme einer systemisch-konstruktivistischen Perspektive und der wechselseitigen Verzahnung der Integration von Diagnostik und Erziehungsplanung zu sehen.

Welche Bedeutung haben die Phasen der Förderdiagnostik?

Das förderdiagnostische Programm gliedert sich in drei Phasen:
- die Eingangsdiagnostik (Statusdiagnostik),
- die eingehende Diagnostik der Bedürfnisse, Fähigkeiten und Eigenschaften eines aufgenommenen Kindes, seiner Umwelt und seiner Auseinandersetzung mit der Umwelt (Statusdiagnostik II), und schließlich
- das Sammeln von Informationen über das Wechselspiel zwischen dem Schüler/der Schülerin und seiner/ihrer Umwelt bzw. regelmäßige Einschätzungen seiner/ihrer Entwicklung (Prozessdiagnostik).

Die Phasen 2 und 3 entsprechen einer Förderdiagnostik im engeren Sinne des Wortes, da sie u.a. dazu eingesetzt werden, die spezifischen Erziehungsmaßnahmen auszuwählen, die Schülerinnen und Schüler benötigen.

Aus praktischen Gründen liegt es nahe, den Umfang zu erstellender Gutachten an den jeweiligen Abschnitt des diagnostischen Prozesses anzupassen. So lassen sich die Befunde der Eingangsdiagnostik relativ übersichtlich zusammenfassen. Die in den Phasen 2 und 3 zu sammelnden Informationen (das eigentliche Fördergutachten) lassen sich hingegen kaum auf eine oder zwei Seiten komprimieren. Während es in der pädagogischen Ausbildung aus didaktischen Gründen unumgänglich ist, Studierende ausführliche Fördergutachten erstellen zu lassen, lässt der Schulalltag häufig keine Zeit, über jedes Kind ein Fördergutachten zu schreiben, das allen formalen Anforderungen genügen würde. Soll Diagnostik jedoch einen Sinn haben, ist es aber notwendig, ihre Ergebnisse zu dokumentieren und auf diese Weise, z.B. auch für das Kollegium in Fallkonferenzen, nachvollziehbar zu machen.

Im Rahmen von diagnostischen Tätigkeiten muss man sich vor Augen halten, dass sowohl zu Beginn als auch während des ganzen diagnostischen Prozesses immer wieder vorläufige Annahmen und Vermutungen (Hypothesen) formuliert werden, über deren Richtigkeit erst anhand der gesammelten Informationen entschieden werden kann. Wie Beispiel 1 zeigt, steht eine Hypothese bereits am Anfang der Eingangsdiagnostik, sie ist genau genommen sogar Anlass der Begutachtung. Aber auch nach der Aufnahme in eine Förderschule versucht die diagnostizierende Lehrkraft aufgrund der ihr zur Verfügung stehenden Informationen, Vermutungen über denkbare Ursachen für das kindliche Erleben und Verhalten oder über geeignete Fördermaßnahmen zu formulieren (z.B. Aussagen des Stils „Es könnte sein, dass

Schülerin A das Verhalten X aufgrund von Y zeigt." oder „Ein Sozialtraining könnte die Defizite von Schüler Z kompensieren."). Diese Hypothesen sind keineswegs als unabänderliche Schlussfolgerungen anzusehen, sondern unterliegen im Grunde einem fortdauernden Anpassungs- und Reformulierungsprozess.

Beispiel 2:
Achim, 9 Jahre alt, wurde aufgrund massiver Verhaltensprobleme in eine Schule zur Erziehungshilfe aufgenommen. Es besteht der Verdacht, dass Achim unter einer hyperkinetischen Störung leidet [Hypothese 1].
Die Eingangsdiagnostik (Statusdiagnostik I) ergab eine überdurchschnittliche Aggressivität und Störungen des Sozialverhaltens sowie das Vorliegen einer hyperkinetischen Störung. Ein adaptiver Intelligenztest (AID) führt zum Ergebnis, dass Achim zwar große Schwankungen in den Einzeltests zeigt, sein intellektuelles Potential jedoch eigentlich zu groß ist, als dass eine Aufnahme an eine Schule für Lernbehinderte gerechtfertigt wäre. Zusammen mit seinen Verhaltensschwierigkeiten ergibt sich daraus die Empfehlung, Achim an einer Schule zur Erziehungshilfe aufzunehmen. Die Hypothese [1] wurde also bestätigt und präzisiert.
(Statusdiagnostik II): Im Elterninterview stellte sich weiterhin heraus, dass Achim bei der Geburt seines kleinen Bruders vor zwei Jahren nachts einzunässen begann. Zu diesem Zeitpunkt verließ der Vater die Familie. Z. Zt. lebt die Mutter mit ihren Kindern allein und verdient sich ihren Lebensunterhalt als Produktionshelferin. Ihre im gleichen Haushalt lebende Mutter kümmert sich zwar um die Kinder, ist mit Achim jedoch ebenso überfordert wie die Mutter. Sie schildert ihn als aggressiv und unbeherrscht. Im Klassenverband bietet sich ein ähnliches Bild: Achim ist zwar an Kontakten mit seinen Mitschülerinnen und Mitschülern interessiert, rastet aber beim kleinsten Anlass aus, wodurch er nach und nach sozial isoliert wird. Auch gegenüber den Lehrkräften verhält er sich aggressiv und trotzig. Seine Leistungen lassen aufgrund seiner niedrigen Aufmerksamkeitsspanne stark zu wünschen übrig. Er bleibt nur bei der Sache, wenn er ständig beaufsichtigt wird. Andererseits hat er ausgeprägte musische Interessen und zeigt z.B. im Kunsterziehungsunterricht viel Kreativität. Abgesehen von seiner Impulsivität scheint er meist recht positiv gestimmt zu sein und kommt über viele Enttäuschungen relativ schnell hinweg. Anzeichen für Depressivität oder Ängstlichkeit zeigt er nicht.
Aufgrund seines hyperkinetischen Syndroms werden für Achim einfache und strukturierte Lernmaßnahmen eingeleitet. Für seine Verhaltensprobleme einigt man sich auf ein Programm, das mit positiven und negativen Sanktionen arbeitet (Hypothesen 2 und 3). Hierbei handelt es sich nicht um Hypothesen über die Symptomatik oder die Entstehungsbedingungen der Störung. Wiederum geht es um Hypothesen, denn es wird angenommen, dass die vorgeschlagenen Maßnahmen dazu geeignet sind, Achims Defizite zu kompensieren. Ob diese Annahme stimmt, muss sich erst praktisch erweisen.

Prozessdiagnostik:
Nach einigen Wochen stellt sich heraus, dass Achim zwar von dem strukturierten Unterricht zunächst profitiert, sich aber sein Sozialverhalten wenig änderte und schließlich auch seine Lernfortschritte wieder nachlassen. In Gesprächen zeigt er Einsicht in seine Probleme, sagt aber auch, dass er „halt nichts dagegen machen könne, immer wütend zu werden" und dass es „fies sei, immer auf ihm herumzuhacken". Er versteht auch nicht so recht, warum er immer Schwierigkeiten mit anderen hat und warum die anderen ihn so schlecht behandeln. Außer den Kunsterziehungsunterricht findet er alle Fächer langweilig und „doof".
Die Lehrerin kommt zum Schluss, dass das zentrale Problem von Achim in seiner mangelnden Impulskontrolle zu sehen ist. Sie vermutet, dass dieses Problem im Verein mit Achims niedriger Aufmerksamkeitsspanne dazu geführt hat, dass er Verhaltensweisen entwickelt hat, mit denen er sich zwar kurzfristig durchsetzen kann, deren langfristige (soziale) Konsequenzen er jedoch nicht durchschauen kann. Während er sich in seiner Familie durch sein Verhalten noch die Aufmerksamkeit seiner Mutter und seiner Großmutter sichern konnte, bricht er damit ein, als er in die Schule kommt. Hier zeitigt sein Verhalten Folgeprobleme, die er nicht mehr kontrollieren kann, was durch sein Schulversagen noch verschlimmert wird. Aus diesem Grund sind die bisherigen Versuche, sein Verhalten allein mit Hilfe von Sanktionen zu ändern, wenig erfolgversprechend, da sie für Achim die Reaktionen seiner Umwelt nicht verstehbar machen (Hypothese 4).
Die Lehrerin beschließt in Absprache mit ihrem Kollegium, für Achim nicht nur die Maßnahmen zur Reizreduktion und stärkeren Strukturierung des Unterrichts beizubehalten, sondern diese Richtlinien auch auf sein Sozialverhalten auszudehnen (Hypothese 5).
Anstatt nur mit Sanktionen zu arbeiten, sollen ihm klare Verhaltensmaßgaben gemacht werden und es soll ihm klar und ohne ihn abzuwerten, erläutert werden, was der Grund für die Maßgaben bzw. die Sanktionen ist. Außerdem beschließt sie, Rollenspiele als Unterrichtselemente einzuführen, wovon nicht nur Achim, sondern auch ihre anderen Schülerinnen und Schüler profitieren können (Hypothese 6).
Eine Einbindung solcher Elemente in den Kunsterziehungsunterricht wäre zwar unter motivationalen Gesichtspunkten viel versprechend, lässt sich aber aus inhaltlichen und organisatorischen Gründen nicht durchführen.

Evaluation:
Nach einem Jahr sind Achims Aggressionen zwar noch vorhanden, doch treten sie seltener auf und sein Verhalten ist durch die Rollenspiele wesentlich durchschaubarer und berechenbarer geworden, sowohl für ihn als auch für seine Mitschülerinnen und Mitschüler und Lehrkräfte. Er verfügt nun über ein besseres Verständnis für das Verhalten seiner Umwelt und auch in Ansätzen über ein erweitertes Verhaltensrepertoire. Auch seine Schulleistungen haben sich gegen Ende des Jahres wieder verbessert.

Je nachdem, ob die Hypothesen über die im Laufe des Schuljahrs mit dem Kind gemachten Erfahrungen und seinem gezeigten Verhalten überein stimmen oder nicht, werden sie beibehalten oder dem neu gewonnenen Wissen über den Schüler/die Schülerin angepasst. In dieser Einstellung spiegelt sich nicht nur die allgemeine wissenschaftstheoretische Orientierung des förderdiagnostischen Programms wider, sondern insbesondere auch die Akzeptanz der unvermeidbaren Subjektivität diagnostischer Aussagen. Denn es ist im Allgemeinen davon auszugehen, dass nicht alle Eindrücke, die man von einem Kind und seinem Erleben hat, im strengen Sinne als objektiv angesehen werden können. Sie sind vielmehr das Ergebnis von Überlegungen und Vorannahmen, die sozusagen im Blickfeld der Lehrkraft stattfinden und im Prinzip auch immer Raum für Fehleinschätzungen lassen.

Gibt es objektive Verhaltenseinschätzungen?

Das Ziel des FÖPRO ist es, für einen Schüler/eine Schülerin zunächst die geeignetste Schulform auszuwählen und im Anschluss daran Informationen zu sammeln, um einen auf die spezifischen Bedürfnisse und Eigenschaften des Kindes abgestimmten Erziehungsplan entwickeln zu können.

Zur Beantwortung der eingangs aufgeführten Fragestellungen stehen eine Reihe von Methoden zur Verfügung, die von Interviews bis zu standardisierten Tests reichen. Die Vielfalt der Verfahren ist für Praktiker oft verwirrend und schwer zu durchschauen, doch eine eingehende Behandlung aller Verfahren mit Anwendungsempfehlungen verbietet sich hier schon aus Platzgründen. Hinweise darüber, welche Verfahren zur Verfügung stehen, liefern Verlagskataloge und die einschlägige Fachliteratur[5]. Falls möglich, sollte bei der Auswahl auf die Hilfe von Fachleuten zurückgegriffen werden, denn die Eignung eines Verfahrens für die Erfassung von Kindern und Jugendlichen mit Gefühls- und Verhaltensstörungen ist nicht immer leicht zu beurteilen.

Generell lässt sich jedoch sagen, dass es weder erfolgversprechend ist, sich allein auf ein einziges Interview zu verlassen, noch ein Übermaß an Tests einzusetzen. Am günstigsten dürfte eine Mischung verschiedener diagnostischer Erhebungsmethoden sein, die dem jeweiligen Abschnitt des diagnostischen Prozesses angemessen ist.

Kasten 2: Diagnostische Hilfsmittel für die Statusdiagnostik – Screeningverfahren für Verhaltensprobleme

Bei diesen diagnostischen Verfahren handelt es sich um von Lehrern, Eltern oder Schülern auszufüllende Fragebögen, mit deren Hilfe man sowohl die relative Schwere der Probleme eines Schülers bestimmen als auch Aussagen über das Problemprofil machen kann. D.h. man kann feststellen, wo der Schwerpunkt der Verhaltensprobleme liegt und ob sie im Vergleich zu anderen Kindern auch tatsächlich überdurchschnittlich stark ausgeprägt sind.
Einige der bekanntesten Screeningverfahren sind:

- TRF (Teacher Rating Form, Lehrerfragebogen über das Verhalten von Kindern und Jugendlichen) – Ein Fragebogen für Lehrerinnen und Lehrer.
- CBCL (Child Behavior Checklist, Elternfragebogen über das Verhalten von Kindern und Jugendlichen) – Eine leicht veränderte Version der TRF, die von den Eltern der Schüler ausgefüllt wird. Der Fragebogen ist für die Altersgruppen von 4 bis 18 Jahren geeignet.
- YSF (Youth Selfrating Form, Fragebogen für Jugendliche) – Eine leicht veränderte Version der TRF, die von den Schülerinnen und Schülern selbst ausgefüllt wird.
- PF 11-14 (Problemfragebogen für 11bis 14jährige) – Ein Fragebogen für Kinder und Jugendliche im Alter von 11 bis 14 Jahren, der auch für die Altersgruppe von 9 bis 12 Jahren einsetzbar ist.
- SVS (Screeningverfahren für Verhaltensauffälligkeiten in der Schule) – Ein Fragebogen für Lehrerinnen und Lehrer für Kinder im Grundschulalter.
- MVL (Marburger Verhaltensliste) – Ein Elternfragebogen für Kinder zwischen 6 und 12 Jahren.

Günstig ist es auch, Interviewtechniken und standardisierte Verfahren (Fragebogen und Tests) miteinander zu kombinieren, da Tests in der Regel die bessere Zuverlässigkeit bieten, Interviewtechniken hingegen die größere Breite der Information sowie die Möglichkeit der besseren Anpassung an den Gesprächspartner/die Gesprächspartnerin und die Situation erfassen. Es handelt sich also weniger um gegensätzliche, als vielmehr um sich ergänzende Verfahren.

Die Ergebnisse der einzelnen diagnostischen Schritte sind ausreichend zu dokumentieren, da sie die Grundlage des Gutachtens bilden. Es muss für Leser und Leserinnen nachvollziehbar sein, wie Begutachtende zu ihren Schlüssen kamen.

1. Eingangsdiagnostische Phase
   Phase 1 – Statusdiagnostik I

Welche diagnostische Verfahren können bzw. sollten verwendet werden?

Das Standardverfahren für die Eingangsdiagnostik ist das Interview. In Gesprächen mit den Eltern, dem Kind und dem Klassenlehrer oder der Klassenlehrerin werden systematisch die Informationen erhoben, die benötigt werden,
- um die Frage nach der Aufnahme an eine Förderschule zu beantworten und
- um einen Überblick über die bisherige Biographie des Kindes zu erhalten.

Punkt (2) fällt eigentlich in die zweite Phase des förderdiagnostischen Programms, es bietet sich aber aus offensichtlichen Gründen an, diese Informationen im gleichen Gespräch zu erheben.

Aus praktischen Gründen empfiehlt es sich auch, zur Beantwortung der Eingangsfrage vorab ein sogenanntes Screening-Verfahren einzusetzen.

Als Screening-Verfahren bezeichnet man Fragebögen, die
- auch von Laien ausgefüllt werden können,

- verhältnismäßig wenig Zeit zum Ausfüllen und Auswerten benötigen,
- aber dennoch die wesentlichen Informationen für eine vorläufige Beantwortung der Frage nach speziellem Förderbedarf bereitstellen.

Solche Fragebögen (z.B. TRF [6]), CBCL [7] oder SVS) bestehen im Grunde aus einer Auflistung von Verhaltensauffälligkeiten, die Eltern und/oder Regelschullehrkräfte danach beurteilen, ob und in welcher Schwere (bzw. Häufigkeit) sie beim Kind zu beobachten sind. Die Antworten auf die einzelnen Fragen, die als Zahlen vorliegen, werden addiert und die resultierende Summe mit Normwerten verglichen. Im Vergleich mit den Ergebnissen anderer Kinder gleichen Alters und gleichen Geschlechts zeigt sich, ob das Verhalten des zu begutachtenden Schülers/der Schülerin überhaupt als überdurchschnittlich auffällig bezeichnet werden kann. Erst wenn dies der Fall ist, besteht Veranlassung, ein Begutachtungsverfahren einzuleiten. Da die Fragebögen bereits vorab an Lehrkräfte und Eltern ausgegeben werden können, stellen sie eine Zeitersparnis für die begutachtenden Sonderschullehrerinnen und -lehrer dar, denen dann lediglich die Auswertung obliegt. Zusätzlich bieten die Screening-Verfahren bereits eine erste Übersicht über Art und Schwere eventuell vorliegender Symptome, die als Grundlage für das nun durchzuführende Interview mit Kind, Eltern und Lehrkraft dienen kann.

Besteht keine Möglichkeit, ein Screening-Verfahren einzusetzen, muss sich die Eingangsdiagnostik allein auf Interviews stützen.

Eine umfassendere Diagnoseform stellt die Ergänzung der erwähnten Verfahren mit einer Verhaltensbeobachtung in der Regelschule dar. Sie ist zwar aus organisatorischen Gründen eher die Ausnahme, ist jedoch z.B. ein Verfahren der Wahl, wenn die einzelnen Informationsquellen, z.B. Screening sowie Aussagen des Kindes oder seiner Eltern und Pädagogen gravierende Diskrepanzen aufweisen.

Darüber hinaus existieren in der Fachliteratur Zusammenstellungen diagnostischer Kriterien (z.B. DSM IV, ICD 10) für eventuell vorliegende spezifische kinder- und jugendpsychiatrische Störungsbilder (sog. Syndrome). Es ist zwar eindeutig nicht die Aufgabe der von Lehrkräften durchzuführenden schulischen Eingangsdiagnostik, psychiatrische Diagnosen zu vergeben, die Kenntnis dieser Diagnosekriterien ist aber dennoch nützlich. Sie wurden entwickelt, um die Diagnose von Störungen zu vereinheitlichen und stellen daher einen Bezugsrahmen dar, der in Zweifelsfällen als Entscheidungshilfe herangezogen werden kann.

Zur Beantwortung der Frage, welche Schulform wahrscheinlich die Geeignetste ist, ist es in Zweifelsfällen oft notwendig, mit Hilfe von Tests Informationen über Intelligenz und Konzentrationsfähigkeit eines Kindes zu erheben. Für Auskünfte über die Intelligenz steht z.B. der adaptive Intelligenztest AID [8] zur Verfügung, zur Einschätzung der Konzentrationsfähigkeit z.B. der KT [9]. Der Einsatz solcher Testverfahren setzt allerdings Erfahrung und Hintergrundwissen voraus, so dass vorab zu klären ist, wer diese Verfahren durchführen kann.

2. Förderdiagnostischer Abschnitt
Phase 2 – Statusdiagnostik II
Wird die Eingangsfragestellung bejaht, beginnen die nächsten Schritte des diagnostischen Programms, die eigentliche Förderdiagnostik, die sich im Grunde genommen über die gesamte Schullaufbahn erstreckt.

Den Einstieg dazu bilden Interviews mit den Eltern, dem betroffenen Kind, Rückfragen bei den Lehrkräften, u.U. auch Verhaltensbeobachtungen, in denen nun nicht mehr nur der Schweregrad der Auffälligkeiten abgeklärt wird, sondern eine Reihe allgemeiner und problemspezifischer Informationen erhoben werden.

Das Ziel der weiteren Gespräche besteht darin, Informationen zu gewinnen, die dazu geeignet sind, einen Erziehungsplan zu entwickeln, bzw. sich für spezielle Fördermaßnahmen (z.B. Training des Sozialverhaltens, der Gefühlswahrnehmung etc.) zu entscheiden. Dabei kann an eventuell bereits gewonnene Informationen bezüglich der Vorgeschichte der Kinder usw. angeknüpft werden.

Aus der hier zugrundegelegten Definition von Gefühls- und Verhaltensstörungen ergeben sich vier Verhaltens- und Fähigkeitsbereiche, die im Rahmen der Erziehungsplanung als Erziehungsziele angesehen werden können und daher auch für den förderdiagnostischen Teil des FÖPRO herausragende Bedeutung besitzen. Dabei handelt es sich im Einzelnen um die Bereiche

- schulische Leistungen,
- soziale Fähigkeiten (z.B. Konfliktbewältigung, Umgang mit anderen) und
- persönliche Fähigkeiten (z.B. Umgang mit Belastungen, intellektuelle Fähigkeiten).
- Bei Jugendlichen kommt der Bereich der berufsqualifizierenden Fähigkeiten hinzu.

Es ist unerlässlich, sich während der Informationssammlung und -bewertung vor Augen zu halten, dass Gefühls- und Verhaltensstörungen aus einem Zusammenspiel von Merkmalen des Kindes und seiner Lebensumwelt entstehen und es deswegen wenig Sinn macht, die Ursache für das Fehlverhalten allein im Kind zu suchen (systemisch-ökologische Perspektive). Daher ist es auch wichtig, Informationen aus den verschiedenen Lebensumwelten des Kindes zu erheben und miteinander zu vergleichen, sowie – wenn möglich – Verhaltensbeobachtungen in verschiedenen Kontexten durchzuführen. Der methodische Schwerpunkt liegt auf Gesprächen und Verhaltensbeobachtungen, die durch Fragebogen und Tests ergänzt und objektiviert werden können. Die momentan zur Verfügung stehenden Persönlichkeitstests und -fragebögen sind jedoch nicht immer dazu geeignet, Verhaltensursachen aufzuzeigen, die konkret genug sind, um aus ihnen Erziehungsmaßnahmen ableiten zu können. Eine Ausnahme bilden aber beispielsweise Tests wie der Attributionsstilfragebogen[10], mit dessen Hilfe man herausfinden kann, ob ein Kind die Ursachen für Fehler in unangemessener Weise bei sich selbst sucht, auch wenn es die fraglichen Vorgänge objektiv gar nicht beeinflussen konnte. Solche Fehlattributionen können mit gezielten Trainingsprogrammen angegangen werden.

Die zur Beantwortung dieser Fragen nötigen Informationen beziehen sich auf die Lebensgeschichte des Kindes, seinen Entwicklungsverlauf und sein Verhalten in seinen verschiedenen Lebensumwelten (Familie, Freundschaften, Schule). Insbesondere sollten auch Informationen über schulische und persönliche Fähigkeiten und über den sozialen und emotionalen Bereich erhoben werden.

Die einzelnen Fragebereiche des Interviews ergeben sich im Prinzip unmittelbar aus der weiter oben dargestellten Definition der Gefühls- und Verhaltensstörungen. Im Interview (auch Anamnese genannt) werden die notwendigen Informationen erhoben. Für solche Interviews gelten u.a. zwei nicht immer leicht miteinander zu vereinbarende Qualitätsansprüche. Einerseits ist es nötig, sie in einer Gesprächsatmosphäre stattfinden zu lassen, in der das Gegenüber akzeptiert und ihm Vertrauen eingeflößt wird, was für eine mehr oder weniger freie Gesprächsführung spricht und gegen das bloße mechanische Abhaken einer Fragenliste. Andererseits darf der/die Interviewende aber auch nicht wesentliche Informationen übersehen oder suggestive Formulierungen verwenden, was wiederum zumindest für die Verwendung von vorformulierten Gedächtnisstützen spricht. Der offenkundige Widerspruch lässt sich im Wesentlichen weniger durch reine Technik lösen als vielmehr durch Übung. Als allgemeine Empfehlung lässt sich aber sagen, dass man sich zu Anfang seiner diagnostischen Tätigkeit durchaus auf vorformulierte Interview-Leitfäden und Fragenkataloge stützen sollte. Mit zunehmender Übung kann man dann auf Interview-Leitfäden zurückgreifen, die lediglich die allgemeinen Ziele der Fragen beinhalten oder ganz auf Leitfäden verzichten. Die Fachliteratur bietet bereits einige Interview-Leitfäden an, doch besteht hier noch ein gewisser Entwicklungsbedarf (z.B. Anamnestischer Elternfragebogen, DIPS [11]).

Gerade bei diagnostischen Interviews oder bei Verhaltensbeobachtungen ist es notwendig, die bereits oben erwähnte konstruktivistische Perspektive einzunehmen, der zufolge die „Objektivität" einer Information oder eines diagnostischen Urteils nicht einfach vorausgesetzt werden kann. Interviews sind nicht nur ein dem Informationsaustausch dienendes, wechselseitiges Frage- und Antwortspiel, sondern in ihrem Kern konstruierende Vorgänge, in denen die am Gespräch Teilnehmenden die Absichten und Eigenschaften ihres Gegenübers zu erraten versuchen. Das trifft nicht nur für den Diagnostiker/die Diagnostikerin, sondern auch für die Befragten zu. Auf beiden Seiten kann der Prozess durch uneingestandene, im Hintergrund stehende Vorannahmen oder Motive kompliziert werden. Als eine Gegenversicherung kann man beispielsweise eine dritte Person hinzuziehen, die sich entweder aufgrund einer Aufzeichnung des Gesprächs ein unabhängiges Urteil bildet, oder dem Gespräch direkt beiwohnt (die Aufzeichnung bedarf in jedem Fall der Zustimmung der interviewten Person oder der Erziehungsberechtigten). Es empfiehlt sich generell, diagnostische Urteile im Team zu fällen und zu besprechen, um Fehlerquellen zu verringern.

Man kann auch keineswegs grundsätzlich davon ausgehen, dass Eltern, Lehrkräfte oder andere Erwachsene durchweg realistischere, „richtigere" Einschätzungen der Persönlichkeit und der Potentiale eines Kindes liefern können, als das Kind selbst.

Es gibt mindestens einen wichtigen diagnostischen Bereich, in dem die alleinige Berücksichtigung der Urteile von Erwachsenen irreführend sein kann: Das Selbstkonzept eines Kindes.

Unter dem Selbstkonzept versteht man das Bild, das ein Mensch von sich selbst hat, die Eigenschaften und Fähigkeiten, die er sich selbst zuschreibt.

Die Forschung zeigt deutlich, dass auch gut angepasste und psychisch unauffällige Erwachsene mit hohem Selbstwertgefühl und Selbstvertrauen dazu tendieren, ihre Fähigkeiten und Eigenschaften etwas zu überschätzen, sich also genau genommen unrealistisch einzuschätzen. Diese Überschätzung motiviert sie aber dazu, sich auch neuen und unbekannten Situationen und Herausforderungen zu stellen, ist also letztendlich durchaus sinnvoll. Andererseits besitzen Kinder und Erwachsene die Tendenz, Beurteilungen, die nicht ihrer Selbstsicht entsprechen, mit ausgeprägter Skepsis zu betrachten.

Beispiel 3:
Stellen wir uns z.B. ein Kind vor, das zwar davon überzeugt ist, mit allem klar zu kommen, das aber von seinen Eltern und Erziehern keineswegs als so erfolgreich geschildert wird. Aus diagnostischer Sicht wäre dann - in einer Gegenüberstellung der verschiedenen Aussagen - von einem positiven, aber unrealistischen Selbstkonzept zu sprechen.

Es macht nun aber wenig Sinn, diesem Kind jedes Mal, wenn es aufgrund seiner Selbstüberschätzung an einer Aufgabe scheitert, vor Augen zu führen, dass es "in Wirklichkeit ja gar nicht so toll ist, wie es immer tut" und zu erwarten, dass es dadurch irgendwann "zur Einsicht kommt". Aufgrund der Neigung, nicht zum Selbstbild passende Informationen eher abzulehnen, ist es nicht sehr wahrscheinlich, dass es zu irgendeiner "Einsicht" kommen wird. Und auch wenn das Kind tatsächlich irgendwann die "richtige" Meinung seiner Eltern und Lehrkräfte teilen sollte, stünde es damit nur vor dem gravierenden Problem, sich selbst als etwas ganz anderes, schwer zu Akzeptierendes begreifen zu müssen.

Stattdessen wäre es angebracht, das in ihm vorhandene Potential, das die positive Selbstsicht tatsächlich darstellt, zu akzeptieren und ihm bei den Aufgaben Handlungsalternativen aufzuzeigen, die Erfolg versprechender sind.

Man sollte also nicht pauschal davon ausgehen, dass Unstimmigkeiten zwischen der Selbstsicht des Kindes und der Beurteilung durch Erwachsene einen Mangel des Kindes aufzeigen. Statt dessen ist der Sachverhalt der Nicht-Übereinstimmung zwar festzuhalten, aber vor dem spezifischen Hintergrund des Einzelfalls zu bewerten.

Zur Abklärung grundlegender Fähigkeiten (z.B. Grundintelligenz, Konzentration, Lese/Rechtschreibfähigkeit, etc.) kann man auf eine ganze Reihe von Testverfahren zurückgreifen. Obwohl in den letzten Jahren zunehmend der Ruf nach adaptiven Testverfahren laut wurde[12], muss als vorläufiges Fazit gelten, dass nach wie vor nur wenige Tests zur Verfügung stehen, die diesem berechtigten Anspruch gerecht werden. Als adaptiv bezeichnet man einen Test, dessen Durchführung nicht nach einem starren, für alle zu testenden Personen gleichen Schema abläuft, sondern sich an das Fähigkeitsprofil des jeweiligen Kindes anpasst. Denkt man an die Aufmerksamkeits- und Motivationsprobleme, die viele Schülerinnen und Schüler in Schulen zur Erziehungshilfe zeigen, wird schnell klar, worin die Vorteile eines adaptiven Tests liegen. In praktischer Hinsicht ist es z.B. nahezu illusorisch, das intellektuelle Potential eines hyperaktiven Kindes mit einem Standardverfahren wie dem HAWIK oder dem CFT zuverlässig abschätzen zu wollen. (Zum Beispiel gibt es wohl nur einen im Rahmen des förderdiagnostischen Programms einsetzbaren Test, der die Kriterien für einen adaptiven Test erfüllt, der bereits erwähnte AID.) Man ist daher gezwungen, im Alltag auf konventionelle Verfahren zurückzugreifen, deren Ergebnisse nun aber nicht mehr ohne weiteres anhand der Normtabellen beurteilt werden können. Statt dessen gilt die Faustregel, dass immer dann, wenn Aufmerksamkeits- und/oder Motivationsprobleme die vorgeschriebene Testdurchführung unmöglich machen, die im Test gezeigten Fähigkeiten als eine Minimalleistung anzusehen sind, als die untere Grenze des Schülerpotentials. Aus diesem Grund ist es in solchen Fällen nicht zulässig, die Ergebnisse von Intelligenz-, Rechtschreib-, Lesetests oder ähnlichen Verfahren als Rechtfertigung für die Diagnose einer intellektuellen Behinderung heranzuziehen.

Aus den gewonnenen Informationen werden Hypothesen über mögliche Verhaltensursachen und Hypothesen über geeignet erscheinende Maßnahmen zur Verhaltensänderung formuliert, d.h. dass von nun an die Übergänge zwischen Diagnostik und Erziehungsplanung fließend werden (siehe auch das Kapitel über Erziehungsplanung). Ebenso wenig wie die Hypothesen über die Ursachen des kindlichen Verhaltens sind die beschlossenen Erziehungsmaßnahmen unabänderlich. Für sie wie für die diagnostischen Urteile gilt, dass sie anhand der im Laufe der Zeit gemachten weiteren Erfahrungen auf ihre Gültigkeit zu prüfen sind.

In diesen Abschnitten des förderdiagnostischen Programms besteht gelegentlich die Gefahr, über das eigentliche Ziel hinauszuschießen und nahezu wahllos Informationen zu sammeln. Es muss daher betont werden, dass nur Informationen erhoben werden sollten,

- die in Zusammenhang mit den Erlebens- und Verhaltensbereichen,
- mit den Fähigkeiten der Schülerin/des Schülers stehen,
- die Gestaltung des Förderprozesses unterstützen und
- dem Verständnis der Lehrkräfte bezüglich des jeweiligen Kindes dienen.

Es geht keineswegs darum, eine komplette Inventarisierung anzustreben. Dagegen spricht nicht nur die Gefahr, die Kinder durch ein Zuviel an Diagnostik zu überfordern, sondern es ist auch prinzipiell fraglich, ob eine Inventarisierung, die Erstellung einer Art Abbild der Gesamtpersönlichkeit überhaupt möglich ist.

Auch die organisatorischen Beschränkungen des Schulalltags sprechen dafür, diesen Abschnitt des diagnostischen Prozesses nicht ausufern zu lassen. Es ist z.B. möglich, das Gesamtinterview auf mehrere Termine (mit Lehrkräften, mit Eltern, mit Schülerinnen und Schülern) zu verteilen.

Phase 3 – Prozessdiagnostik

Wozu Prozessdiagnostik?

Im Rahmen der so genannten Prozessdiagnostik wird versucht, Informationen über die weitere Entwicklung des zu fördernden Kindes zu gewinnen. Insbesondere wird dabei das Augenmerk auf die Dynamik des Verhaltens und seine Einbindung in die Lebensumwelten des Kindes gerichtet. Aber auch in diesem Zusammenhang sollte auf die bereits im vorigen Abschnitt erwähnten Verhaltens- und Fähigkeitsdimensionen eingegangen werden.

Im Zentrum dieses Abschnitts der Diagnostik stehen die Fähigkeits- und Defizitschwerpunkte, die sich bereits in der Statusdiagnostik abgezeichnet haben. Sie lassen sich nun um Verhaltensbeobachtungen ergänzen, die z.B. Aufschluss darüber geben können, in welchen Situationen und auf welche Anlässe hin es beim Kind zu Verhaltensauffälligkeiten kommt. Sie können aber auch zeigen, wann und wo es seine Stärken zeigen und einsetzen kann. Auf diese Weise werden die Informationen aus der Eingangsdiagnostik nicht nur ergänzt, sondern um wichtige Punkte erweitert, denn manche psychologischen Phänomene lassen sich in Befragungen und Tests nur unzureichend erfassen. Dazu zählen z.B. Verhaltens- oder Denkweisen, die nur in ganz bestimmten Situationen auftreten oder spezifische Verhaltenssequenzen, d.h. bestimmte, zusammenhängende Abfolgen von Ereignissen, Gefühlen, Gedanken und Reaktionen, die im Zentrum von Problemverhalten stehen. Insbesondere über solche Verhaltenssequenzen können in Interviews manchmal nur schwer Informationen gewonnen werden, da sich weder die Kinder noch ungeschulte Beobachtende über die dem Verhalten zugrunde liegenden, versteckten Gesetzmäßigkeiten im Klaren sind.

Aber auch reine Verhaltensbeobachtungen sind in solchen Fällen nicht immer ausreichend. Der Grund dafür ist in dem einfachen Umstand zu sehen, dass Handlungen, auch die von Kindern, eben aus beobachtbaren und nicht beobachtbaren Elementen bestehen. Beim Beobachten kann man leicht feststellen, dass ein Kind immer dann zuschlägt, wenn es bei anderen Kindern mitspielen will, aber von diesen abgelehnt wird. Man kann aber nicht beobachten, ob der Schüler aggressiv wird, um sich zu rächen, oder um den anderen seine Überlegenheit und damit letztendlich seine Gruppenzugehörigkeit zu beweisen, oder weil er bei Frustrationen sofort die Selbstkontrolle verliert und zuschlägt, ohne etwas dagegen machen zu können. Darüber lassen sich zwar von außen Vermutungen (Hypothesen) formulieren, doch diese müssen unbedingt um die Selbstsicht des Kindes erweitert werden. Ansonsten besteht die Gefahr, dass der Diagnostiker/die Diagnostikerin in das beobachtete Verhalten Motive „hinein interpretiert".

Betrachtet man aber das erwähnte Beispiel, so wird deutlich, dass – je nach tatsächlichem Motiv – verschiedene Erziehungsziele angemessen sein können. Im Fall der ersten beiden Motive (Rache und aggressive Selbstbehauptung) wäre es nötig, nichtaggressive Verhaltensalternativen aufzubauen, die entweder die Integration in die Gruppe ermöglichen oder zumindest dabei helfen können, die Ablehnung zu verarbeiten. Im letzten Falle, der aggressiven Überreaktion, wäre es jedoch angezeigt, erst einmal ganz grundlegende Techniken der Entspannung und Selbstkontrolle zu

erlernen. Umgekehrt kann man nicht einfach davon ausgehen, dass Entspannungstechniken bei allen angebracht sind.
Es ist durchaus möglich, dass ein Junge zwar über Möglichkeiten zur Selbstkontrolle verfügt, jedoch aufgrund des Umfeldes, in dem er aufwächst, die feste Überzeugung besitzt, „ein Mann müsse halt zuschlagen, wenn man ihm dumm kommt". In diesem Fall wäre es nicht nur nicht nötig, Entspannungstechniken zu üben, sondern es könnte den Schüler sogar zu der Überzeugung bringen, dass die Lehrkräfte ihn überhaupt nicht verstehen und etwas von ihm verlangen, das er sowieso schon kann.
Um nun Näheres über die verhaltensbezogenen Gefühle und Gedanken des Kindes herauszufinden, gibt es die Möglichkeit, die Situation mit dem Kind noch einmal durchzuspielen, etwa unter Verwendung von Puppen oder Spielfiguren. Anstatt – wie im klassischen Interview – eine abstrakte Darstellung und Zusammenfassung eines doch recht komplizierten Vorgangs geben zu müssen, bietet das Spiel dem Kind die Möglichkeit, die Verhaltenssequenzen noch einmal ablaufen zu lassen. Durch entsprechende Fragen besteht für den Erwachsenen die Möglichkeit, an wichtigen Punkten weitergehende Auskünfte zu erhalten
z.B. „Wie hast du dich da gefühlt?", „Denkst du, es hätte da auch eine andere Möglichkeit gegeben?" usw.
Etwa in halbjährlichen Intervallen sollte eine Neubewertung der Symptome vorgenommen werden. Hierzu kann neben einer eher informellen, mündliche Einschätzung durch die mit dem Kind vertrauten Lehrkräfte auch ein standardisiertes Verfahren (z.B. HKS, TRF, SVS) zum Einsatz kommen. Die Lehrereinschätzung hat den Vorteil, dass man durch sie Einschätzungen bezüglich Fortschritten erhält, die vielleicht noch nicht gravierend genug sind, um in den Antworten eines standardisierten Fragebogen ihren Niederschlag zu finden, die aber nach Ansicht der Lehrperson Ansatzpunkte für weitere Interventionen darstellen könnten.
Da es bei diesem Abschnitt des diagnostischen Prozesses u.U. zu systematischen Wahrnehmungsverzerrungen der Beteiligten (Kinder und Lehrkraft) kommen kann, empfiehlt es sich aber auch, die Beurteilungen durch standardisierte Verfahren (Fragebogen oder Tests) zu ergänzen, die idealerweise durch Dritte (Lehrkräfte, Psychologinnen und Psychologen) durchgeführt werden können. Durch die Kombination beider Techniken lässt sich der Entwicklungsstand objektiver feststellen. Die Ergebnisse dieser Einschätzungen sollten, wie die Eingangsinterviews, Teil der Gesamtdokumentation sein.
Betrachtet man Entwicklungsfortschritte von Kindern, so fokussiert man natürlich nicht nur das Kind, sondern gleichzeitig auch die Effekte der Erziehungspläne. Insofern könnte man in diesem Punkt des prozessdiagnostischen Abschnitts des FÖPRO auch von Evaluation sprechen. In der methodologischen und diagnostischen Fachliteratur verwendet man den Begriff der Evaluation aber zumeist im Zusammenhang mit der Untersuchung und Bewertung von Organisationen und Interventionsprogrammen und nicht für die diagnostische Begutachtung einzelner Personen. Diesem Sprachgebrauch soll auch hier gefolgt werden. Die Evaluation

des Systems „Schule zur Erziehungshilfe" ist daher ein Gegenstand des Kapitels 6. Nichtsdestoweniger handelt es sich aber bei der Beurteilung der kindlichen Entwicklungsfortschritte um einen Bereich, in dem Prozessdiagnostik des Kindes und Selbstevaluation der Qualität der schulischen Arbeit ineinander übergehen.

Wie lässt sich die Diagnostik zeitlich und personell organisieren?

Es ist nicht möglich, hierauf eine generelle Antwort zu geben, da sich die Organisation der Diagnostik in hohem Maße an den Gegebenheiten vor Ort orientieren muss. Die alleinige Konzentration auf eine so genannte Aufnahmewoche an einer Schule zur Erziehungshilfe ist aber eher ungünstig. Gegen eine solche zeitliche und örtliche Konzentration diagnostischer Maßnahmen spricht vor allem, dass die Beobachtung von Kindern außerhalb ihres gewohnten schulischen Umfelds nicht unbedingt ein zuverlässiges Bild ihres Verhaltens bieten kann, weder was ihre Stärken, noch was ihre Defizite betrifft. Darüber hinaus stellt die Aufnahmewoche sowohl für Kinder und Eltern als auch für das Lehrpersonal in aller Regel eine enorme Belastung dar. Sowohl im Hinblick auf die Belastung des Lehrpersonals und der Kinder als auch auf die Qualität der Diagnosen halten wir daher ein mehr dezentralisiertes Vorgehen für günstiger.

Ein Teil der Arbeit kann von den Regelschullehrkräften selbst übernommen werden, die gebeten werden, für die Kinder, die sie als auffällig melden, einen Screening-Fragebogen (s.o.) auszufüllen. Erst wenn die Auswertung des Fragebogens überdurchschnittliche Defizite des Kindes ergibt, besteht tatsächlich die Notwendigkeit, weitere diagnostische Maßnahmen einzuleiten. In manchen unklaren Fällen könnte es nötig sein, auf Verhaltensbeobachtungen in der Regelschule zurückzugreifen. Im Anschluss an die vorbereitende Diagnostik können dann in der eigentlichen Aufnahmewoche Gespräche mit Eltern und Kindern stattfinden. Je nach der zur Verfügung stehenden Zeit kann man hier auch erste Verhaltensbeobachtungen vornehmen.

Obwohl durch das Klassenlehrerprinzip gewöhnlich für jeden Schüler/jede Schülerin eine Lehrperson existiert, welche die meisten Gelegenheiten zur Beobachtung und Beurteilung hat, sollte intensiver Gebrauch von der Möglichkeit gemacht werden, sich im Team über die einzelnen Kinder auszutauschen. Durch die Lehrerkonferenzen wird dieses Vorgehen im Schulalltag ohnehin nahe gelegt. Der Teamgedanke geht aber in gewisser Weise über diese gängige Praxis hinaus und legt z.B. Wert auf das Einbringen konstruktiver gegenseitiger Kritik, wie z.B. bei der oben angesprochenen regelmäßigen Evaluation des Entwicklungsstandes.

Es ist daher wichtig, dass sich das Lehrerkollegium tatsächlich als ein Team versteht, das gemeinsam an der Erziehung der Kinder arbeitet und nicht als eine Ansammlung von Einzelkämpfern, die sich nicht in die Karten schauen lassen wollen. Diesen produktiven Zustand der Kollegialität, des gegenseitigen Vertrauens und der Kooperation zu erreichen, kann zur Qualität der Diagnostik und der Erziehungsplanung entscheidender beitragen als die Anschaffung kostspieliger Testbatterien.

Parallel zur innerschulischen Organisation der Diagnostik sollte versucht werden, externe Ansprechpersonen zu suchen, die bei Bedarf beratend tätig werden können. Hierfür kommen in erster Linie die amtlichen Schulpsychologinnen und

Schulpsychologen und die Erziehungsberatungsstellen, aber auch kinder- und jugendpsychiatrische Versorgungseinrichtungen oder sonderpädagogische, psychologische und Kinder- und jugendpsychiatrische Abteilungen der Universitäten in Frage.

Erziehungsplanung

Wir haben bereits an mehreren Stellen darauf hingewiesen, dass Erziehungshandeln in seinen Ergebnissen ungewiss bleibt. Wir wissen nie genau, wie das Kind auf das, was wir tun, reagieren wird. Gleichzeitig sind wir aber gezwungen, unser professionelles Handeln mit seinen erwarteten Wirkungen zu begründen.
Sie als Pädagoginnen und Pädagogen müssen im Prinzip das tun, was Sie nicht können: Einerseits müssen Sie die Ziele Ihres pädagogischen Handelns bestimmen. Andererseits können Sie die Wirkung Ihres Handelns nicht vorhersagen. Die Planung von Erziehung muss individuelle und situative Einflussfaktoren berücksichtigen und systematisieren. Dies baut auf diagnostischem Wissen auf und geht über Unterrichtsplanung hinaus. Im Prinzip müsste Erziehungsplanung angesichts der Ungewissheiten pädagogischen Handelns als ein Prozess vorsichtiger Hypothesenbildungen verstanden werden, der die individuellen Erziehungsmaßnahmen kontinuierlich begleitet.
Eine offene und flexible Planung von Erziehung ist die Voraussetzung guter professioneller Arbeit.
Für die Pädagoginnen und Pädagogen und für die Betroffenen selbst beinhaltet Erziehungsplanung mehrere wesentliche Vorteile:
Vorteile für die Professionellen:
- Sie ermöglicht den Umgang mit und die reflexive Verarbeitung von pädagogischen Ungewissheiten.
- Sie bietet Handlungsorientierungen in komplexen sozialen Situationen.
- Sie hilft, die inhaltlichen Zusammenhänge und die Kohärenz pädagogischer Maßnahmen zu verbessern.
- Sie legitimiert pädagogisches Handeln.
- Sie begründet die Notwendigkeit von Erziehungshilfe.
- Sie unterstützt die Entwicklung professioneller Identität.
- Sie ist die Voraussetzung für eine systematische Evaluation pädagogischer Maßnahmen.
- Sie ermöglicht auf dieser Grundlage die notwendige und prozessbegleitende Neubestimmung individueller Erziehungsmaßnahmen.

Vorteile für die betroffenen Kinder und Jugendlichen und deren Familien:
- Für die betroffenen Kinder und Jugendlichen und deren Familien bietet die Planung individueller Erziehungsmaßnahmen und die damit verbundene Konkretisierung der Maßnahmen bessere Partizipationschancen. Sie ermöglicht den Kindern und Jugendlichen sowie deren Eltern die konkrete Mitsprache bei der Gestaltung der Maßnahmen.

- Sie macht pädagogische Maßnahmen für die Betroffen im Sinne von Anfang (pädagogische Problemsituation) und Ende (Erziehungsziel) transparent.
- Sie gibt den Kindern und Jugendlichen Informationen über die Wirkungen der getroffenen Maßnahmen und ist damit auch die Voraussetzung für Erfolgserlebnisse.
- Neben der Begründung der Notwendigkeit individueller Erziehungshilfen ist dabei auch die Beschreibung der Erziehungsziele der Maßnahmen von besonderer Bedeutung. Sie gibt dem Schüler/der Schülerin an, was von ihm/ihr erwartet wird und präzisiert die Kriterien der Reintegration.

Welchen Kriterien sollten Erziehungspläne entsprechen?

Qualitative Kriterien, die Erziehungspläne sinnvoll und erfolgversprechend werden lassen, wären dabei:

1. Partizipation
In die Diagnose und die Erziehungsplanung sollten alle am Prozess beteiligten Personen einbezogen sein. Das könnten neben dem Schüler/der Schülerin, der Lehrerin/dem Lehrer, der Eltern bzw. die Erziehungsberechtigten auch andere Professionelle wie Sozialpädagogen, Trainer u.a. sein. Natürlich können nicht immer alle Personen aus der Lebenswelt des Kindes einbezogen werden, auch wenn dies für einen ganzheitlichen Zugang wünschenswert wäre. Nach der Problemanalyse sollte die Anzahl der einzubeziehenden Personen effektiv eingegrenzt werden.

2. Flexibilität
Ein Förderplan muss auf Veränderungen reagieren können, er darf nicht als festgeschriebenes Werkzeug verstanden werden. Innerhalb des Förderplanes sollte es möglich sein, kurzfristig neu zu diagnostizieren und Veränderungen einzubringen.

3. Überschaubarkeit
Förderprogramme sollten über einen zeitlich überschaubaren Rahmen verfügen. Innerhalb eines festgelegten Zeitrahmens, der für Schüler und Pädagogen nachvollziehbar ist, sollten Ziele, Wege und Überprüfungsmodalitäten festgelegt werden. Überschaubarkeit bezieht sich ebenfalls auf die teilnehmenden Personen. Ebenso überschaubar sollten die Erziehungsmaßnahmen gehalten werden, denn ein überfülltes Förderprogramm wird auf Dauer nicht eingehalten.

4. Praktikabilität
Der schulische Alltag besteht aus einer Vielzahl von Anforderungen. Der diagnosegeleitete Förderplan ist Bestandteil davon und muss sich in den Alltag einpassen.

5. Lebensweltorientierung
Trotz Überschaubarkeit der beteiligten Personen sollten die Familie bzw. andere nahe Kontaktpersonen (z.B. Trainer) des Kindes in die Förder- bzw. Erziehungsplanung einbezogen werden, um Lebens- und Sinnzusammenhänge (Kohärenz) der entwickelten Maßnahmen für alle Beteiligten sichtbar zu machen.

Eine erfolgreiche Gestaltung von Erziehungs- und Förderplänen gelingt da, wo Ergebnisse der Diagnostizierung in die Erziehungsplanung einfließen. Beispiele dafür entwickelte M. Bergsson[13] mit dem ELDIB oder D. Eggert[14] mit seinem Modell zur Erstellung individueller Erziehungspläne. Für die Vernetzung von Diagnostik und Erziehungsplanung kann folgendes Etappenmodell vorgeschlagen werden:

Abb : Stufenmodell zur Erstellung eines diagnosegeleiteten Erziehungsplanes

I
AUSGANGSLAGE

II
HYPOTHESENBILDUNG

III
DIAGNOSEERHEBUNG
(Statusdiagnostik I)

IV
AUSWERTUNG DER DIAGNOSEERHEBUNG

V
BENENNEN DER FÖRDERBEREICHE UND FÄHIGKEITEN
(Prozessdiagnostik)

VI
GEMEINSAMES AUSWÄHLEN VON ERZIEHUNGSMASSNAHMEN

VII
ERSTELLEN DES FÖRDERPROGRAMMS

VIII
GEMEINSAME AUSWERTUNG
(Evaluation)

(vgl. Budnik, I.; Fingerle, M. 2000)

Diese Stufen bilden eine Struktur für die jeweils zu erfüllenden Aufgaben.
I   Die Problemlage bzw. Situation des Kindes wird beschrieben.
II Sowohl die Entstehungsbedingungen als auch die problemmindernden und problemverstärkenden Faktoren werden analysiert.
III Mit Hilfe von Anamnese, Eigenanamnese des Kindes (wie hat es die eigene Entwicklung erlebt), Verhaltensbeobachtung, Interview und ggf. Tests werden diagnostische Angaben gewonnen.
IV Diskussion unterschiedlicher Interpretationen der diagnostischen Ergebnisse.

V Formulierung der Erziehungsziele und Beschreibung der Fähigkeiten, auf denen diese Lernziele aufbauen.
VI Skizzierung der Interventionsmöglichkeiten bzw. der Förderangebote.
VII Die Bereiche, die Maßnahmen, die beteiligten Personen und ihre Funktion werden benannt, der zeitliche Rahmen und der Evaluationsmechanismus werden bestimmt.

Es empfiehlt sich, die Stufen IV bis VII gemeinsam mit allen Betroffenen zu gestalten, d.h. das Kind, die Diagnostiker (Beratungslehrer, Psychologe, Klassenlehrer...) und die Bezugspersonen des Kindes (Eltern, Pädagogen, Trainer...) sind aktive Teilnehmer des Prozesses. Nur durch die Beteiligung aller an den Entscheidungsprozessen und durch die Transparenz von Entscheidungen kann eine Identifikation mit den Maßnahmen im Erziehungsplan entstehen, kann die Lebensweltorientierung realisiert werden.

Häufig ist ein Problem so komplex, dass es schwer wird, diese Komplexität in einem Erziehungs- und Förderplan darzustellen bzw. diesen Plan umzusetzen. An dieser Stelle kann darauf verwiesen werden, dass bereits eine Veränderung in einem kleinen Bereich zu Veränderungen in der gesamten Lebenswelt des Kindes führen kann. Es sollte also zu Beginn ein kleiner, überschaubarer Entwicklungsbereich ausgewählt werden und zeitlich überschaubare Förderangebote geplant werden. Da der Zusammenhang von Erziehungsziel und Fördermaßnahme gerade auch angesichts der Komplexität von Gefühls- und Verhaltensstörungen fragil bleibt, sind regelmäßige Überprüfungen der Effekte der getroffenen Maßnahmen einschließlich der Erfassung der subjektiven Einschätzung der Schüler, Eltern und Professionellen und die Abgleichung der festgestellten Einschätzungsdifferenzen eine zentrale Aufgabe. Erziehungsplanung ist damit so etwas wie eine graduelle Annäherung an die Erziehungsaufgabe, ohne diese kongruent erreichen zu können.

Unterrichtsgestaltung

Der Unterricht ist eine zielgerichtete schulische Aufgabe, die planmäßig und im Rahmen einer bestimmten Zeitstruktur durchgeführt wird.[15] Dies ist auch der zentrale Auftrag der Schule zur Erziehungshilfe. Es gilt auch hier: Kern der Lehrertätigkeit ist die Organisation von Lernprozessen. Doch muss aufgrund der besonderen Ausgangslage unserer Schülerschaft von einem Primat der Erziehung ausgegangen werden - im Gegensatz zum Primat des Lehrplans an der Regelschule. Die speziellen Erziehungsbedürfnisse der Lernenden an der Schule zur Erziehungshilfe, ihre häufig negativ gefärbten Schulerfahrungen, Leistungsrückstände, Lern- und Verhaltensprobleme und ihre individuellen Lernvoraussetzungen bestimmen die Gestaltung des Unterrichts. Daran orientieren sich die Stoffauswahl, die didaktischen Methoden sowie die individuellen Lern- und Leistungsanforderungen an die Schülerinnen und Schüler. Darüber hinaus ist speziell auch der Gedanke der

Rückführung an die Regelschule sowie der Integration ins Berufsleben zu berücksichtigen.

Die Lehrkräfte stehen vor der schwierigen Aufgabe, Unterrichtsverläufe abzuwägen und zu planen und überdies im Unterrichtsfluss auf das sich ständig verändernde Schülerverhalten angemessen und flexibel zu reagieren. Sie müssen mit Störungen umgehen und oftmals in Sekundenbruchteilen entscheiden, welche Strategien und Handlungskonzepte angesichts des Schülerverhaltens situativ Erfolg versprechend erscheinen. Dabei zeigt sich, dass allgemeine Methoden der Unterrichtssteuerung größeren Einfluss auf die Vermeidung von Fehlverhalten haben als spezielle Praktiken des Umgangs mit dem Fehlverhalten.[16]

Beispiel 3: ...die Heimschülerin Dagmar, die nach einem Wochenende bei ihrer Familie am Montagmorgen gedankenversunken in die Schule kommt und auf alle Versuche der Lehrerin, sie anzusprechen und zur Teilnahme am Unterricht zu bewegen, nicht reagiert, sondern teilnahmslos in der Klasse sitzt.

Beispiel 4: ...der Schüler Thomas, der auf eine scheinbar gut gemeinte Äußerung seines Banknachbarn wutentbrannt auf diesen einschlägt und nur unter körperlichem Einsatz der Lehrkraft aus dem Klassenzimmer zu entfernen ist, um größeres Unheil zu vermeiden.

Diese Beispiele deuten an, wie vielschichtig die Arbeit im Klassenzimmer ist. Nach Doyle[17] arbeiten Lehrkräfte unter folgenden erschwerten Bedingungen:

- Multidimensionalität   Viele verschiedene Aufgaben und Ereignisse treten auf.
- Simultaneität   Zahlreiche Geschehen passieren zur gleichen Zeit.
- Unverzüglichkeit   Die Geschwindigkeit von Aktion und Reaktion im Klassenzimmer ist hoch.
- Öffentlichkeit   Ereignisse betreffen nicht nur einzelne Interaktionspartnerinnen und partner, sondern die ganze Klasse.
- Unvorhersagbarkeit   Ereignisse tragen sich häufig in unerwarteter Ausprägung zu.
- Geschichtlichkeit   Nach mehreren Wochen verändern sich in einer Klasse die geltenden Normen und Umgangsformen.[18]

Diese Komplexität des Unterrichts ist bei Schülerinnen und Schülern mit Gefühls- und Verhaltensstörungen durch unerwartbare und extreme Reaktionen auf Standardsituationen und stark schwankende Arbeitsleistungen und Leistungsprofile signifikant erhöht.

Das Leben von Schülern und Schülerinnen mit Gefühls- und Verhaltensstörungen ist häufig geprägt von gestörten oder fehlenden Beziehungen und Beziehungsabbrüchen. Diese Kinder oder Jugendlichen haben meist Probleme damit, neue zwischenmenschliche Bindungen hoffnungsvoll einzugehen und räumen diesen aufgrund erfahrener Enttäuschungen kaum eine Sinnperspektive ein. Sie versuchen daher oftmals, emotionale Beziehungen durch selbstgewählte Isolierung, Ablehnung oder oppositionelles Verhalten von vornherein negativ zu strukturieren. Für

Welchen Stellenwert hat Beziehung und Erziehung in unserem Unterricht?

die Unterrichtsgestaltung stellt dies ein schwer kalkulierbares Risiko dar. Lehrkräfte an der Schule zur Erziehungshilfe sind sich dieses Risikos bewusst und berücksichtigen dies bei der Planung und Gestaltung ihres Unterrichts. Dabei wissen sie um die enorme Bedeutung einer gezielten, für die Schüler möglichst stabilen, kontinuierlichen und tragfähigen Beziehungsgestaltung und behalten dieses pädagogische Ziel bei aller inhaltlichen und methodischen Arbeit im Auge. Unterricht an der Schule zur Erziehungshilfe kann daran scheitern, dass Schüler oder Schülerinnen sich durch Verweigern oder durch Fortlaufen und Schwänzen dem Unterricht bzw. der Lehrkraft entziehen. Kinder und Jugendliche mit Gefühls- und Verhaltensproblemen stellen die Beziehung zur Lehrkraft immer wieder auf die Probe. Ablehnung und die gleichzeitige Suche nach Bestätigung und Hilfe, sowie nach Nähe bei gleichzeitiger Wahrung von Distanz bedingen brüchige Verhältnisse.

Beispiel 5: ...der Schüler Andi, der beim Morgenkreis seiner Lehrerin fast auf den Schoß kriecht, um ihre Nähe zu spüren und der ihr am selben Tag noch ins Gesicht spuckt, als sie bei einer Streitschlichtung Partei für den von ihm malträtierten Schüler ergreift.

Beispiel 6: ...die Schülerin Chris, die alles Weibliche an sich selbst ablehnt und die ihre Lehrerin immer wieder mit wüstesten Beschimpfungen sexueller Art begrüßt und die aber doch als Belohnung für ihren Verstärkervertrag einen persönlichen Besuch eben jener Lehrerin bei sich in der Heimgruppe wünscht.

Diese Fälle veranschaulichen, wie Schüler und Schülerinnen mit Gefühls- und Verhaltensstörungen uneindeutige und häufig falsch interpretierbare Signale aussenden, welche Bedürfnisse sie im Spannungsfeld von Nähe und Distanz gegenüber ihren Lehrern haben. Gerade dies erfordert besonders hohe Reflexionsleistungen (und nicht zuletzt eine hohe Frustrationstoleranz) bei den betroffenen Lehrkräften und darüber hinaus eine unerschütterliche Bereitschaft, das Kind oder den Jugendlichen als Person unbedingt anzuerkennen und ihm dies in einer transparenten Beziehungsgestaltung immer wieder deutlich zu machen. Dazu gehört allerdings auch, Beziehungen berechenbar und verlässlich für die Schüler zu gestalten, indem verabredete Konsequenzen auf bestimmtes Verhalten konsequent erfolgen – unabhängig von der Person.

Beziehungen zu unseren Schülern fordern uns Pädagogen immer wieder und oft bis an unsere Grenzen heraus. Unterricht kann uns dabei sogar helfen, erste oder erneute Kontakte zu Schülern und Schülerinnen aufzunehmen. Kommunikation, die abgebrochen oder verweigert wurde, beginnt manchmal genau dann wieder, wenn sachliche Fragen Interesse und Handlungsanreize bieten. Die Lehrkraft wird von solchen Schülern und Schülerinnen oft erst einmal als reine Informationsstelle oder Lernorganisator „instrumentalisiert". Sie wird dadurch zunächst funktionalisiert und auf Distanz gehalten. Das eröffnet die Möglichkeit, die Lehrkraft auszutesten, in ihrer Lehrerrolle zu überprüfen, bevor man Nähe zu ihr überhaupt zulässt. Vor allem bei älteren Schülerinnen und Schülern ist dies in der Regel ein gut erlernter Schutzmechanismus. Übertriebene Fürsorge oder permanente Beteuerung des pädagogischen Wohlwollens machen diese Kinder und Jugendlichen allzu misstrauisch. Verlässlichkeit in und auf die Lehrkraft wiegen hier stärker – gerade auch als Basis einer authentischen, auf Akzeptanz gründenden Beziehung zwischen den Beteiligten.

Die Pädagogik bei Kindern und Jugendlichen mit Gefühls- und Verhaltensstörungen beginnt eben nicht genau damit, dass Beziehung angeboten wird. Beziehungen einzugehen, ist genau das, was diesen Kindern oder Jugendlichen biografisch bedingt meist am Schwersten fällt. Pädagogik beginnt hier mit gemeinsamen Erfahrungen, die Spaß machen und den Fähigkeiten der Kinder entsprechenden Erfolg vermitteln. Beziehungen sollten darauf basierend langsam, zurückhaltend und überlegt aufgebaut werden. Dabei sollte sich der Lehrer oder die Lehrerin zunächst durchaus auf diese Rolle konzentrieren und den diesbezüglichen Erwartungen der Schülerinnen und Schüler entsprechen. Gelingt es, einen geordneten und motivierenden Unterricht durchzuführen, erleben die Schüler, dass sie mit interessanten Inhalten konfrontiert werden und dass die Lehrkraft ihre Probleme beim Lernen versteht und gute Hilfestellung gibt. Wenn die Schüler Lernerfolge erleben und dafür realistisches Lob erhalten und alle bei diesem Prozess noch ein wenig Spaß haben, dann wird sich Beziehung praktisch von selbst einstellen und muss nicht mühsam angeboten und abgelehnt werden.

Regeln und Ordnungen, die gemeinsam erstellt wurden und allen einsichtig sind, helfen zudem, persönliche Grenzen zu respektieren und gemeinsames Lernen zu ermöglichen. Wir dürfen bei aller Hoffnung auf ein harmonisches Zusammensein in der Klasse nicht vergessen, dass die spezifischen Probleme unserer Schülerinnen und Schüler in ihrer Bandbreite und Häufigkeit nicht nur uns selbst als pädagogische Professionelle, sondern insbesondere auch die jeweils anderen Schüler und Schülerinnen vor große Herausforderungen stellen. Unterricht muss darauf Rücksicht nehmen, indem vor inhaltlichen Erwägungen gruppenbezogene Maßnahmen, die einer Atmosphäre der Angstfreiheit, Sicherheit und im Idealfall Geborgenheit dienen, ergriffen und konsequent eingesetzt werden. Die Betonung des Erziehlichen im Unterricht steht über didaktisch-methodischen Entscheidungen. Anders formuliert: Ohne eine deutliche Berücksichtigung emotionaler und sozialer Dimensionen bleibt unser Unterricht hochgradig riskant und letztlich inhaltsleer.

Ergebnisse der Unterrichtsforschung zeigen, dass erfolgreiche Lehrkräfte die speziellen Gefühls- und Verhaltensstörungen ihrer Schülerinnen und Schülern sorgfältig analysieren und bei der Unterrichtsplanung mit bedenken. Die reflexive Auseinandersetzung mit störendem Verhalten in der Phase der Unterrichtsvorbereitung scheint eine wichtige Voraussetzung für gelingende pädagogische Prozesse zu sein. Diese Analyse von Unterrichtsstörungen sowie die Entwicklung alternativer Formen der Unterrichtsgestaltung und hilfreicher pädagogischer Interventionsstrategien im Unterricht wirft eine Reihe von Fragen auf:

Fragen zur Unterrichtsgestaltung
- Welche sozialen, emotionalen und kognitiven Fähigkeiten und Fertigkeiten benötigt der einzelne Schüler/die Schülerin zur Bewältigung der konkreten unterrichtlichen Aufgabe?
- Ist der Schüler/die Schülerin durch diese Aufgabe über- oder unterfordert?
- Entsprechen die Inhalte und Tätigkeiten seinen/ihren Bedürfnissen und Neigungen?
- Kann der Schüler/die Schülerin die notwendige Aufmerksamkeit und das entsprechende Regelverhalten für die Lösung dieser Aufgabe erbringen?
- Welche notwendigen Differenzierungsmöglichkeiten und individuellen Hilfestellungen sind zu den einzelnen Arbeitsschritten und Übergängen einzuplanen?
- Welche Kenntnisse und Einsichten will ich den Schülern im Einzelnen vermitteln?
- Welche emotionalen Prozesse könnten einzelne Unterrichtsinhalte und Gestaltungsformen bei den Schülerinnen und Schülern auslösen?
- Wie können diese Prozesse angemessen moderiert werden?

In der Praxis zeigt sich, dass erfahrene Lehrkräfte an der Sonderschule solchen Fragen in der Unterrichtspraxis großen Stellenwert einräumen und nicht allein in der fachdidaktischen Stoffaufbereitung verhaftet sind. Die Antizipation möglicher Unterrichtsprobleme ist ausschlaggebend für die Entwicklung alternativer Unterrichtsgestaltungen. Auf vorhersehbare Ereignisse und Schülerreaktionen, die den geplanten Ablauf stören, kann deshalb flexibel reagiert werden, so dass diese nicht so gewichtig werden, dass sie den gesamten Unterrichtsfluss unterbrechen oder die Situation eskaliert.

Neben diesen auf Unterrichtsvorbereitung und Unterrichtssituation bezogenen Überlegungen müssen aber auch grundsätzliche Überlegungen bezüglich individueller Verhaltensweisen von Schülern und Schülerinnen angestellt werden, die in ihren Ergebnissen das pädagogische Handeln im Schulkontext strukturieren:[19]

Fragen zur Analyse von Unterrichtsstörungen
- Wie kann ich - gemeinsam mit dem Kind - das auffällige Verhalten möglichst konkret (und möglichst nicht wertend) beschreiben?
- Welche Erklärungen finde ich - gemeinsam mit dem Kind - für dieses Verhalten?
- Welche dieser Erklärungen hat die größte Bedeutung für mein pädagogisches Handeln? Wie steht das Kind zu dieser Erklärung?
- Wie trage ich durch mein eigenes Verhalten zur Aufrechterhaltung des auffälligen Verhaltens bei?
- Gibt es Auslöser für dieses Verhalten, die ich beeinflussen kann?
- Kann ich kognitive und affektive Dimensionen dieses Verhaltens identifizieren?
- Auf welche Ziele einer Verhaltensänderung kann ich mich mit dem Schüler/der Schülerin einigen?[20]

- Welche Verantwortung übernehme ich in diesem Veränderungsprozess und welche Verantwortung übernimmt der Schüler/die Schülerin dabei?
- Wie kann ich - gemeinsam mit dem Kind - die angestrebte Verhaltensänderung feststellen und dokumentieren?
- Welche direkten kurz-, aber auch langfristigen Hilfen und Rückmeldungen braucht der Schüler/die Schülerin für diese Verhaltensänderung?

Die genannten pädagogischen Reflexionen der Lehrkräfte sind die Grundlage des individuellen Erziehungsplans und darauf aufbauend Basis des alltäglichen pädagogischen Handelns. Unterricht an der Schule zur Erziehungshilfe wird darüber hinaus durch organisatorische und didaktische Strukturprinzipien des erzieherischen Unterrichts in einen Rahmen gebunden. Sie sind den individuellen Problem- und Bedürfnislagen unserer Kinder und Jugendlichen gemäß einzusetzen und bedürfen entsprechender Artikulation. Im Folgenden sind wichtige organisatorische und didaktische Prinzipien aufgelistet.

Welche Grundsätze gelten für den Unterricht an der Schule zur Erziehungshilfe?

Unterrichtsorganisation
- Gestaltung der Unterrichtsräume (sowohl grundsätzlich-strukturell als auch als gemeinschaftliche und gemeinschaftsstiftende Maßnahmen mit der Klasse)
- Anpassung der Unterrichtszeiten an den Entwicklungsstand der Kinder
- Klassenlehrerprinzip
- Teamarbeit und Co-Teaching
- Klassenmesszahl nicht über 12
- Methodenvielfalt und Flexibilität in der Unterrichtsplanung
- Soziales und kooperatives Lernen
- Handlungsorientiertes und selbstgesteuertes Lernen
- Übergreifende Regeln und Strukturen als Grundlage jeglicher Unterrichtsprozesse
- Verbindung mit individuellen Maßnahmen der Verhaltenssteuerung
- Metaunterricht und Metakommunikation (Beziehungsarbeit und Konfliktklärung)
- Mitbestimmung und Selbstverantwortung
- Wahlfreiheit in Bezug auf alternative Handlungs- und Entscheidungsmöglichkeiten (auch auf Rückzug und zeitliche bzw. räumliche Auszeiten)

Unterrichtsprinzipien
- Motivierung durch Lebensnähe und Emotionalität
- Angemessenheit und Anschaulichkeit
- Zielorientierung und Kontinuität
- Aktivierung und Selbsttätigkeit
- Individualisierung und Differenzierung in Methoden, Sozialformen, Medien, in der Aufgabenstellung, in individuellen Lern- und Ordnungshilfen (bezogen auf Platz, Klasse etc.) und in der Lehrerhilfe (fachlicher, unterrichtlicher Form bzw. in Form von Zuwendung)

- Rhythmisierung und Strukturierung durch Wechsel der Arbeits- und Sozialformen (z.B. Stillarbeit, Partner- oder Gruppenarbeit), durch Spiel-, Entspannungs- und Auflockerungsphasen
- Antizipation möglicher Lernschwierigkeiten: lerntypenbezogene Lernhilfen
- Antizipation möglicher Verhaltensprobleme: Reizreduzierung und Neutralisation
- Konfliktverarbeitung
- Erfolgssicherung und Erfolgsspiegelung an den Schüler/die Schülerin
- Immanente Ermutigung, Lob und Verstärkung

Diese organisatorischen und didaktischen Prinzipien werden durch die Lehrkräfte entsprechend den unterrichtlichen Erfordernissen und Lernvoraussetzungen der Schülerschaft ausgewählt. Sie garantieren keineswegs den störungsfreien Verlauf des Unterrichts, doch können sie helfen, die Lernumwelten so zu gestalten, dass die Kinder und Jugendlichen die an sie gestellten schulischen Leistungsanforderungen meistern können. Sinnvoll ist dabei ein reflexiver und kreativer Gebrauch dieser Prinzipien. Bauer et al. 1996 [21] führen in einer qualitativen Studie über pädagogische Professionalität Dimensionen des pädagogischen Handlungsrepertoires auf, die für guten Unterricht benötigt werden. Demnach sollen Lehrerinnen und Lehrer

- soziale Strukturen vorgeben, die für geordnete Arbeitsabläufe sorgen,
- in lebendige Interaktionen mit ihren Schülerinnen und Schülern treten,
- Informationsprozesse während des Unterrichts so lenken und steuern, dass unterrichtliche Kommunikation optimiert wird,
- Lernumgebungen gestalten, Lernmittel gezielt einsetzen und aktiv am Unterrichtsgeschehen partizipieren.

Eine wohlüberlegte und gründliche Unterrichtsvorbereitung, das Bereithalten von Varianten und didaktischen Alternativen ist dabei besonders in unserer Schulart die unabdingbare Voraussetzung guten Unterrichts. Dabei ist auch die Nachbereitung des Unterrichts – die didaktische Reflexion – ein wesentliches Element der Unterrichtsvorbereitung. Ebenso ist die gemeinsame Reflexion des Unterrichts mit den Kindern und Jugendlichen (Metaunterricht) Bestandteil des Erziehungsprozesses und entspricht so dem Erziehungsprimat dieser Schule.

Wie sieht guter Unterricht aus?

Auf Schülerinnen und Schüler mit Gefühls- und Verhaltensstörungen wirkt sich guter Unterricht immer positiv aus. Dabei kann und sollte dieser verschiedene Formen annehmen. Praxisorientierte Vorschläge finden sich zuhauf in der Literatur – der Blick in andere Klassenzimmer und Schulen ist aber leider aus unterschiedlichen organisatorischen Gründen, aber auch persönlichen Ängsten und Unsicherheiten noch immer zu selten üblich. Diskussionen unter Pädagogen über ihre Erfahrungen mit unterschiedlichen Unterrichtsformen und Methoden finden im Schulalltag nur selten ausreichend Platz. Wir sehen aber in einem solchen Austausch – insbesondere auch über Schulen und Schulformen hinweg – eine Bereicherung des eigenen pädagogischen Handelns und betonen hier abermals die Notwendigkeit von Kooperation und Co-Teaching.

Der andere Unterricht – Abkehr von traditionellen Unterrichtsformen?
Was wir an dieser Stelle als anderen Unterricht bezeichnen, ist historisch betrachtet die Rekonstruktion reformpädagogischer Vorstellungen für eine moderne Unterrichtsgestaltung. Die Pädagogik vom Kinde aus, die Bewegung der Landerziehungsheime und die Arbeitsschulbewegung formulierten bereits vor bald mehr als hundert Jahren eine „neue" Pädagogik, bei der sie ein anderes Verhältnis zwischen Erwachsenem und Kind und mehr selbständiges Lernen forderten.
Reformpädagogisches Gedankengut durchzieht auch aktuelle didaktische und curriculare Entwürfe. Die Selbsttätigkeit der Schülerinnen und Schüler soll in einem wertschätzenden Klima gestärkt werden. Vorgeschlagen werden u.a. schülerbezogener Unterricht, Gruppenarbeit, offener Unterricht, Freiarbeit, Wochenplanarbeit oder Projektunterricht. Blickt man jedoch auf die gängige Unterrichtspraxis, so lässt sich eine große Gleichförmigkeit und Lehrerdominanz der beobachteten Unterrichtsstunden über alle Schulformen und Fächer hinweg konstatieren. [22] Es scheint, dass gerade Lehrkräfte von Kindern und Jugendlichen mit Gefühls- und Verhaltensstörungen in Anbetracht der spezifischen Erziehungsschwierigkeiten der Schülerinnen und Schüler in der Anwendung alternativer Unterrichtsformen zurückhaltend sind. Argumentativ wird dies in der Regel auf die Schwierigkeiten im sozialen Umgang und die emotionale Belastung der Kinder zurückgeführt. Lehrerzentrierter Unterricht vermittelt scheinbar ein subjektives Gefühl besserer Kontrolle über die Unterrichtsprozesse. Worauf lässt sich dieser Umstand zurückführen?
Am Frontalunterricht wird heute viel ausgesetzt, obwohl er durchgängig üblich ist. Es stellt sich die Frage, ob und wie diese lehrerzentrierte Form von Unterricht trotz aller Probleme, die sie aufwirft, so zu gestalten ist, dass sie dazu beitragen kann, Schülerinnen und Schüler auf den Weg zur Selbständigkeit zu führen und ihnen adäquate Fördermöglichkeiten zu bieten. Wir sind der Meinung, verlernt zu haben, nach den Stärken des Frontalunterrichts zu suchen bzw. diese gezielt an unseren Schulen zu entwickeln, und im Gegenzug dessen seine vielen Schwächen überbelichten. Als Charakteristika von Frontalunterricht – aber auch als Mängel – werden häufig genannt:
- die starke thematische Orientierung mit eingeschränkter Flexibilität,
- die überwiegend sprachliche Vermittlung von Lehrinhalten und
- die Steuerung und Kontrolle der Lehr- und Lernprozesse durch den Lehrer/die Lehrerin, verbunden mit einem starken Kompetenz- und Machtanspruch.

Schüler mit Gefühls- und Verhaltensstörungen zeigen uns durch ihr Verhalten deutlich, wo diese Form von Unterricht an ihren individuellen Bedürfnissen vorbei geht: Sie langweilen sich, wenn ihre Lehrkraft zu lange über ein Thema nur spricht, sie sind überfordert, wenn ihre Aufmerksamkeit und Aufnahmefähigkeit nachlässt,

sie fühlen sich weder von Thema noch von der Lehrkraft persönlich angesprochen oder erleben keine Befriedigung darin, ihr zuzuhören – und sie reagieren entsprechend, indem sie sich vom Geschehen zurückziehen oder den Ablauf stören. Frontalunterricht tut sich schwer damit, allen Schülern und Schülerinnen gleichermaßen Erfolgserlebnisse zu vermitteln und bietet nur wenig Möglichkeiten, auf individuellem Weg und in eigenem Tempo zu positiven Ergebnissen zu gelangen. Lehrkräfte argumentieren dagegen folgendermaßen:
Frontalunterricht ist
- die ökonomischste Form von Unterricht, da man alle Schüler zugleich unterrichten kann,
- die sicherste Form von Unterricht, da man die Klasse und die Schüler gut überblicken und die Lehrer-Schüler-Interaktion direkt beeinflussen kann,
- eine höchst zufriedenstellende Unterrichtsform, da man mit methodischem Geschick alle Schüler zu einem Ziel bringen kann,
- die einzig mögliche Form von Unterricht zur Bewältigung der vorgeschriebenen Stofffülle sowie
- die geeignetste Unterrichtsform zur Sicherung der Unterrichtsdisziplin.

Diese Argumente sind zunächst richtig, aber gleichzeitig auch wieder falsch – wie wohl jeder Lehrer und jede Lehrerin aus ihrer Praxis bestätigen kann.[23] Obwohl bereits Comenius behauptete, „alle alles lehren zu können", erfahren wir immer wieder, dass manche Schüler eben nicht das lernen, was wir in bester Absicht gerade der Klasse vermitteln wollen (und dies, wie wir wissen, nicht nur aus Gründen, die unmittelbar mit der Unterrichtsform zusammen hängen). Ebenso wenig gibt es eine „Garantie auf Sicherheit" bei der frontalen Vermittlung von Inhalten, da die Lehrkraft zwar auf der Oberfläche der Interaktionen Übersicht behält, nicht aber Einblick bekommt in die subjektiven Stimmungen und damit evtl. auch Lernblockaden der Schüler. Zudem speist sich diese Sicherheit aus der Abhängigkeit der Schüler vom Lehrer, die gerade bei Kindern und Jugendlichen mit Gefühls- und Verhaltensstörungen hochgradig gefährdet ist und nur mit hohem Aufwand ausbalanciert werden kann. Zufriedenstellend ist Frontalunterricht in erster Linie für die Lehrkraft, die oft der scheinbaren Befriedigung erliegt, einen Inhalt erschöpfend und umfassend vermittelt zu haben – unabhängig davon, ob eine Effektivitätskontrolle beweist, dass eben nur wenige Schülerinnen und Schüler diesen auch verinnerlicht haben. Eine „Schuldzuweisung" zu Lasten der Kinder ist hier schnell bei der Hand – eine Erfahrung, die unsere Schüler allzu oft gemacht haben und die ihre oft negative Erwartungshaltung gegenüber Unterricht erklärt.
Kann Frontalunterricht wirklich dazu beitragen, die Unterrichtsdisziplin zu sichern? Dann könnten in dieser Unterrichtsform auch Verhaltensprobleme vermieden werden – eine Aussage, die sich aus der Praxis sowohl belegen als auch widerlegen lässt. Zunächst kann man feststellen, dass sich unsere Schülerschaft nach sinnvollen Strukturen und berechenbaren Rahmenbedingungen sehnt, da diese ihnen Sicherheit bieten. Lehrerzentrierter Unterricht kann durchaus eine Stütze sein, Lern-

prozesse einzugehen sowie Konzentration aufrecht zu erhalten. Aber gleichzeitig ist auch klar, dass die disziplinierende Intention von Unterricht nur die eine Berechtigung hat, Schüler und Schülerinnen zur Selbstdisziplin anzuleiten, indem es gelingt, sie zu motivieren, sich den Sachansprüchen der ihnen gestellten Aufgaben auszusetzen. Ob Frontalunterricht hierfür die idealen Bedingungen geben kann, ist zu diskutieren.

Es scheint insgesamt drei Wege zu geben, wie Lehrer ihren Schülern und Schülerinnen helfen können, zu lernen. Den ersten Weg sehen wir in den frontalen Vermittlungsformen von Erklärung, Demonstration, Modellbildung oder anderen Wegen, Informationen lehrerzentriert zu präsentieren. Einen zweiten Weg beschreiten wir, indem wir Schüler anleiten, Inhalte selbst zu recherchieren, vorzutragen und in Diskussionen oder anderen Formen von Gesprächen darzustellen und zu erörtern. Drittens leiten wir Schüler und Schülerinnen in Aktivitäten oder Umwelten, in denen sie Möglichkeiten haben, zu lernen oder Gelerntes anzuwenden.[24]

Welche frontalen Vermittlungsformen sind besonders für unsere Schüler geeignet?

Besonders hervorheben möchten wir folgende Elemente lehrerzentrierten Unterrichts, in denen wir durchaus Möglichkeiten sehen, lernmüde und sich verweigernde Schüler wieder für Lernen zu gewinnen und sie in ihrer Entwicklung von Kompetenzen zu fördern. Diese sind
- Lehrervortrag
- Gelenktes Unterrichtsgespräch
- Geschichten erzählen

Die genannten frontalen Unterrichtsformen sollten nicht – wie in der Praxis oftmals üblich – kombiniert, sondern als eigenständige Bausteine entwickelt und eingesetzt werden. Dabei ist es wichtig, sie nicht auf einen „Frageunterricht" zu reduzieren. Durch den Lehrervortrag soll so vor allem die Selbsttätigkeit der Zuhörer angeregt werden, indem sich der Vortragende selber Fragen stellt und vor den Augen (oder besser Ohren) der Schüler seine Problemstellungen entwickelt.[25] Neben einem guten, lebendig gehaltenen Lehrervortrag, der offen sein muss für Verständnisfragen und durch Körpersprache und Anschauungsmaterialien gestützt werden sollte, sowie einem an symmetrischer Kommunikation orientierten gelenkten Unterrichtsgespräch, ist besonders die Kunst des Geschichten Erzählens an der Schule zur Erziehungshilfe hervor zu heben. Geschichten zu lauschen ist mit hoher, lustbetonter innerer Aktivität verbunden (vorausgesetzt, der Erzähler beherrscht seine Kunst). Informationen werden vermittelt oder verschiedene Perspektiven hinsichtlich eines Sachverhaltes oder Geschehnisses dargestellt. Das Fiktionale einer Geschichte kommt gerade unseren Schülern zugute, da sie ihre Motivation zur Auseinandersetzung mit dem Geschehen erhöht, zugleich Umstände, die der eigenen persönlichen Leidensgeschichte nur allzu bekannt sind, in eine neutrale Umgebung bettet und im Idealfall einen Spiegel darstellt, indem sie sich selbst aus- und erkennen.[26]

Frontalunterricht ist ein Bestandteil der methodischen Kompetenzen aller Lehrenden. Wir sehen nach wie vor seine Berechtigung – auch und gerade an der Schule zur Erziehungshilfe. Diese setzt aber voraus, dass wir unser Ziel, die Schüler angemessen zu fördern, nicht dieser vermeintlich praktikableren und ökonomischeren Form von Unterricht opfern. Unsere Intention liegt somit auch darin, diesen Schülern und Schülerinnen Methoden der Selbstorganisation und Selbsttätigkeit an die Hand zu geben. Dass die genannten „Inszenierungstechniken" frontaler Form auch an die Schüler und Schülerinnen weiter gegeben werden, ist in diesem Sinne. Gerade Kinder und Jugendliche mit Gefühls- und Verhaltensstörungen erleben Unterricht oft als unpersönlich, wenig durchschaubar und wesensfremd. Indem wir ihnen über die Vermittlung unserer Lehrmethoden eigene Handlungsspielräume bereit stellen und dadurch Transparenz in das Handeln der Lehrer und Lehrerinnen bringen, entwickeln sie in zunehmenden Maße Selbstkompetenzen.

Es ist klar, dass die Unterschiedlichkeit der Lernvoraussetzungen, -fähigkeiten und -stile unserer Schüler auf keinen Fall durch die eine Methode nivelliert werden darf. Die Heterogenität der Schülerschaft, die an der Schule zur Erziehungshilfe eine Steigerung erfährt, erfordert es, methodische Varianten einzusetzen, die eine Anpassung des Unterrichts an die individuellen Unterschiede erlauben.

An dieser Stelle möchten wir wie oben erwähnt auf alternative Unterrichtsformen – den „anderen Unterricht" – verweisen. Es gibt zahlreiche Veröffentlichungen und Erfahrungsberichte aus der Schulpraxis, welche die Möglichkeiten und Vorteile alternativer Unterrichtsformen gerade bei Kindern und Jugendlichen mit Gefühls- und Verhaltensstörungen aufzeigen.

In der Praxis benennen Lehrkräfte oftmals folgende positiven Aspekte „anderen Unterrichts":

- Freiarbeit, Wochenplanarbeit und andere Unterrichtsformen, in denen Schülerinnen und Schüler vorwiegend selbständig arbeiten, ersetzen nicht traditionelle Unterrichtsformen, ergänzen diese aber überaus wirksam.
- Die Schüler und Schülerinnen können die zu erarbeitenden Inhalte mitbestimmen und sich die Arbeitszeiten selbst einteilen. Dies erhöht die Motivation für schulische Lernprozesse und hilft durch den individuellen Wechsel der Arbeitsaufgaben und -formen, die Anstrengungsbereitschaft länger aufrecht zu erhalten.
- Durch die selbständige Arbeit der Schülerinnen und Schüler haben die Lehrkräfte bessere Möglichkeiten (Raum, Zeit und Muße), einzelnen Kindern individuelle Hilfestellungen im Unterricht anzubieten.
- Die Erarbeitung von Wiederholungs- und Übungsaufgaben im Rahmen alternativer Unterrichtsformen steigern die Lerneffekte und ermöglichen der Lehrkraft genaueren Überblick über den individuellen Leistungsstand.
- Schülerinnen und Schüler haben mehr individuelle Erfolge und größere Chancen auf gute Zensuren.
- Flexible Rahmenrichtlinien lassen eine große Bandbreite von didaktischen Möglichkeiten zu, welche wiederum die Lehrkraft sowie die Schülerinnen und Schüler zu neuen interessanten Aufgabenstellungen und deren individueller, oft kreativer Bewältigung motivieren können.

Ein Beispiel zur Wochenplanarbeit:
Freie Arbeit bzw. Wochenplanarbeit findet an bestimmten Stunden pro Woche statt. Jeder Schüler oder Schülerin erhält montags einen individuellen Wochenplan, dessen Aufgaben unterschiedliche Zielstellungen verfolgen:
- Übung und Festigung
- Aufarbeitung von Wissenslücken
- Erarbeitung neuer Inhalte

„AG Federball", Zeichnung von Nicole D., 8. Klasse, zum Thema: Was mir an der Schule am besten gefällt

Die Aufträge können dabei direkt vorgegeben sein. Der Wochenplan sollte aber immer auch einen hohen Grad von frei wählbaren und offenen Angeboten beinhalten. Die zur Lösung der Aufgaben bzw. für die freien Angebote benötigten Arbeitsmaterialien stehen den Schülerinnen und Schülern in der Klasse frei zur Verfügung. Sie entscheiden selbst, wann sie welche Aufgaben lösen wollen, auch ob sie diese in den Wochenplanstunden oder am Nachmittag zu Hause bzw. in der Gruppe lösen. Es muss nicht festgelegt werden, welche Aufgaben Hausaufgaben sind. Die Kinder können sich im Unterricht die Hilfe holen, die sie brauchen (und annehmen mögen): Sie können mit anderen zusammen arbeiten oder die Lehrkraft fragen, die jetzt Zeit hat, Wissenslücken aufzuarbeiten, Inhalte zu klären oder emotionale Unterstützung zu geben. In Form von Kurzproben, Vorträgen oder Diskussionen am Ende der Woche können die Schüler nachweisen, was sie erarbeitet haben. Ebenso kann aber auch einen Wandzeitung oder ein Abschlussprojekt die Ergebnisse der Klasse veranschaulichen. In der Regel wird am Freitag der Wochenplan eingesammelt und von der Lehrkraft auf Vollständigkeit überprüft. Fehlendes ist über das Wochenende nachzuarbeiten. Ein wesentlicher Vorteil der Wochenplanarbeit liegt darin, dass die Verantwortlichkeit für das Lernen in die Hand der Schüler und Schülerinnen gelegt wird, was sich meist sehr positiv auf deren Lernmotivation auswirkt. Die Rolle der Lehrkraft verschiebt sich zugunsten einer Egalisierung der Machtverhältnisse zu Seiten der Schüler und Schülerinnen. Eine zunehmende Rolle kommt der Lehrkraft allerdings bei der entsprechenden Vor- und Nachbereitung der Lernaufgaben und -materialien sowie bei der unterstützenden Hilfeleistung während der Wochenplanstunden zu.

Flexible Rahmenbedingungen bieten den Lehrkräften zahlreiche praxisnahe Möglichkeiten, den Unterricht entsprechend der spezifischen Situation in ihrer Klasse und in ihrer Schule zu gestalten. Für den Einsatz alternativer Unterrichtsformen spricht neben der Betonung der Selbsttätigkeit der Schülerinnen und Schüler insbesondere ihre erziehliche Wirkung, darunter:
- die Entwicklung von Sozialkompetenz
- der Aufbau elementarer Arbeitstechniken
- die Entwicklung von Lernstrategien
- die Entwicklung von Gesprächstechniken

Die Forderung nach der Umsetzung alternativer Unterrichtsformen löst bei Lehrern und Lehrerinnen aber nicht selten Skepsis oder gar Widerstand hervor. Obwohl sich die Meisten von ihnen der Attraktivität dieses Unterrichts nicht entziehen können und sie seine erziehliche Wirkung anerkennen, trauen sich viele Lehrkräfte selbst nicht zu, ihre vertraute Routine, die sie sich mühsam über viele Jahre erworben und gesichert haben, zu verlassen und sich in eine ungewisse Zukunft zu begeben. Methodische Routine kann beruhigen und entlasten – nicht nur Lehrer, sondern auch Schülerinnen und Schüler. Dabei ist aber auch in realistischer Weise neben den oftmals subjektiv empfundenen Kontrollverlusten des Lehrpersonals mit weiteren Folgeproblemen alternativer Unterrichtsgestaltung zu rechnen.

**Leichter gesagt als getan –
Hindernisse und Grenzen alternativen Unterrichtens**
Zahlreiche Hürden sind auf dem Weg zum anderen Unterricht zu überwinden. Oftmals nennen Lehrkräfte folgende Ursachen für ihre Zurückhaltung gegenüber alternativen Unterrichtsformen:
- unzureichende finanzielle und materielle Ausstattung
- hoher Aufwand in der Herstellung von Arbeitsmitteln
- zu hohe Erwartungshaltung der Lehrenden (Problem: Umgang mit Frustrationen)
- große Heterogenität der Lerngruppe
- unterschiedliche/mangelnde persönliche und soziale Kompetenzen der Schülerschaft
- häufiger Wechsel in der Lerngruppe

- geringe Bereitschaft der Kollegen und Kolleginnen
- Fachunterrichtsprinzip
- unterschiedliche Erziehungskonzepte
- geltende Ordnungsprinzipien
- mangelnde Aufgeschlossenheit der Eltern

Heimlich beschreibt diese Schwierigkeiten schülerorientierten Unterrichts ausführlich und nennt mögliche und praktikable Schritte zur Problemlösung:[27]

Welche Schritte führen uns sicher zum „anderen Unterricht"?

- mit kleinen Einheiten beginnen
- Räume umgestalten
- vorhandene Materialien unter den Aspekten der Schülerorientierung und Selbstkontrolle sichten
- schrittweises Hinführen der Schülerinnen und Schüler an die neue Arbeitsweise
- Kooperationspartner im Kollegium suchen
- vorhandene Methoden einbauen
- Unterricht öffnen für außerschulische Expertinnen und Experten und Lernorte
- kollegiale Beratung und Supervision organisieren

Wir haben festgestellt, dass Unterricht im Rahmen schulischer Erziehungshilfe unter dem Primat der Erziehung steht. Unterricht unterstützt danach die Entwicklung der Autonomie der Schülerinnen und Schüler, ihre Kontrolle über emotionale, soziale und kognitive Prozesse und damit ihre Fähigkeiten zur Selbststeuerung in komplexen Lernsituationen. Er bietet in seiner spezifischen Organisation Anlass und unterstützenden Rahmen für die Entwicklung neuer Fähigkeiten und Kompetenzen. Dies geschieht primär auch durch die Beobachtung und Reflexion des eigenen Verhaltens, durch die Beschreibung und Entwicklung alternativer Verhaltensweisen, durch die Berücksichtigung sozio-emotionaler Aspekte des eigenen Verhaltens und das Mitbedenken der Sichtweisen der anderen für eigene Entscheidungen. Voraussetzung hierfür ist aber auch das Erfahren von Akzeptanz. Erforderlich ist in diesem Sinne jedoch unbedingt auch die Erfahrung eigener Verantwortung für sich selbst und andere und die Möglichkeit, sich zwischen Alternativen verantwortlich entscheiden zu können, also die Möglichkeit der Mitbestimmung. Erziehlicher Unterricht ist durch diese Dimensionen verantwortlichen Handelns gekennzeichnet. Erziehlicher Unterricht zeichnet sich aber auch besonders dadurch aus, dass er unseren Schülerinnen und Schülern Erfolge ermöglicht und sichtbar macht. Schulische Erfolge sind für diese Kinder und Jugendlichen oftmals ein „Therapeutikum". Sie sind für viele Schülerinnen und Schüler der Einstieg in die Entwicklung eines verbesserten Selbstwertgefühls, in die Entwicklung des Selbstvertrauens, das notwendig ist, um soziale Beziehungen einzugehen und sich der individuellen Gestaltung des eigenen Lebens zu stellen.

5. Arbeitsfelder in der schulischen Erziehungshilfe

Pädagogisch - therapeutische Arbeitsformen

Was bedeutet therapeutisches Arbeiten an der Schule?

Die Vielschichtigkeit und Komplexität von Entwicklungsabweichungen und/oder Störungsbildern der Kinder und Jugendlichen an der Schule zur Erziehungshilfe erfordern die Berücksichtigung therapeutischer Aspekte in der pädagogischen Arbeit, wobei darunter nicht eine „Therapeutisierung" des Unterrichts zu verstehen ist. Pädagogisch-therapeutische Arbeitsformen sollen den Bildungs- und Erziehungsprozess unterstützen und zur Stärkung des Kindes bzw. des Jugendlichen beitragen. Fritz Redl beschrieb, wie in Einrichtungen der Erziehungshilfe eine schützende, die Kinder stärkende Atmosphäre geschaffen werden kann. Im vierten Kapitel wurde in diesem Zusammenhang die Schule als „fürsorgliche Gemeinschaft" beschrieben. Die Schaffung einer vertrauensvollen, schützenden und stärkenden Atmosphäre, die durchaus mit einem therapeutischen setting verglichen werden kann, ist Grundlage für die pädagogisch-therapeutische Arbeit.

Therapeutische Arbeit im pädagogischen Prozess beinhaltet drei zentrale Elemente, die miteinander in Einklang gebracht werden sollten und die für die Schule zur Erziehungshilfe von Bedeutung sind. Das sind

- die Schaffung eines therapeutischen Klimas (setting), das den Kindern dazu verhilft, die an sie gestellten Aufgaben zu lösen und das dafür die notwendigen Hilfen bereit stellt,
- die Gestaltung einer pädagogisch-therapeutischen Beziehung, wobei hier die Beziehung sowohl vom therapeutisch tätigen Pädagogen/der Pädagogin zum Schüler/ zur Schülerin als auch die Beziehungsgestaltung zwischen den Heranwachsenden zu verstehen ist,
- die Verwendung pädagogisch-therapeutischer Verfahren im Erziehungsprozess.[28]

Für die therapeutische Arbeit im pädagogischen Kontext gibt es bereits eine Vielzahl von Angeboten und Möglichkeiten. Sie erstrecken sich von der Schaffung eines therapeutischen Milieus (vgl. Redl[29]), Bergsson[30]), der Veränderung von Sichtweisen auf Verhaltensprobleme (vgl. Molnar/Lindquist[31]), Henning/Knödler[32]) bis zum Einsatz spezieller therapeutischer Übungen und Techniken im unterrichtlichen und außerunterrichtlichen Bereich.

Zur Schaffung eines therapeutischen Klimas kann an dieser Stelle auf Fritz Redls Ausführungen verwiesen werden. Sein Kerngedanke des „therapeutischen Milieus" besteht in der Vorstellung, dass ausschließlich therapeutische Förderangebote den komplexen Hilfe- und Erziehungsbedürfnissen von Kindern mit Gefühls- und Verhaltensstörungen nicht gerecht werden können. Die Folgerung, die er daraus zog, war die Forderung nach einem von therapeutischen Prinzipien durchdrungenen Erziehungsalltag für diese Kinder. Im Mittelpunkt dieser Überlegungen stand neben der grundlegenden Bedürfnisbefriedigung die Absicht, die Konflikthaftigkeit der alltäglichen Lebenswelten der Kinder zu reduzieren, ihnen Hilfe und Unterstützung bei der Bewältigung der alltäglichen Aufgaben des Zusammenlebens mit Anderen zu gewähren. Krisen und Konflikte werden im Rahmen des therapeutischen Milieus als Lernanlass und potentieller Entwicklungsimpuls verstanden.

Therapeutisches Milieu heißt in Bezug auf die Schule, dass eine Atmosphäre geschaffen wird, die
- die Grundbedürfnisse der Schüler aufnimmt und ihnen entspricht. Grundbedürfnisse sind dabei nicht nur die Bedürfnisse nach Nahrung, Bewegung oder Ruhe. Unter Grundbedürfnissen versteht Redl auch die Bedürfnisse nach Zuwendung, Achtung und Empathie. Damit einher geht die Vermeidung schädlicher Einflüsse für die Entwicklung der Heranwachsenden wie z.B. Angstsituationen in der Gruppe, die das Kind nicht bewältigen kann, „Bloßstellungen" oder Beschuldigungen.
- die entwicklungspsychologischen, kulturellen und sozioökonomischen Entwicklungsbedingungen der Schülerinnen und Schüler beachtet. Was können, was brauchen die Heranwachsenden in ihrem Alter? Können diese Bedürfnisse unter den Bedingungen, unter denen sie aufwachsen, erfüllt werden oder muss in der Schule etwas kompensiert werden, was in der häuslichen Umgebung nicht realisiert werden kann?
- Angstfreiheit gewähren kann, so dass die Heranwachsenden ihre Abwehrhaltung gegen alle von ihnen subjektiv empfundenen Bedrohungen aufgeben können und sich öffnen können für emotionale Bindungen.
- in den gesamten Lebensalltag hineinreicht und irgendwann eine solche Stärkung der Heranwachsenden bewirkt, dass sich das therapeutische Milieu selbst überflüssig macht,
- klare und durchschaubare Strukturen bereitstellt, im Sinne von räumlichen, zeitlichen, aber auch sozialen Strukturen. Dadurch werden wichtige Voraussetzungen für die Entwicklung der Kinder und Jugendlichen geschaffen - Zuverlässigkeit und Vertrauen.
- eine Übereinstimmung von vermittelten und gelebten Werten und Regeln darstellt. Die in der Schule gelebten Werte und Regeln werden von allen mitgetragen und sind für Schülerschaft und Lehrkörper verbindlich. Heranwachsende erkennen sehr leicht Widersprüchlichkeiten im Handeln, in nonverbalen Gesten und in der verbalen Vermittlung. Vertrauen entsteht dann, wenn beides übereinstimmt.
- die Beachtung der „Verträglichkeit zwischen den Gruppenmitgliedern" sichert. Nicht jede Gruppe/Klasse ist optimal zusammengesetzt. Es ist zu überprüfen, wie Einfluss auf die Gruppenstruktur genommen werden kann, wie diese entweder durch Veränderung der Gruppenzusammensetzung oder durch Änderung der Beziehungen zwischen den Mitgliedern so zu gestalten ist, dass sich in der Gruppe oder Klasse ein Beziehungsmuster entwickeln kann, das als Gemeinschaft den Einzelnen trägt und in dem Erwachsene als Mittler zwischen den Heranwachsenden agieren.
- eine Auswahl von Tätigkeiten aus dem Handlungskontext der Schule bereithält. So sollten entsprechend Zeit, Raum und Ausrüstung z.B. für künstlerisch-kreative Tätigkeiten oder sport- und erlebnispädagogische Aktivitäten zur Verfügung gestellt werden.[33]

Das therapeutische Milieu wird dann als solches wirksam, wenn es den gesamten Schulalltag umfasst, sowohl den unterrichtlichen als auch den außerunterrichtlichen Bereich und wenn das pädagogische Handeln aller Beteiligten davon durchdrungen ist.

Die Schaffung einer therapeutischen Beziehung zwischen Lehrer und Schüler im Schulalltag wird aus folgenden Gründen als ambivalent angesehen: Die Differenz zwischen der Beziehung im pädagogisch-therapeutischen Prozess und der in unterrichtlichen Prozessen muss für alle Beteiligten nachvollziehbar und lebbar sein. Das Spannungsfeld von Nähe und Distanz, von Leistungsforderung und Empathie müssen von jeder Pädagogin/jedem Pädagogen neu ausgelotet werden. Werner Helsper versucht, diesen Spannungsbogen aufzulösen, indem er vorschlägt, an Stelle von Liebe die Verlässlichkeit, Orientierung an Gerechtigkeit und eine „einfühlende Fürsorge, die zugleich um ihre Grenzen weiß" [34] treten zu lassen, um Vertrauen zu erzeugen. Der Aufbau einer therapeutischen Beziehung setzt gegenseitige Achtung, Vertrauen und Gerechtigkeit voraus. Das Menschenbild der Pädagogin/des Pädagogen und die Sichtweise auf das Kind bestimmen in gravierendem Maße die Beziehung. Insofern sollten Grenzen und Ambivalenzen für die therapeutische Beziehung über die Sichtweise auf das Kind gemeinsam mit allen Pädagogen und Pädagoginnen reflektiert werden.

Ein Ansatz, wie im gesamten schulischen Bereich über die Veränderung der Wahrnehmung von kindlichen Verhaltensweisen pädagogisch-therapeutische Arbeit in der schulischen Erziehungshilfe gestaltet werden könnte, ist der von Molnar und Lindquist. Ihnen geht es darum, „zu zeigen, wie ökosystemische Ideen eingesetzt werden können, um eine Veränderung zu bewirken" [35]. Auf der Grundlage verschiedener Modelle der Kybernetik, der Systemtheorie und der Hypnose sowie der gesammelten Erfahrungen aus der systemischen Familientherapie haben die beiden Autoren Lösungsstrategien für den schulischen Bereich entwickelt, die von der Ursache/Wirkungs-Logik abgehen. Häufig ist die Pädagogin/der Pädagoge mit Situationen konfrontiert, in denen die Ursachen für Problemverhalten weder erkannt noch beseitigt werden können. Möglichkeiten für die Veränderung solcher Problemsituationen können in zwei Richtungen gesehen werden: entweder „man (1) sucht neue Deutungen des als problematisch geltenden Verhaltens und (...) verhält sich diesen Deutungen entsprechend oder (2) man verhält sich einfach anders"[36]. Durch die Veränderung des eigenen Verhaltens wird auf das System Schulklasse eingewirkt und somit dem Schüler die Möglichkeit zur Verhaltensänderung zu geben.

Einige praktische Strategien, die aus diesem Denkansatz abgeleitet wurden, sollen an dieser Stelle hervorgehoben werden:

Umdeutung von Problemverhalten
Für das problematische Verhalten wird eine positive alternative Interpretation formuliert. So könnten z.B. aggressive Störversuche eines Schülers sowohl als Ablehnung der Person des Lehrers interpretiert werden als auch als einzige Fähigkeit,

Interesse am Lernstoff zu bekunden. Je nach Interpretation des Schülerverhaltens wird die Reaktion des Lehrers/der Lehrerin verschieden sein. Durch positive Deutung des Schülerverhaltens wird die gesamte Beziehung verändert und somit auch das Gesamtsystem, in dem das Verhalten gezeigt wird.

Symptomverschreibung
Diese Strategie basiert auf dem Konzept der paradoxen Intervention. Eine Schülerin/ein Schüler wird aufgefordert, das gezeigte Problemverhalten in anderen Situationen, zu anderen Zeitpunkten oder Orten anzuwenden, „das heißt, das zu tun, was sie bisher schon immer getan hat, aber auf andere Weise."[37]. So könnte z.B. ein Schüler, der stets den Unterricht mit Papierfliegern stört, aufgefordert werden, diese in Zukunft aus Buntpapier anzufertigen. Mit dieser Aufforderung wird signalisiert, dass man akzeptiert, dass es nachvollziehbare Gründe für das Problemverhalten gibt, dass aber darüber weiter verhandelt werden muss.

Lokalisierung von Ausnahmen
Diese Strategie fordert dazu auf, in problematischen Situationen bzw. bei Problemverhalten nach positiven Ansätzen, nach unproblematischem Verhalten zu suchen. Wenn z.B. ein Schüler/eine Schülerin jede Äußerung der Lehrerin/des Lehrers im Unterricht lautstark kommentiert, könnte man die Störung des Unterrichts in den Vordergrund setzen. Möglich wäre aber auch, die Aufmerksamkeit, das kognitive Verstehen des Lehrerwortes durch den Schüler im Vordergrund zu sehen. Dies ergäbe einen positiven Ansatz, mit Äußerungen umzugehen und plötzlich etwas zu loben, was vordergründig als störend erscheint.

Dieser therapeutische Ansatz kann die gesamte therapeutische Arbeit durchdringen. Er wirkt unterstützend bei der Schaffung eines therapeutischen Klimas an der Schule und bei der Reflexion des eigenen Handelns.
Auf ein weiteres Modell pädagogisch-therapeutischer Arbeit in der schulischen Erziehungshilfe soll an dieser Stelle verwiesen werden: Das entwicklungstherapeutische Modell von Mary Wood[38], welches in Deutschland durch M. Bergsson[39] an der Jacob-Muth-Schule Essen realisiert wurde. Auf der Grundlage des theoriegeleiteten Konzepts der Entwicklungstherapie wurde eine Einrichtung geschaffen, deren wesentlicher Bestandteil der entwicklungstherapeutische Unterricht ist. Dieser orientiert sich an den Fähigkeiten und Bedürfnissen von Kindern in einer bestimmten Altersgruppe. In je zweistündigen Blöcken am Unterrichtsvormittag werden verschiedene Aktivitäten für schulisches Lernen, zur Entwicklung von Sprache, Bewegung und sozialen Kompetenzen (Sozialisation und Kommunikation) gekoppelt. Ein „entwicklungstherapeutischer Lernziel-Diagnose-Bogen" für Lehrer, Eltern und Kinder dient dabei als Instrumentarium für die prozessbegleitende Diagnostik und als Orientierungsraster für Eltern. Die Verbindung von Unterricht, Schaffung von Entlastungsprozessen, von Beratung und Teamarbeit werden als wichtige Faktoren für ein therapeutisches setting angesehen. Weiterhin entwik-

kelte Bergsson[40] auf der Grundlage von M. Wood Variablen therapeutischer Intervention (z.B. systematischer Aufbau und Einsatz der Intervention; Einsatz bestimmter Techniken; Qualifikation der Pädagogen für den Einsatz der Techniken...).

Darf der Pädagoge/ die Pädagogin therapeutisch arbeiten?

Neben der Schaffung eines therapeutischen Klimas, des Beziehungsaufbaus, neben dem Einsatz von Strategien und Perspektivwechsel steht die Frage nach therapeutischen Verfahren oder Übungen, die in den unterrichtlichen bzw. außerunterrichtlichen Prozess eingebaut werden könnten. Die zentrale Frage, ob ein Pädagoge therapeutische Elemente in seinen Unterricht einsetzen kann, sollte vor der positiven Beantwortung zu folgenden Überlegungen verpflichten:

- Vorhandene spezielle Fähigkeiten der einzelnen Lehrerinnen und Lehrer, z.B. im Bereich von Kunst, Bewegung oder Musik sollten berücksichtigt und weiter ausgebaut werden. Die Verknüpfung von therapeutischen Angeboten und Interessen der Pädagoginnen und Pädagogen kann durch den Besuch spezieller Fortbildungsangebote z.B. an Landesinstituten für Lehrerfortbildung qualifiziert werden, möglich wäre aber auch z.B. die Einladung von Musiktherapeutinnen und -therapeuten, Kunstpädagoginnen und -pädagogen oder Theaterpädagoginnen und -pädagogen zu schulinternen Fortbildungen. Ein Einsatz therapeutischer Übungen ohne jegliche Vorkenntnisse ist allerdings problematisch. Elementare Grundkenntnisse zu den theoretischen Grundlagen der ausgewählten Verfahren sollten an der eigenen Person überprüft worden sein (Selbsterfahrung) und auf den physiologischen bzw. psychologischen Entwicklungsstand der Schülerinnen und Schüler abgeglichen werden.
- Für den Einsatz therapeutischer Verfahren sollte ausreichend Zeit und Raum eingeplant werden. Oft wird in den Übungen eine Eigendynamik entwickelt und es wird mehr Zeit als ursprünglich geplant benötigt, um die Übung zum wirklichen Abschluss zu führen bzw. auch die durchgeführten Übungen nachbereitend zu reflektieren.
- Nicht jede Übung lässt sich in jeder Klasse durchführen. Eine vorherige Überprüfung, ob die Lehrer-Schüler-Beziehung den Einsatz therapeutischer Verfahren gestattet, ist notwendig, um Blockaden zu vermeiden.
- Der Einsatz pädagogisch-therapeutischer Übungen erfolgt im gesamten schulischen Kontext. Alle offiziellen und inoffiziellen Regeln bestimmen den Schulalltag, welcher Einfluss auf die Durchführung der Übungen hat. Eine Reflexion zu diesen Regeln ist unerlässlich, um nicht widersprüchliche, für den Schüler mehr irritierende als stützende Rahmenbedingungen zu schaffen.
- Therapeutische Übungen sollten in den gesamten pädagogischen Alltag eingebettet werden. Sie sind Bestandteil der pädagogischen Arbeit und des Tagesablaufes (z.B. Entspannungs- oder Lockerungsübung im Unterricht, Rollenspiel in der Auseinandersetzung zu Wertkonflikten). Die Einbettung von Verfahren in die pädagogische Arbeit setzt voraus, dass vorher das Ziel, die Technik und die Einsatzbedingungen bedacht wurden.
- Therapeutische Übungen schließen Reflexionen über den abgelaufenen Prozess ein, in dem folgende Fragen gestellt werden könnten:

- Was wurde bewirkt?
- Welche Probleme traten auf?
- Wie konnte mit Widerständen umgegangen werden?
- Wurden Prozesse beim Kind ausgelöst, mit denen es nicht umgehen kann?
- Welche Grenzen wurden erreicht?
- Wie stark war das Vertrauen der Schülerinnen und Schüler in die Ablaufprozesse oder die durchführenden Personen?

Werden therapeutische Übungen geplant, durchgeführt und abschließend reflektiert, können sie von Pädagoginnen und Pädagogen, die über erforderliche Voraussetzungen verfügen, ohne Bedenken eingesetzt werden und stellen eine Bereicherung für den gesamten Erziehungsprozess dar.

An dieser Stelle soll eine kleine Auswahl möglicher pädagogisch-therapeutischer Verfahren genannt werden, die auch ohne spezielle Ausbildung an der Schule eingesetzt werden können. Für die Vertiefung werden zu den einzelnen Themen Literaturquellen angegeben.

Welche therapeutische Übungen eignen sich besonders für die Schule zur Erziehungshilfe?

- Entspannungsübungen dienen u.a. zur
  - Auflockerung,
  - Unterbrechung von Ereignissen,
  - Entwicklung von Körpergefühl und Konzentrationsfähigkeit.

Für den Einsatz an der Schule zur Erziehungshilfe eignen sich besonders Entspannungsgeschichten, Magnetkassetten mit Entspannungsübungen, meditative Musikkassetten, Anhören von Regenstäben, Klangspielen und anderes. Gerade in den unteren Klassen kann durch den Einsatz von Entspannungsübungen der Unterricht rhythmisiert, emotional geladene Situationen normalisiert oder auf Konzentrationsabbau eingewirkt werden.

Weitere Anregungen sind z.B. zu finden in: Krowatschek, D.: Entspannung in der Schule: Anleitung zur Durchführung von Entspannungsverfahren in den Klassen 1-6 (mit Magnetbandkassette). Dortmund: Borgmann 1994

- Spiele dienen u.a. zur
  - Auflockerung,
  - Entwicklung von Gefühlen,
  - Entwicklung von Kommunikations-, Kooperations- und Interaktionsfähigkeiten,
  - Entwicklung von Phantasie, Kreativität und nicht zuletzt der Selbstreflexion.

Durch den Einsatz von Spielen können z.B. die Schüler in zwangloser Atmosphäre spielerisch Gefühle verbalisieren und offenbaren - ein Lerneffekt, der für Kinder und Jugendliche mit Gefühls- und Verhaltensstörungen von großem Wert ist. Erfreulicherweise kann die Lehrkraft auf eine große Zahl geeigneter Spielbücher und Spielekarteien zurück greifen, welche Spiele zur Entwicklung und Übung von Kommunikationsfähigkeit, Erlebnisfähigkeit, zu emotionalen Äußerungsmöglichkeiten, Gedächtnis und Kooperationsfähigkeit anbieten.

Weitere Anregungen sind z.B. zu finden in: Baer, U., Berjker, H. Bork, W. et al.: Remscheider Spielekarteien; besonders auch in: Vopel, K.: Interaktionsspiele (1-6). Salzhausen. Iskopress 1993

- Rollenspiele dienen u.a. zur
  - Erarbeitung, Wiederholung und Festigung von Erfahrungen,
  - Selbstreflexion der Schülerinnen und Schüler, ohne sie zunächst in realen Lebensfeldern mit realen Konsequenzen erproben zu müssen.

Über die Distanz zur Rolle kann eine Identifikation mit dem Thema erfolgen. Für die Durchführung des Rollenspiels werden Regeln bedeutsam und im Spiel verinnerlicht. Gerade für die Erarbeitung von Konfliktlösungsstrategien – ob individuell oder in Gruppen – ist die Anwendung von Rollenspielen von großer Bedeutung. Anregungen sind zu finden in: Oerter, R.: Psychologie des Spiels: Ein handlungstheoretischer Ansatz. München: Quintessenz 1993 und in: Van Ments, M.: Rollenspiel effektiv: Ein Leitfaden für Lehrer, Erzieher, Ausbilder und Gruppenleiter. München: Oldenbourg 1998

- Kreative Gestaltungsübungen
  - dienen der Schulung der Wahrnehmungsfähigkeit,
  - fördern den Einbezug und die Entwicklung von Erlebnisfähigkeit,
  - bieten durch verschiedenste Gestaltungsformen Möglichkeiten zur Entwicklung und Reflexion von Gefühlen,
  - eignen sich ebenfalls als Medium für Gespräche,
  - können aber auch Situationen entspannen bzw. auflockern.

Das lustbetonte, zweckfreie Gestalten fördert nicht nur die Kreativität, es gibt auch Raum für angstfreie Selbstreflexion. Die gemeinsame Tätigkeit an einem Werk fördert die sozialen Beziehungen in der Gruppe.
Weitere Anregungen sind zu finden in: Oaklander, V.: Gestalttherapie mit Kindern und Jugendlichen. Stuttgart: Klett-Cotta 1992 (7. Aufl.)

- Musiktherapeutische Übungen
  - dienen als Mittel sozialer Kommunikation, Kooperation und Interaktion,
  - ermöglichen sozial-emotionale Förderung durch die Entwicklung nonverbaler Ausdrucks- und Interaktionsfähigkeit,
  - können für gruppenbildende Erfahrungen (Verständigung, Kontakt und Austausch) genutzt werden,
  - stärken das Selbstwertgefühl und das Selbstvertrauen.

Musik spielt im Leben der Heranwachsenden eine elementare Rolle. Sie besitzen einen großen Erfahrungshintergrund zum Phänomen Musik, was zur Anknüpfung genutzt werden kann. Für die Schule zur Erziehungshilfe eignen sich besonders die rhythmische Erziehung (Orff u.a.), aber auch musiktherapeutische Elemente. Im Vordergrund musischen Tuns ist dabei immer das emotionale Erleben: Je stärker dieses angeregt wird, desto größer ist die heilsame und stärkende Wirkung auf die

Beteiligten. Eine Konzeption musikorientierter Förderung in der Erziehung bei Verhaltensstörungen beschreibt z.B.: Tischler, B.; Moroder-Tischler, R.: Musik aktiv erleben: musikalische Spielideen für die pädagogische, sonderpädagogische und therapeutische Praxis. Frankfurt/ M.: Diesterweg 1993 und Tischler, B.: Musik aktiv gestalten: Ideen für die pädagogische, sonderpädagogische und therapeutische Praxis. Frankfurt/ M.: Diesterweg 1994

- Bewegungsübungen können dienlich sein
  - zur Entwicklung und Übung motorischer bzw. feinmotorischer Fertigkeiten,
  - zur Entwicklung eines Körpergefühls und
  - zum Spannungsabbau.

Bewegung als Entspannung und als Auflockerung fördert gerade im Unterricht sowohl eine positive emotionale Grundstimmung als auch soziale Interaktionsprozesse. Weitere Anregungen sind zu finden in: Brinkmann, A.; Treeß, U.: Bewegungsspiele: Sozialarbeit, Freizeitgestaltung, Sportunterricht. Hamburg: Rowohlt 1990

Neben diesen verallgemeinerten Übungen, Spielen und Verfahren existiert eine große Anzahl an Einzeltechniken oder Erfahrungen, die sich unter Beachtung der Voraussetzungen für den Einsatz therapeutischer Elemente in den pädagogischen Alltag integrieren lässt wie z.B. Ich-Bücher, Einsatz von Metaphern und Geschichten, Interwriting (ein Schüler beginnt einen Satz, der nächste setzt den Text unter Einbeziehung der Gedanken des Vorgängers fort), unvollendete Geschichten usw. Der Einsatz der beschriebenen therapeutischen Elemente in der Schule führt dabei nicht zur Therapeutisierung der Pädagogik, wenn diese den Erziehungsprozess bereichern und bei den Entwicklungsbedürfnissen der Schüler ansetzen. Es geht hierbei nicht um die Pathologisierung von kindlicher Entwicklung, sondern um den Einsatz therapeutischer Elemente mit dem Ziel der Stärkung der kindlichen Persönlichkeit und um die Anregung von Reflexionsprozessen über die eigene Person.

Pädagogische Maßnahmen an der Schule zur Erziehungshilfe

Es existiert eine Vielzahl pädagogisch-erzieherischer Maßnahmen, von allgemeinen Angeboten bis zu konkreten Handlungshinweisen. An dieser Stelle soll, abgeleitet von den speziellen Erziehungsbedürfnissen der Schülerinnen und Schüler in der schulischen Erziehungshilfe, besonders auf solche Maßnahmen eingegangen werden, die sich in der Arbeit mit Kindern und Jugendlichen mit Verhaltensstörungen bewährt haben.

In der Auseinandersetzung mit aggressivem Verhalten stellten Fritz Redl und David Wineman[41] ein Instrumentarium zusammen, das für den Lehrer/die Lehrerin eine Vielfalt an Hinweisen gibt, unter welchen Bedingungen und bei welchem Verhalten man in welcher Art reagieren könnte. Nachfolgend sollen einige dieser pädagogischen Maßnahmen benannt und kurz erläutert werden:

Wie kann die Lehrerin/ der Lehrer auf Störungen im Unterricht reagieren?

Bewusstes Ignorieren
Kinder zeigen ein bestimmtes Verhalten, weil sie sich entweder abreagieren müssen oder sie mit diesem Verhalten ein bestimmtes Nahziel erreichen wollen. Das Verhalten wird dann eingestellt, wenn entweder die Energie aufgebraucht ist oder das Nahziel erreicht wurde. Bewusstes Ignorieren ist die Kunst, einschätzen zu können, ob das Verhalten unter diesem Aspekt zu bewerten ist und sich ohne Eingreifen einstellen würde.

Eingriff durch Signale
Wenn Kinder zwar wissen, welches Verhalten von ihnen erwartet wird, ihnen aber ihr Verhalten außer Kontrolle gerät, hilft häufig ein Signal oder Zeichen, um diese Kontrolle wieder zu aktivieren (z.B. Zeigefinger auf geschlossene Lippen legen, Signalkarten, Ampelfarben).

Entspannung durch Humor
Wenn sich beim Kind aggressive Energien anstauen, kann ein Witz oder eine verständnisvolle humorvolle Bemerkungen Lachen hervorrufen, welches die aggressiven Energien auflöst.

Umgruppierung
Manche Konflikte entstehen aus einer ungünstigen sozialen Zusammensetzung heraus (im Klassenzimmer, aber auch in der Arbeit in Gruppen u.ä.). Eine Reflexion über die Zusammensetzung bzw. eine mögliche hilfreichere Konstellation kann zu verschiedenen Umgruppierungen führen.

Vorbeugendes Hinausschicken (Antiseptischer Hinauswurf)
Es gibt konflikthafte Situationen, in denen vorhersehbar ist, dass ein Kind die notwendige Selbststeuerung und Kontrolle nicht aufbringen kann. In diesen Situationen kann es sinnvoll sein, dem Kind den Konflikt, den es nicht aushalten oder lösen kann, zu ersparen. Redl verwendet dafür den medizinisch unterlegten Begriff des antiseptischen Hinauswurfes. Das Kind wird kurzzeitig aus der Klasse herausgelöst. Ein klärendes Gespräch im Anschluss mit der Entwicklung alternativer Konfliktlösungen muss allerdings folgen.

Beschränkung von Aktivitäten, Raum und Gegenständen
Es gibt Kinder, die auf äußere Reize sehr sensibel reagieren. Manche Kinder benötigen, um zur Ruhe zu kommen, eine Reduktion an Reizen. Die Einschränkung in den Aktivitäten, im Raum und in den Gegenständen schaltet nicht nur störende Außenreize aus, sondern hilft den Heranwachsenden, sich auf die wesentlichen Informationen zu konzentrieren.

Erweiterter Freiraum bei gleichzeitiger schärferer Grenzziehung
Die Schülerinnen und Schüler erhalten Freiräume für soziales Probehandeln. In-

nerhalb dieser Freiräume sind sie für eigenes Verhalten selbst verantwortlich. Sie müssen aber gleichzeitig genau die Konsequenzen von Grenzüberschreitungen kennen.
In der Literatur von Redl und Wineman sind ebenso solche Maßnahmen zu finden wie Verbote (als deutlich markierte Grenzlinien), Strafen (als vorher bekannte Folge übertretener Verbote), Drohung (als Hinweis auf die markierte Grenzlinie), Belohnung (als Vergünstigung bei eingetretenem angestrebten Verhalten).

Für die Entwicklung gewünschter Verhaltensweisen ist darüber hinaus die Anwendung von Elementen aus dem breiten Repertoire der Verhaltensmodifikation sehr zu empfehlen. Einzelne Elemente haben ihren festen Platz in der pädagogischen Arbeit an der Schule zur Erziehungshilfe. Erinnert sei hier primär an den Einsatz verschiedener Verstärker. Hierbei unterscheidet man:
- materielle Verstärker (verschiedene kleine materielle Belohnungen),
- Handlungsverstärker (eine bestimmte Handlung, ein bestimmter Dienst darf als Belohnung für das Einhalten angestrebten Verhaltens erfüllt werden),
- soziale Verstärker (das angestrebte Verhalten wird durch eine beliebte gemeinsame Aktivität verstärkt),
- Münzverstärker (gezeigtes Verhalten wird über Punkte oder Münzen verstärkt, die gesammelt, gehandelt, aber auch verloren werden können, wobei der Handel nach vorher festgelegten Regeln erfolgt: z.B. eine Woche lang regelmäßig Hausaufgaben anzufertigen berechtigt zur einmaligen Freistellung von der Hausaufgabe. Der Schüler/die Schülerin entscheidet selbst, wann und unter welchen Bedingungen er/sie die Vergünstigung nutzt).

Kontingenzverträge
Mit dem Kind wird gemeinsam und schriftlich vereinbart, welches Verhalten angestrebt wird. Ein Zeitplan, ein Verstärkerplan und Konsequenzen für den Vertragsbruch werden gemeinsam festgelegt und mit Unterschrift für beide Parteien als verbindlich geregelt.
Die Vielzahl von pädagogischen Maßnahmen ermöglicht den Lehrerinnen und Lehrern, für jeden Schüler/jede Schülerin individuell geeignete Maßnahmen zusammenzustellen, die auch in die individuellen Erziehungspläne einfließen und in ihrer Effektivität regelmäßig überprüft werden sollten.

Beratung

In den letzten Jahren hat die Bedeutung von Beratung innerhalb des pädagogischen Prozesses stark zugenommen, es entstand eine Vielzahl von Publikationen zur Beratung als pädagogische Aufgabe. Aus den verschiedenen Theoriehintergründen heraus – ob psychoanalytisch, systemisch, organisationstheoretisch u.v.m. – werden Beratungskonzepte für die pädagogische Praxis entwickelt. Dabei geht es schon lange nicht mehr nur um die individuelle Problemlösung. Beratung

Was ist eigentlich Beratung?

ist fester Bestandteil der verschiedenen pädagogischen Arbeitsbereiche geworden. Dabei spannt sich der Bogen von individueller Beratung bis hin zur Organisationsberatung für Schulentwicklung. In diesem Abschnitt soll auf die Beratungsangebote eingegangen werden, die Lehrerinnen und Lehrer, Schülerinnen und Schüler als auch die Eltern konkret betreffen. Unter Beratung im pädagogischen Arbeitsfeld kann das gemeinsame kooperative Suchen nach Lösungen bzw. Lösungsmöglichkeiten für ein Problem, das gemeinsam benannt und formuliert wurde, verstanden werden. Dabei bringt der Beratende seine Kompetenzen für die Gestaltung des Beratungsprozesses und in Bezug auf das Problem ein. Aber auch die Ratsuchenden bringen Kompetenzen ein, nämlich in Bezug auf ihr Problem, ihre Person und ihr Arbeitsfeld bzw. ihre Lebenswelt.[42] Beratung bedeutet also das gleichberechtigte Agieren von kompetenten Personen, um ein Problem zu meistern. Die Aufgabe des Beraters ist es dabei nicht, Lösungen vorzugeben, sondern den Ratsuchenden zu unterstützen, eigene Lösungsmöglichkeiten zu entwickeln. Nur so können sich die Ratsuchenden mit dem Lösungsweg identifizieren und ihn umsetzen. Beratung heißt also, zunächst das Problem zu benennen, Lösungsziele gemeinsam zu diskutieren und danach den Lösungsweg für ein Ziel so zu planen, dass er für die Ratsuchenden umsetzbar ist. Häufig sind Lehrerinnen und Lehrer die ersten Ansprechpartner bei Erziehungsproblemen. Und manchmal treffen unterschiedlichste Erwartungen aufeinander. Durch die gemeinsame Problemanalyse kann es gelingen, die eigenen Erwartungen zu relativieren und Perspektivwechsel vorzunehmen.

Warum ist Beratung so schwierig?

Beispiel: Die alleinerziehende Mutter des 13-jährigen Peter ist z.Z. in der dritten Umschulung. Irgendwie muss sie es meistern, ihre Probleme allein unter einen Hut zu bekommen - den PC-Lehrgang, die wirtschaftliche Versorgung der Minifamilie, die Erziehung des Sohnes. Wenn sie abends nach Hause kommt, würde sie sich wünschen, es wäre bereits einiges an Hausarbeit erledigt. Statt dessen ist der Sohn verschwunden, im Hausaufgabenheft steht, dass er wieder zu spät in die Schule kam.
Die Klassenlehrerin von Peter ist am Verzweifeln. Peter kommt täglich zu spät und er gestaltet sein Kommen auch noch jedes Mal als theatralischen Auftritt. Auf die Eintragungen im Hausaufgabenheft reagiert die Mutter nicht. Gut, sie ist alleinstehend und arbeitslos, aber da hat sie doch Zeit, sich um den Sohn zu kümmern!
• Wie würde hier ein Beratungsgespräch aussehen?
• Was sind die Erwartungen von Peters Mutter und was sind die von Peters Lehrerin?
• Was sind die Sorgen der beiden?

Offensichtlich sind diese Sorgen nicht identisch. Während sich die Mutter wünscht, dass die Schule ihren Part spielt und den Sohn „zur Vernunft bringt", damit sie wenigstens eine Sorge weniger hat, erwartet die Lehrerin, dass sich die Mutter in der Erziehung des Sohnes mehr engagiert. Verschiedene Erwartungen treffen aufeinander, ohne dass diese dem jeweils Anderen bekannt sind. Dies ist eine fast typische Ausgangsposition für Beratung. Das Problem, dass man die Position des Anderen in seinem Zusammenhang nicht kennt und sich deshalb auch nicht in seine Situation hinein versetzen kann, ist eine Schwierigkeit der Beratung.

Sicher ist es aber genauso schwierig, das Problem des Anderen erkannt zu haben und sich zurückzuhalten, es nicht gleich selbst zu lösen, die eigene Strategie dem Anderen nicht zu diktieren. Denn die eigene Lösungsstrategie kann nicht gleichzeitig Lösungsstrategie des Anderen sein. Gute Beratung ist eben „nur" Hilfe zur Selbsthilfe.

Die Schule zur Erziehungshilfe ist eine pädagogische Einrichtung, in der täglich Konflikte und Probleme auftreten, die Lösungen fordern. Folgende Beratungsfelder sind denkbar:

Was muss Beratung an der Schule zur Erziehungshilfe leisten?

- Schülerinnen- und Schülerberatung (Beratung bei Konflikten, Lernberatung, Berufsberatung...)
- Lehrerinnen- und Lehrerberatung (Beratung von Lehrerinnen und Lehrern der Regelschulen bei Erziehungsproblemen, Beratung bei Problemen der Unterrichtsgestaltung, kollegiale Beratung - „Supervision")
- Elternberatung

Dabei können Beratungsfragen von burn out über Kommunikationsstörungen, Fachfragen bis hin zu speziellen Problemen, wie z.B. Suchtverhalten reichen. Kaum ein Beratungslehrer/eine Beratungslehrerin kann Experte für alle Beratungsfelder oder Vertrauensperson für alle Schülerinnen Schüler, Lehrkräfte und Eltern sein. Aus diesem Grund ist zu empfehlen, dass jede Lehrkraft an der Schule zur Erziehungshilfe über Grundfertigkeiten der Beratung verfügt.

Schülerinnen- und Schülerberatung
In der Schülerinnen- und Schülerberatung ist es sicher am Schwierigsten, von der expertenzentrierten Beratung (der Lehrer/die Lehrerin ist Experte für alle Fragen und antwortet dem Schüler/der Schülerin, gibt Lösungen vor) hin zur problemzentrierten Beratung zu kommen. Dies hat zwei Gründe: Zum einen ist die Lehrkraft bereits durch ihre Funktion und ihr Amt für den Schüler/die Schülerin eine Autorität, die sie auch wahren muss. Zum anderen ist die Problemsicht der Lehrkraft durch ihren Erfahrungsschatz eine andere als die des Schülers/der Schülerin und sie ist schnell geneigt, die für sie optimale Lösung vorzuschlagen.

Was ist bei der Beratung von Schülerinnen und Schülern so schwierig?

Dieser Teufelskreis kann nur durchbrochen werden, wenn mit dem Kind oder Jugendlichen gemeinsam die einzelnen Phasen der Problemlösung durchschritten werden, welche sind:
- Problem definieren,
- Lösungsmöglichkeiten auffinden,
- Lösungsmöglichkeiten bewerten,
- Lösungsweg planen,
- zur Umsetzung ermutigen.

Dabei werden sowohl die Probleme und die Problemsicht des Kindes wie auch seine Lösungsvorschläge respektiert. Der Berater/die Beraterin präzisiert die Aussagen des Kindes, verdichtet sie und drängt nicht die eigene Lösung auf. Gelingt es, innerhalb der Beratung die Kompetenzen des Kindes zu achten und aufzunehmen, dann ist der Weg bereitet für eine Problemlösung durch den Schüler/die Schülerin. Dies heißt nicht, dass die Schule zur Erziehungshilfe verschlossen ist für expertenzentrierte Beratung. Bei Detailproblemen bietet es sich an, Angebote von Experten in den gesamten Beratungsprozess mit einzubauen (z.B. Berufsberaterinnen und -berater vom Arbeitsamt; Suchtberatung). Doch auch hier macht sich die Kopplung mit individueller Einzelberatung erforderlich, denn die Schülerinnen und Schüler sind die Experten für ihre eigene Person.

Lehrerinnen- und Lehrerberatung/kollegiale Supervision

Was spricht für schulinterne Beratung der Lehrerinnen und Lehrer?

In letzter Zeit gewinnt die Beratung von Lehrerinnen und Lehrern immer mehr an Bedeutung. Viele Untersuchungen deuten auf massive burn-out-Erscheinungen unter Lehrkräften hin und der Wunsch nach Supervision wird verstärkt geäußert. Da die Lehrkräfte allein im Unterricht agieren, erhalten sie nur wenig Rückkopplung über ihren Unterricht. Unterrichtsgestaltung ist ein Problemfeld, das in kollegialer Beratung bearbeitet werden kann. Ein anderer Themenbereich für Supervision sind Erziehungsprobleme bei Schülerinnen und Schülern und die eigene Beziehung zu Problemschülerinnen und -schülern. Ein besonders sensibles Aufgabenfeld für die kollegiale Beratung sind die Beziehungen innerhalb des Kollegiums. Generell sind die Lehrkräfte selbst die besten Experten für die Probleme an der Schule - ob für Unterrichtsgestaltung, für die Probleme der Kinder bzw. mit den Kindern oder für das Kollegium. Dennoch kann nicht erwartet werden, dass dies allein ausreichend ist für kollegiale Beratung. Es müssen grundlegende Voraussetzungen geschaffen sein, wie z.B. die Qualifikation für die Führung von Beratungsgesprächen oder die Einrichtung eines Zeitbudgets für die Beratungslehrerin/den Beratungslehrer sowie die Sicherung der materiellen und organisatorischen Rahmenbedingungen (Raumgestaltung, Terminstrukturen usw.).

Kollegiale Beratung hat darüber hinaus folgende Ziele:
- die Erweiterung des eigenen Problemhorizontes,
- die Umformulierung pädagogischer und organisatorischer Probleme in produktive Herausforderungen,
- die reflexive Analyse der eigenen Tätigkeit,
- Veränderungen des Verständnisses der eigenen Person, der Kinder, der alltäglichen pädagogischen Probleme und
- dadurch eine Öffnung der eigenen Arbeit für qualitative Weiterentwicklungen.

Allerdings kann kollegiale Beratung nicht erfolgreich durchgeführt werden, wenn nicht bestimmte Grundvoraussetzungen erfüllt werden. Voraussetzung ist, dass jeder Lehrkraft zugestanden wird, dass sie selbständig und verantwortungsbewusst handelt. Diese Grundeinstellung muss an der gesamten Schule übereinstimmend gelten. Eine Kommunikationsstruktur des Vertrauens und der Offenheit zu schaffen, ist die Voraussetzung guter und praxisbereichernder Beratungsprozesse.

Beispiel: Angenommen, die Klassenlehrerin von Peter bittet um eine kollegiale Beratung, weil sie mit Peters Verhalten große Schwierigkeiten hat. Folgende Schritte des Beratungsprozesses wären denkbar:
Eine „chairperson" - möglich ist der Beratungslehrer - wird diesen Beratungsprozess leiten.
Sie ist für die Situationsgestaltung (Regeln des Umganges in der Beratungssituation, Moderation, Problem- und Lösungsreflexion), für die zeitliche und inhaltliche Strukturierung verantwortlich und achtet auf die Einhaltung der Ablaufphasen (1. Eröffnungsphase, 2. Problemschilderung, 3. Problemdefinition, 4. gemeinsame Lösungsvarianten, 5. Prüfen der Lösungsvorschläge, 6. Entscheidung, 7. Realisierungsschritte). Diese Form der Beratung - wenn sie gut durchgeführt wurde - kann ein Gewinn für die gesamte Schule sein.
Die Beratung von Lehrerinnen und Lehrern anderer Schulformen durch Lehrkräfte oder pädagogische Mitarbeiterinnen und Mitarbeiter der Schule zur Erziehungshilfe geht über die Moderation von Konflikten zwischen Lehrkräften und Schülerinnen und Schülern hinaus. Sie umfasst auch diagnostische, sozialpädagogische und unterrichtsmethodische Fragestellungen. Sonderschullehrerinnen und -lehrer und pädagogische Mitarbeiterinnen und Mitarbeiter der Schule zur Erziehungshilfe beraten zu Möglichkeiten und Grenzen allgemeinpädagogischer Arbeit mit verhaltensauffälligen Kindern und Jugendlichen.
Sehr eng mit der Beratung verknüpft ist die Supervision, die heute für helfende Berufe als unerlässlich gesehen wird. „Supervision ist die psychosoziale Beratung von vorwiegend in helfenden Berufen tätigen Personen, die die Klärung ihrer beruflichen Identität im Kontext von Klienten, Kollegen, Institutionen, Familien und Gesellschaft sowie die Bewahrung und Steigerung ihrer beruflichen Handlungskompetenz anstreben." [43]

Welche Bedeutung kann Supervision für die Pädagogin/den Pädagogen haben?

Im Mittelpunkt der Supervision kann ein berufliches Problem (z.B. mit einem Schüler/einer Schülerin), ein persönliches Problem mit der beruflichen Tätigkeit (z.B. die Unzufriedenheit mit der eigenen Handlungskompetenz) oder die Teamentwicklung stehen. Dafür sind Einzelsupervisionen möglich, bei denen allerdings alle Beteiligten darauf zu achten haben, dass sich daraus keine Therapie entwickelt. Supervision wird von speziell ausgebildeten Psychologinnen und Psychologen durchgeführt, die in den Mitgliederlisten der therapeutisch orientierten Berufsverbände genannt werden. In der Regel verfügen auch Schulpsychologinnen und Schulpsychologen über eine solche Qualifikation. Im schulischen Kontext ist vor allem die Gruppensupervision erfolgreich. In relativ konstanten Arbeitsgruppen werden mit Hilfe von Supervisorinnen und Supervisoren verschiedene aktuelle berufliche bzw. damit verbundene persönliche Themen bearbeitet.
Eine der bekanntesten und für die Schule empfehlenswertesten Form der Gruppensupervision ist die Balintgruppenarbeit, benannt nach dem Arzt und Psychoanaly-

tiker Thomas Balint. In regelmäßigen Sitzungen über einen Zeitraum von 1-1 ½ Jahren werden die verschiedenen Aspekte erlebter Beziehungsprozesse der Pädagoginnen und Pädagogen mit ihren Schülerinnen und Schülern bearbeitet. Es geht besonders darum, aufgetretene Emotionen, Fragen, Zweifel, Probleme zu formulieren und auszusprechen, die in der Interaktion mit Schülerinnen und Schülern auftreten. Diese Arbeit berührt die gesamte Person des Lehrers/der Lehrerin und bedarf deshalb einer Atmosphäre, die es der Lehrkraft ermöglicht, offen über erlebte Beziehungen zu sprechen. Die Durchführung von Supervision und Balintgruppenarbeit obliegt deshalb qualifizierten Expertinnen und Experten, die in die Schule eingeladen werden und für deren Finanzierung ein Budget geschaffen werden sollte. Erfahrungen zeigen, dass eine erfolgreiche Supervision sich auf alle in der Schule Beteiligten positiv auswirkt.

Angesichts der Persönlichkeitsanforderungen, welche die Arbeit in der schulischen Erziehungshilfe darstellt, kann die Bedeutung von Supervisionsangeboten nicht hoch genug veranschlagt werden. Sie dienen neben der Erhaltung der eigenen Arbeitskraft auch der professionellen Selbstvergewisserung der Pädagoginnen und Pädagogen.

Elternberatung

Elternberatung ist eine Form der Elternarbeit, auf weitere Formen soll später eingegangen werden. Wenn das Elterngespräch erfolgreich sein soll, ist die Form der horizontalen Beratung angebracht. Im Gespräch werden jeweils die Kompetenzen der Beratungspartner, d.h. der Eltern und der Lehrerin/des Lehrers herausgefunden und akzeptiert, um dann einen gemeinsamen Weg der Problemlösung zu finden. Dies ist ein schwieriger Prozess, denn oft stehen sich beim Elterngespräch zunächst zwei „ohnmächtige Partner" gegenüber, die beide ihre Probleme und all zu oft auch ihre Ratlosigkeit angesichts der Herausforderungen durch das Kind verbergen möchten und vom anderen Partner die Lösung des Problems erwarten. Das Elterngespräch ist dann erfolgreich, wenn beide Seiten ihre Kompetenzen einbringen können und eine gemeinsame Sicht auf das Kind und dessen Probleme entsteht. Aus dieser gemeinsamen Sicht heraus können Lösungsansätze gefunden werden. Nur wenn dieser Prozess gelingt, gewinnen die Maßnahmen der schulischen Erziehungshilfe die Akzeptanz der Eltern. Nur dann werden aus „Betroffenen" aktiv beteiligte Eltern.

Die Qualität von Beratungsprozessen muss durch die situative Rahmengestaltung unterstützt werden. Um ein partnerschaftliches Verhältnis schaffen zu können, sollte allerdings an der Schule auch ein geeigneter Raum für ungestörte, gleichberechtigte Gespräche vorhanden sein. Es eignet sich dafür kaum das Direktorenzimmer, das bereits in seiner Funktion Macht symbolisiert. Die wohlüberlegte Gestaltung eines Beratungszimmers ist zu empfehlen. Sitzgruppierungen symbolisieren Partizipationschancen. In der äußeren Form drückt sich auch Qualität aus.

Beispiel: Peters Mutter war zunächst irritiert und verunsichert, als sie eine Einladung in die Schule erhielt. Ihr kam es vor wie eine Vorladung, sie solle ihr Versagen rechtfertigen. In Gedanken legte sie sich bereits eine Strategie zurecht, wie sie die Vorwürfe abblocken kann.

Der Klassenlehrerin hatte die kollegiale Beratung geholfen, sich in Peters Mutter hinein zu versetzen. Es gelang ihr, deren inneren Zustand zu artikulieren und zu signalisieren, dass sie beide an einem Problem arbeiten könnten. Das Gespräch wurde von einer Atmosphäre des gegenseitigen Verständnisses und der gegenseitigen Achtung geprägt und brachte als Ergebnis verschiedene Möglichkeiten, wie man in Zukunft Peters Verhaltensproblemen begegnen und seine Entwicklung voranbringen könnte.

Beratungsprozesse sind vielschichtig und komplex. Elternberatung ist ein langwieriger und schwieriger Prozess.[44]

Elternarbeit

Die Schule zur Erziehungshilfe ist oft der Ansprechpartner für die Erziehungsnöte der Eltern. Dies ist sowohl eine Chance für gelingende Elternarbeit als auch eine mögliche Gefahr für Kraft- bzw. Kapazitätsüberlastung der Lehrerinnen und Lehrer.

In der Elternarbeit geht es darum, Probleme in der Erziehung der Kinder gemeinsam zu meistern, die Kompetenzen und Ressourcen der Beteiligten für diese Arbeit herauszufinden und ein gemeinsames Verständnis für das Kind und dessen individuelle Erziehungsbedürfnisse zu finden. Ein weiteres Ziel der Elternarbeit ist es, die Eltern für die Arbeit der Schule zu interessieren und einzubeziehen. Dies ist ein weitgestecktes Ziel, das aber gleichzeitig ausschließen sollte, was schulische Elternarbeit nicht leisten kann: Familientherapie, Familienorganisation, familienentlastende Dienste. Für diese und andere Angebote sozialer Hilfen für Familien können durch die Schulen Ansprechpartner empfohlen werden. Zwar sollten die Lehrerinnen und Lehrer ein grundlegendes Wissen bezüglich der Arbeit dieser Expertengruppen haben, sie können deren Arbeit nicht selbst übernehmen, und zwar auch dann nicht, wenn sie das Gefühl haben, dass die Hemmschwelle, eine solche Expertenberatung in Anspruch zu nehmen, bei den Eltern sehr groß ist.

Zunächst sollte überprüft werden, wie man die Eltern unterstützen kann, ihre im Schulgesetz verankerten Rechte und Möglichkeiten der Elternvertretung zu realisieren. Eltern, deren Kinder schwierig sind, haben oft Hemmungen, in Schulgremien mitzuarbeiten. Es ist nicht einfach, die Eltern zu ermutigen, sich in Klassenelternvertretungen und Schulelternvertretungen zu engagieren und die Treffen so durchzuführen, dass nicht das eigene Kind im Mittelpunkt steht. Dieses Problem der Elternarbeit besteht an Schulen zur Erziehungshilfe noch stärker als an Regelschulen. Hier ist seitens der Lehrkräfte viel Geschick erforderlich, um die Eltern zu ermutigen, in diesen Gremien mitzuarbeiten, die Kompetenzen der Eltern zu erkennen und den Eltern die Möglichkeit zu geben, diese Kompetenzen einzubrin-

Was kann die Schule zur Erziehungshilfe tun, um die Eltern in die schulische Arbeit einzubeziehen?

gen. Durch die Eltern, die für die Mitarbeit gewonnenen wurden, kann dann auch besser der Kontakt zu jenen Eltern aufgebaut werden, die sich der Schule stark oder ganz verschließen. Durch die Kooperation von Elternvertretern lässt sich Elternarbeit an der Schule besser organisieren als nur durch die Lehrerinnen und Lehrer der Schule.

Organisationsformen der Elternarbeit

Welche Formen der Elternarbeit können gewählt werden?

Die häufigste Form der Elternarbeit ist der allgemeine Elternabend. Hier werden grundsätzliche und aktuelle Informationen ausgetauscht und Elternvertreterinnen und -vertreter gewählt.
In einigen Schulen wurden mit weiteren Formen der Elternarbeit gute Erfahrungen gemacht.
Dazu gehört das Elterncafe - ein zwangloses Treffen von Eltern in einer angenehmen Atmosphäre, um sich u.a. über Erziehungsprobleme auszutauschen. Die Erfahrungen des Elterncafes zeigen, dass diese Art Zusammentreffen intensiver Vorbereitungen bedarf, die nicht von einer Lehrkraft neben ihrem Stundendeputat geleistet werden können.
Elternseminare oder thematische Elternabende können spezielle Themen bearbeiten, die für Eltern, Lehrerinnen und Lehrer von Bedeutung sind, z.B.:
• Wie erleben Kinder die Trennung von Eltern?
• Wenn ein Heranwachsender das Elternhaus meidet.
• Wenn Kinder zu Quälgeistern werden.

Auch diese beiden Formen sind keine Mittel der Belehrung oder Vermittlung von Wissen, sondern Varianten der Kommunikation zwischen Partnerinnen und Partnern zu einem Problem.
• Elternbriefe dienen dem Austausch von Informationen. Dies können vorher vereinbarte Informationen sein. Ein Elternbrief kann aber auch der Verständigung zu einem bestimmten Sachverhalt dienen. Elternbriefe sollten den Eltern vor allem auch die Erfolge ihres Kindes mitteilen. Neben den individuellen, vereinbarten Elternbriefen wird auch mit thematischen Elternbriefen gearbeitet. Hinsichtlich der Ziele und der Realisierung der Elternbriefe können sich Eltern, Pädagoginnen und Pädagogen auf den Elternabenden oder im Elterngespräch verständigen.
• Elternsprechstunden, die regelmäßig durchgeführt werden, sind ein fester Bestandteil der Elternarbeit. Elternsprechstunden haben den Vorteil, dass sie zeitlich und räumlich verlässliche Größen sind und Zusatzvereinbarungen dadurch entfallen. Allerdings könnte bei großem Andrang Wartezeit entstehen. Es kann auch passieren, dass niemand kommt. Absprachen oder Anmeldungen sind u.U. sinnvoll.
• Hausbesuche können einen Einblick in die familiäre Lebenswelt der Kinder geben. Es kann für Eltern durchaus angenehm sein, das Gespräch mit dem Lehrer/ der Lehrerin in einer vertrauten Umgebung zu führen. Anderseits könnte dies die Gefahr beinhalten, als Eindringling in die Privatsphäre angesehen zu werden. Die

Vereinbarung zum Hausbesuch kann nur auf der Basis des gegenseitigen Einverständnisses getroffen werden.
• Die Teilnahme der Eltern an schulischen Ritualen, wie Schulfesten, Tagen der offenen Tür, Projekten usw. ermöglicht den Eltern, die Lehrerinnen und Lehrer, die Schule, deren Arbeitskonzepte sowie andere Eltern kennen zu lernen und sich mit der Schule stärker zu identifizieren.

Elternaktivität und die Einbindung der Eltern in schulische Entscheidungsprozesse ist ein zentraler Bestandteil schulischer Erziehungshilfe. Im Prinzip basiert erfolgreiche schulische Erziehung immer auch auf der Zustimmung der Eltern und deren Unterstützung der vorgeschlagenen Maßnahmen. Die Eltern und Erziehungsberechtigten sollten deshalb nicht nur über alle Erziehungs- und Fördermaßnahmen, die ihre Kinder betreffen, informiert werden, sondern sie sollten diesen Maßnahmen auch zustimmen können, bzw. sollte um ihre Zustimmung geworben werden. Nicht immer leben die Schülerinnen und Schüler in ihrer eigenen Familie. Die Elternarbeit sollte sich deshalb auf alle Erziehungsberechtigte, ob Pflegefamilie, Heimerzieher oder Familienhilfe erstrecken. Dabei sollten alle Arbeitsformen für die Schülerinnen und Schüler transparent sein und sie sollten sich einbezogen fühlen.

Fußnoten Kapitel 5

1 vgl. Fingerle, M.; Mutzeck, W. 1996
2 vgl. Saß, H., Wittchen, H.-U., Zaudig, M. 1996 und ICD 10 Kapitel V 1993
3 vgl. Brickenkamp 1981
4 siehe z.B. Jäger, R.S. & Petermann, F. 1995; Amelang, M. & Zielinski, W. 1994; Fisseni, H.-J. 1997
5 vgl. Boerner, K. 1995
6 siehe Döpfner, M. & Melchers, P. 1993
7 siehe Döpfner, M., Schmeck, K. & Berner W. 1994
8 vgl. Kubiger, K. D. & Wurst, E. 1988
9 siehe Heck-Möhling, R.
10 vgl.: Stiensmeier-Pelster, J., Schürmann, M., Eckert, C. & Pelster, A.
11 siehe Deegener, G. und Unnewehr, S., Schneider, S. & Margraf J.
12 siehe Guthke, J. 1996 und Guthke, J. & Wiedl, K.J. 1997
13 Bergsson, M. 1995
14 Eggert, D. 1997
15 vgl. Hußlein, E. 1989
16 vgl. Kounin, J.S. 1976
17 vgl. Jackson, P. 1968
18 vgl. Doyle, W. 1986
19 vgl. Opp, G., Freytag, A. 1997
20 vgl. Kaufman, J.M. 1996
21 ebenda
22 vgl. Hage et al. 1986
23 vgl. Meyer H., Meyer, M.A. 1997
24 vgl. Good T.L., Brophy J.E. 1994
25 Eine Übersicht und hilfreiche Anregungen zu den verschiedenen Methoden der Unterrichtsgestaltung bieten die „Unterrichtsmethoden" von Meyer H., 1996 sowie die „Unterrichtsrezepte" von Grell J., 1987; darüber hinaus auch der Artikel von Meyer H./ Meyer, M.A.: Lob des Frontalunterrichts. In: Friedrich Jahresheft 1997, 34-37
26 Eine hilfreiche Anleitung und theoretische Grundlegung über die didaktischen Funktionen des Erzählens findet sich in Baacke, D./ Schulze T.: Aus Geschichten lernen. München 1993, 3. Auflage
27 Eine Bibliografie und Reflexion schülerorientierter Förderung sowie eine umfassende Zusammenstellung aktueller Förder- und Unterrichtsmaterialien für „anderen" Unterricht mit Bezugsadressen findet sich in Heimlich U. (Hrsg.): Zwischen Aussonderung und Integration. Schülerorientierte Förderung bei Lern- und Verhaltensschwierigkeiten. Neuwied 1997.
28 vgl. Budnik 2001
29 vgl. Redl, F. 1993
30 vgl. Begsson 1995
31 vgl. Molnar, A., Lindquist, B. 1992
32 vgl.. Hennig, C., Knödler, U. 1985
33 vgl. Redl, F. 1997
34 siehe Helsper 1995, 26
35 siehe Molnar, A., Lindquist, B. 1992, 11
36 ebenda 32
37 ebenda 120
38 vgl. Wood, M. M. & Long N. J. 1991, 3ff
39 vgl. Bergsson 1995
40 ebenda

41 vgl. Redl, F., Wineman, D. 1993
42 vgl. Pallasch, W., Mutzeck, W., Reimers, H. 1992
43 Fengler 1992, 175
44 vgl. Mutzeck 1996

Literatur Kapitel 5

Amelang, M. & Zielinski, W.: Psychologische Diagnostik und Intervention. Berlin 1994

Arbeitsgruppe Kinder-, Jugendlichen- und Familiendiagnostik: Elternfragebogen über das Verhalten von Kindern und Jugendlichen (CBCL). Göttingen: Hogrefe 1994.
Arbeitsgruppe Kinder-, Jugendlichen- und Familiendiagnostik: Fragebogen für Jugendliche (YSF). Göttingen: Hogrefe 1997
Arbeitsgruppe Kinder-, Jugendlichen- und Familiendiagnostik: Lehrerfragebogen über das Verhalten von Kindern und Jugendlichen (TRF). Göttingen: Hogrefe 1994

Baacke, D./ Schulze T.: Aus Geschichten lernen. München 1993, 3. Auflage

Bauer, K.O. et al.: Pädagogische Professionalität und Lehrerarbeit. Weinheim/ München 1996

Bergsson, M.: Ein entwicklungstherapeutisches Modell für Schüler mit Verhaltensstörungen – Organisation einer Schule -. Essen: Progressus 1995

Boerner, K.: Das psychologische Gutachten. Weinheim 1995

Brickenkamp, R.: Test d2. Aufmerksamkeits-Belastungs-Test. Göttingen 1981
Brickenkamp, R. (Hrsg.): Handbuch psychologischer und pädagogischer Tests. Göttingen 1997

Budnik, I.: Logotherapie und Existenzanalyse in der schulischen Erziehungshilfe: Angebote an eine moderne Pädagogik bei Verhaltensstörungen. Bad Heilbrunn: Klinkhardt 2001
Budnik, I., Fingerle, M.: Der diagnosegeleitete Erziehungsplan: Angebote zur Erstellung und Probleme der Nutzung. In: Mutzeck, W. (Hrsg.): Förderplanung: Grundlagen – Methoden – Alternativen. Weinheim: DSV 2000. 145-158

Deegener, G.: Anamnestischer Elternfragebogen. Göttingen: Hogrefe 1984

Dilling, H.; Mombour, W. & Schmidt, H. (Hrsg.). Internationale Klassifikation psychischer Störungen. ICD-10 Kapitel V (F). Klinisch-diagnostische Leitlinien. Bern: Huber 1993

Doepfner, M. & Melchners, P.: Lehrerfragebogen über das Verhalten von Kindern und Jugendlichen – TRF. Köln: Arbeitsgruppe Kinder- Jugend und Familiendiagnostik 1993
Doepfner, M., Schmeck, K. & Berner, W.: Elternfragebogen über das Verhalten von Kindern und Jugendlichen – CBCL 4-18. Köln: Arbeitsgruppe Kinder- Jugend und Familiendiagnostik 1994

Doyle, W.: Classroom organization and management. In: Wittrock, M.: Handbook of research on teaching. New York: Mac Milian 1986

Eggert, D.: Von den Stärken ausgehen... Individuelle Entwicklungspläne (IEP) in der Lernförderdiagnostik. Dortmund: Borgmann 1997

Ehlers, B; Ehlers, T. & Makus, H. Marburger Verhaltensliste (MVL). Göttingen: Hogrefe 1978

Fengler, J.: Wege zur Supervision. In: Pallasch W., Mutzeck, W., Reimers, H. (Hrsg.): Beratung – Training – Supervision: Eine Bestandsaufnahme zum Erwerb von Handlungskompetenz in pädagogischen Arbeitsfeldern. Weinheim, München 1992. 173-187

Fingerle, M. & Mutzeck, W. SVS - Die Entwicklung eines Screening-Instruments für Verhaltensauffälligkeiten im Schulbereich. Erste Ergebnisse zur Konstruktvalidität und zur Reliabilität. Sonderpädagogik (26) 1996, 180-193

Fisseni, H.-J.: Lehrbuch der psychologischen Diagnostik. Göttingen 1997

Good, T.L., Brophy, J.E.: Looking in Classrooms. New York: HarperCollins College Publishers 1994, 6. Auflage

Guthke, J.: Intelligenz im Test. Wege der psychologischen Intelligenzdiagnostik. Göttingen 1996
Guthke, J. & Wiedl, K.H.: Dynamisches Testen. Zur Psychodiagnostik der individuellen Variabilität. Göttingen 1996

Hage et al.: Das Methodenrepertoire von Lehrern. Eine Untersuchung zum Unterrichtsalltag in der Sekundarstufe I. Hagen 1986

Heck-Möhling, R.: Konzentrationstest für 3. und 4. Klassen (KT 3-4). Göttingen: Hogrefe 1986

Heimlich U. (Hrsg.): Zwischen Aussonderung und Integration. Schülerorientierte Förderung bei Lern- und Verhaltensschwierigkeiten. Neuwied 1997

Helsper, W.: Pädagogisches Handeln in den Widersprüchen der Moderne. In: Krüger, H.H.; Helsper, W. (Hrsg.): Einführung in Grundfragen und Grundbegriffe der Erziehungswissenschaft. Opladen: Leske und Budrich 1995, 15-34

Hennig, C., Knödler, U.: Problemschüler – Problemfamilien. Praxis des systemischen Arbeitens mit schulschwierigen Kindern. Weinheim, Basel 1985

ICD 10: International Classification of Diseases (Weltgesundheitsorganisation). Internationale Klassifikation psychischer Störungen ICD 10 – Kapitel V/ klinisch-diagnostische Leitlinien. Bern 1993

Hußlein, E.: Unterrichtsgestaltung in der Schule für Verhaltensgestörte. In: Goetze, H., Neukäter, H.: Handbuch der Sonderpädagogik. Band 6, Berlin 1989, 473-491

Jackson, P.: Life in the classroom. New York: Holt 1968

Jäger, R.S. & Petermann, F.: Psychologische Diagnostik. Weinheim 1995 (3. Aufl.)

Klein, J.: Fragebogen zum hyperkinetischen Syndrom und Therapieleitfaden. Göttingen: Hogrefe

Kounin, J.S.: Techniken der Klassenführung. Stuttgart 1976

Kubinger, K.D. & Wurst, E.: Adaptives Intelligenz Diagnostikum (AID). Göttingen 1988

Meyer, H., Meyer, M.A.: Lob des Frontalunterrichts. In: Friedrich Jahresheft 1997, 34-37

Meyer, H.: Unterrichtsmethoden. Bd. 1 und 2. Frankfurt a.M. 1996

Molnar, A.; Lindquist, B.: Verhaltensprobleme in der Schule. Lösungsstrategien für die Praxis. Dortmund: borgmann publishing 1992

Mutzeck, W.: Kooperative Beratung: Grundlagen und Methoden der Beratung und Supervision im Berufsalltag. Weinheim 1996

Opp, G., Freytag, A.: Warum LehrerInnen nicht tun, wozu sie von allen Seiten aufgefordert werden. Gibt es Auswege aus dem Dilemma schulischer Reformen? In: Heimlich, U. (Hrsg.): Zwischen Separation und Integration: Schülerorientierte Förderung bei Lern- und Verhaltensschwierigkeiten. Neuwied 1997

Pallasch, W., Mutzeck, W., Reimers, H. (Hrsg.): Beratung – Training – Supervision: Eine Bestandsaufnahme zum Erwerb von Handlungskompetenz in pädagogischen Arbeitsfeldern. Weinheim, München 1992

Redl, F., Wineman, D.: Steuerung des aggressiven Verhaltens beim Kind. München 1993 (6. Auflage)
Redl, F.: Erziehung schwieriger Kinder. München/ Zürich 1997

Saß, H.; Wittchen, H.-U. & Zaudig, M.: Diagnostisches und Statistisches Manual Psychischer Störungen (DSM-IV). Göttingen: Hogrefe 1998

Stiensmeier-Pelster, J., Schürmann, M., Eckert, C. & Pelster, A.: Attributionsstil-Fragebogen für Kinder und Jugendliche (ASF-KJ). Göttingen: Hogrefe 1994

Unnewehr, S., Schneider, S. & Margraf, J.: Diagnostisches Interview bei psychischen Störungen bei Kindern und Jugendlichen (Kinder-DIPS). Göttingen: Hogrefe 1995

Westhoff, K., Geusen-Asenbaum, C., Leutner, D. & Schmidt, M.: Problemfragebogen für 11 – bis 14jährige (PF 11-14). Göttingen: Hogrefe 1981

Wood, M. M. & Long N. J.: life space intervention. Austin: pro ed 1991, 3ff

6. Schule zur Erziehungshilfe als Kooperationspartner im Jugendhilfeverbund

Ob wir gut in unserem Haus leben, mit allen Facetten des Zusammenseins, hängt auch von unseren Vermietern und unseren Nachbarn ab. Vermieter haben ihre eigenen Vorstellungen von uns Mietern und ebenso wie unsere Nachbarn wissen sie oft auch nicht genau, was wir tun und was wir wollen. Aber sie alle wohnen in unserer Nachbarschaft und wissen, wie wichtig unser Haus für seine Bewohner ist. Darauf können wir aufbauen.
Manchmal sehen unsere Nachbarn sehr skeptisch auf uns. Sie haben ihre eigenen Erfahrungen mit den Bewohnern unseres Hauses und gehen andere Wege. Aber wir wissen, dass sich der Baugrund und das Fundament von dem der Nachbarn nicht so sehr unterscheiden. Auch darauf können wir aufbauen...

Wie ist das Verhältnis zu unseren Vermietern und Nachbarn?

Angesichts der zunehmenden Pluralisierung von Lebenslagen und der Individualisierung von Lebensführungen sind die Schulen mit einer Vielschichtigkeit von Erziehungsproblemen konfrontiert, die sie mit schulischen Maßnahmen allein längst nicht mehr lösen können. Daneben ist in den letzten Jahren immer deutlicher geworden, dass der Erfolg sozialer Hilfen in erheblichem Maße davon bestimmt ist, dass die breite Lebenswelt der Schüler bei der Hilfeplanung berücksichtigt wird. Die Schule in ihrer üblichen Ausstattung ist gar nicht in der Lage, die Komplexität dieser pädagogischen Aufgabe zu bewältigen, sie ist darauf angewiesen, mit anderen Institutionen und Organisationen zusammenzuarbeiten, die wir hier als „Nachbarn" verstehen.

Aus dieser Vielzahl von „Nachbarn", die für die schulische Erziehungshilfe Relevanz haben können, werden im folgenden Kapitel einige wichtige ausgewählt und Gedanken zu einer „gutnachbarlichen Beziehungsgestaltung" zusammengetragen. Im Einzelnen werden folgende Schwerpunkte thematisiert:
- die Beziehung zur Regelschule (Zusammenarbeit mit integrativer Zielsetzung),
- die Beziehung zur Jugendhilfe (Kooperation im Jugendhilfeverbund),
- die Einordnung schulischer Erziehungshilfe in ein umfassendes Modell der Erziehungshilfen und
- die Zusammenarbeit mit der Schulverwaltung (Konzept der teilautonomen Schule).

Ein weiterer wichtiger Aspekt von Kooperation ist die Zusammenarbeit mit dem Elternhaus, der bereits im Kapitel „Elternarbeit" diskutiert wurde.

Kollegiale Zusammenarbeit mit integrativer Zielsetzung

Mit der Durchsetzung der Bildungsrechte von Menschen mit Behinderungen, richteten sich weiterführende Forderungen vor allem auf die Chancen der sozialen Integration von Schülern mit Behinderungen. Die gemeinsame Beschulung behinderter Kinder mit ihren nicht behinderten Alterskameraden wird gefordert. Dabei besteht Übereinstimmung, dass die gemeinsame Beschulung erfolgreich durchgeführt werden kann, wenn bestimmte inhaltliche und organisatorische Rahmenbedingungen dafür geschaffen und zusätzliche Ressourcen (z.B. Materialien, Fortbildungsmöglichkeiten, zusätzliche Lehrerstunden) bereit gestellt werden.

Unterschiedliche Auffassungen gibt es darüber, inwiefern gemeinsamer Unterricht sondernde schulische Angebote überhaupt ersetzen soll (Auflösung der Sonderschulen). Noch schwieriger wird die Diskussion, wenn es um Schüler mit Gefühls- und Verhaltensstörungen geht. Obwohl die Überschneidungen und Grenzziehungen zwischen „Störung" und „Normalität" kritisch bleiben, kommen auch entschiedene Integrationsbefürworter zu dem Schluss, dass die schulische Integration für (fast) alle Kinder, aber nicht für Kinder mit Gefühls- und Verhaltensstörungen, erfolgreich gestaltet werden kann. Dies weist darauf hin, dass die integrative Beschulung bei diesen Kindern ein besonderes und schwer lösbares Problem darstellt. Andererseits besucht die große Mehrzahl von Schülern mit Gefühls- und Verhaltensstörungen die Allgemeine Schule, während nur ein sehr kleiner Prozentsatz dieser Schüler mit komplexen Störungsbildern in der Schule zur Erziehungshilfe beschult wird. Für die Regelschulen ergeben sich daraus neben der grundsätzlichen Zielsetzung der Prävention von Gefühls- und Verhaltensstörungen zwei Aufgabenbereiche:
- Die Beschreibung und praktische Umsetzung erfolgreicher Rahmenbedingungen für die gemeinsame Beschulung von Schülern mit Gefühls- und Verhaltensstörungen mit ihren gleichaltrigen Schulkameraden.

- Die Re-Integration von Schülern, die nach Besuch der Schule zur Erziehungshilfe in die Allgemeine Schule zurückgeführt werden sollen.

Bei der Bewältigung dieser Aufgaben kommt dem Sonderpädagogen eine wichtige Funktion zu. Die Schule zur Erziehungshilfe ist im Rahmen dieser Herausforderungen eine eigenständige Schulart, aber auch ein Kompetenzzentrum mit Serviceaufgaben. Die pädagogischen Mitarbeiter - das schließt insbesondere auch Sozialarbeiter mit ein - könnten ein Entwicklungskapital für die Formulierung von Bewältigungsstrategien mit herausfordernden Erziehungsproblemen in der Allgemeinen Schule darstellen. Voraussetzung dafür ist das Gelingen kollegialer Zusammenarbeit. Während es in Kapitel 2 und 3 um kollegiale Zusammenarbeit im Sinne der Weiterentwicklung der Schule zur Erziehungshilfe als Organisationseinheit ging, diskutieren wir in diesem Abschnitt die kollegiale Zusammenarbeit im Sinne der Integration von Schülern mit Gefühls- und Verhaltensstörungen in die Regelschule. Voraussetzung dieser Zusammenarbeit ist wiederum Freiwilligkeit, geteilte Verantwortung sowie die Gleichheit und Gegenseitigkeit der Austauschprozesse (Informationszugang, Entscheidungsfindung und Evaluation). Für diese Zusammenarbeit ist es hilfreich, wenn

- die Kompetenz des Lehrer in der Allgemeinen Schule für seine Aufgaben im Klassenzimmer und sein vorhandenes sonderpädagogisches Wissen anerkannt werden,
- der Sonderpädagoge sich auf einen Austausch von Problemsichtweisen einlässt und sich nicht von vornherein eine Expertenrolle zuschreibt oder zuschreiben lässt,
- die Zusammenarbeit konkret und fall- oder problembezogen erfolgt und dafür die notwendigen zeitlichen und räumlichen Rahmenbedingungen flexibel ausgehandelt werden können.

In der fall- oder problembezogenen Zusammenarbeit könnte folgende Arbeitsstruktur hilfreich sein:
- Erfassung des Ausgangsproblems und Formulierung der Zielstellung
- Problemanalyse
- Diskussion möglicher Interventionsformen oder Lösungsvorschläge und Entwicklung eines Handlungsplans
- Realisierung des Handlungsplans
- Evaluation der Maßnahmen und evtl. Überarbeitung des Handlungsplanes

Wie arbeite ich in Einzelfällen mit Kollegen zusammen?

Soll die beschriebene Kooperation im Einzelfall gelingen, müssen jedoch auch die strukturellen Bedingungen einer Zusammenarbeit zwischen den beiden Schulformen bedacht werden.
Zum Ersten ist das der Faktor Zeit. Zusammenarbeit braucht Zeit. Kurzfristige „Noteinsätze" führen meist nicht zum gewünschten Erfolg und sind letztlich für beide Seiten unbefriedigend. Hier scheint es angeraten, über den Einzelfall hinaus

kontinuierlich Kontakt zu halten, um langfristige Interventionen planen und durchführen zu können. Dieser ständige Kontakt unterstützt auch die präventive Arbeit, da frühzeitig Kinder erfasst werden können, die als problematisch auffallen. Im Idealfall gelingt es, durch die frühe Erfassung problematischen Schulverhaltens und die damit verbundenen Stützmaßnahmen den Schüler weiterhin an der Regelschule zu beschulen. Eine so verstandene Zusammenarbeit ist präventiv und wirkt einer Separierung entgegen. Selbstverständlich erleichtert dauerhafte Zusammenarbeit auch die begleitende Re-Integration von Schülern in die Regelschule.

Der zweite Faktor dieser beratenden Zusammenarbeit ist die Akzeptanz der Kooperation in den Kollegien der Schulen. Auf Seiten der Sonderpädagogen erfordert dies die Bereitschaft, ihr spezielles Wissen aus ihrer Schule herauszutragen und andere Pädagogen beratend zu unterstützen. Aus Sicht der Lehrerinnen und Lehrer an Allgemeinen Schulen erfordert dies die Bereitschaft zum interdisziplinären Austausch. Für beide Schulformen gilt, dass sie sich gegenüber neuen pädagogischen Zugängen öffnen und verschiedene Unterrichtsmethoden erproben. Damit Kooperation gelingen kann, muss jedoch auch bei der Schulverwaltung um die personellen und räumlichen Ressourcen geworben werden, die diese Arbeit voraussetzt.

Dabei ist nicht zu übersehen, dass die beratende kollegiale Zusammenarbeit zwischen Sonderpädagogen und den Lehrern der Allgemeinen Schule schon aufgrund des Mangels an ausgebildeten Sonderpädagogen in diesem Arbeitsfeld beschränkt ist. Die pädagogische Auseinandersetzung mit Gefühls- und Verhaltensstörungen wird auch aus diesem Grund im Wesentlichen eine Aufgabe der Allgemeinen Schule bleiben. Kooperation muss deshalb auf Multiplikatoreneffekte hin ausgelegt werden.

In den Allgemeinen Schulen könnten Fachteams gebildet werden, welche die Lehrer der Schule im Umgang mit Gefühls- und Verhaltensstörungen unterstützen und die von einem Sonderpädagogen beraten werden. Die Zusammenarbeit mit integrativer Zielsetzung kann aber natürlich auch durch den Rückgriff auf erprobte Modelle des team teaching, des Stützunterrichts oder des Förderzentrums im Schulhaus (resource-room) praktiziert werden.

Beispiel: Erste Erfahrungen zur integrativen Hilfe an Regelschulen[1]
Unsere Erfahrungen mit integrativer Hilfe unterscheiden sich im Grund- und im Sekundarschulbereich voneinander. Im Sekundarschulbereich ist eine Hilfestellung im Klassenverband schwierig. Deshalb wird der Schüler stundenweise separiert, um seine Lern- und Leistungsdefizite in den Fachgebieten aufzuarbeiten. Im Grundschulbereich ist es sehr gut möglich, Hilfestellungen im Klassenverband zu geben, da die Klassen in der Regel kleiner sind und der Klassenlehrer einen stärkeren Einfluss auf die Schüler ausübt.
Neben der Hilfe für einzelne Schüler beraten wir Klassen- und Fachlehrer über Möglichkeiten der positiven und negativen Verstärkung des Schülerverhaltens (Lern-

verträge, Tokensysteme u.ä.). Diese Interventionen werden im Sekundarbereich jedoch nur wenig genutzt, da die individuelle Bindung zwischen Lehrer und Schüler nicht so stark gegeben ist wie im Grundschulbereich.

Bisher stehen uns in der Regel pro Schüler durchschnittlich 1,5 Stunden wöchentlich für integrative pädagogische Arbeit in Grund- und Sekundarschulen zur Verfügung, die für eine effektive Hilfe jedoch keineswegs ausreichen. Erschwerend für unsere Arbeit kommt hinzu, dass diese Förderstunden nicht immer am Vormittag genehmigt werden, so dass individuelle Förderungen und Beratungen fast ausschließlich am Nachmittag stattfinden müssen.

Kooperation im Jugendhilfeverbund

Neuere Praxisansätze pädagogischer Hilfen für Kinder und Jugendliche mit Gefühls- und Verhaltensstörungen konzipieren sich zunehmend als Stützsysteme in einem breiteren Verständnis. Im Zentrum der Hilfeplanung stehen nicht die beschreibbaren individuellen Defizite der betroffenen Kinder und Jugendlichen, sondern ihre familiären, schulischen und gemeindlichen Lebensfelder, sowie die Risiken und Ressourcen in diesen Lebenswelten. Die pädagogische Betrachtungsweise hat sich erweitert und schließt neben den schulischen Bildungsprozessen auch die Chancen und Risiken der sozialen Integration in einem weiten Sinne mit ein. Damit haben sich die pädagogischen Aufgabenfelder erweitert. Die Zusammenarbeit verschiedener Professionen ist erforderlich, wenn angemessene Hilfesysteme
- kindzentriert,
- familienorientiert,
- gemeindenah und
- kulturangemessen ausgelegt sein sollen.

Die erforderlichen Hilfeangebote reichen von frühen Entwicklungshilfen (Frühförderung 0-7 Jahre), schulischen Lern- und Eingliederungshilfen, Fragen der Freizeitgestaltung, der Familienhilfe, der Hilfen bei der Berufsfindung und der Einmündung in das Berufsleben, der Drogenhilfe, familienersetzender Erziehungsangebote, bis hin zur Unterstützung im Umgang mit den Justizorganen. Die Notwendigkeit interdisziplinärer Zusammenarbeit ergibt sich aus diesem Aufgabenkatalog ganz automatisch. Zu denken ist dabei auch an die verschiedensten pädagogischen, therapeutischen und sozialpädagogischen Professionen: Erzieher, Ergotherapeuten, Physiotherapeuten, Logopäden, Psychologen, Jugendgerichtshelfer, Sozialarbeiter u.a. Insbesondere für die Schulsozialarbeit liegen ermutigende Praxiserfahrungen vor.

Der wichtigste institutionelle Kooperationspartner der Schule für die Erziehung von Kindern und Jugendlichen mit Gefühls- und Verhaltensstörungen ist die Jugendhilfe. Um die Angebote der Jugendhilfe sinnvoll nutzen zu können, ist es unabdingbar, die Organisationsstruktur dieser Institution zu kennen. Die folgende Graphik bündelt diese Struktur:

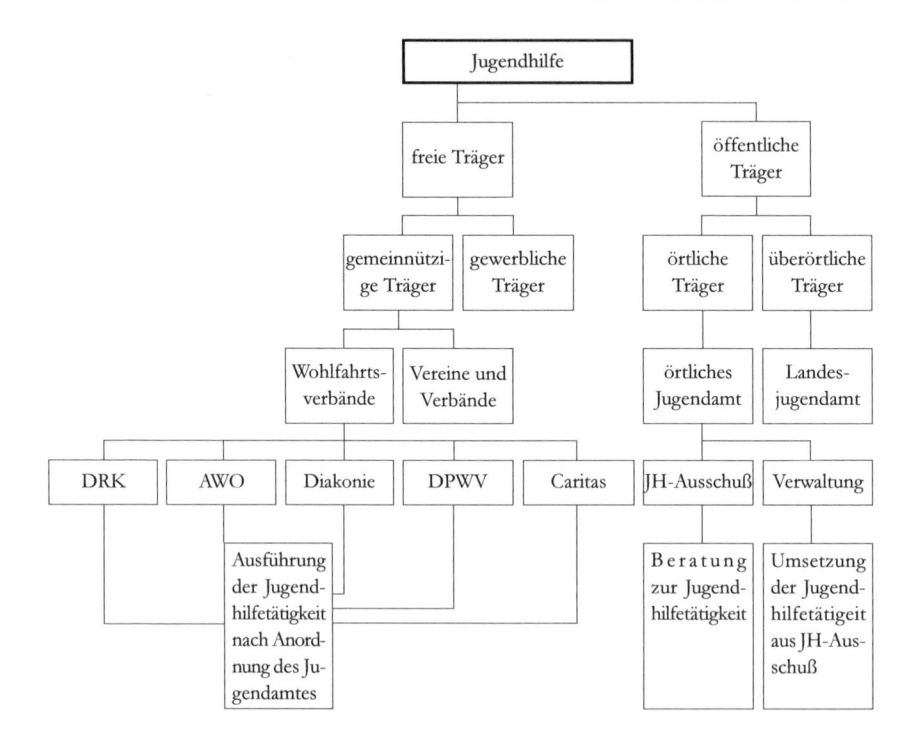

6. Schule zur Erziehungshilfe als Kooperationspartner...

```
                        Jugendhilfe
                   ┌────────┴────────┐
              freie Träger      öffentliche
                                   Träger
           ┌──────┴──────┐      ┌────┴─────┐
      gemeinnützi-   gewerbliche  örtliche  überörtliche
       ge Träger      Träger       Träger     Träger
           │                         │           │
      Wohlfahrts-  Vereine und    örtliches   Landes-
       verbände    Verbände      Jugendamt   jugendamt
   ┌────┬────┬────┬────┐                   ┌────┴────┐
  DRK  AWO Diakonie DPWV Caritas      JH-Ausschuß  Verwaltung
                                           │           │
                   Ausführung           Beratung    Umsetzung
                   der Jugend-          zur Jugend- der Jugend-
                   hilfetätigkeit       hilfetätigkeit hilfetätigkeit
                   nach Anord-                       aus JH-Aus-
                   nung des Ju-                      schuß
                   gendamtes
```

Der unmittelbare Ansprechpartner ist das örtliche Jugendamt, das zwar gemäß dem Subsidiaritätsprinzip die Maßnahmen anordnet, die Ausführung hingegen an die freien Träger weiterleitet. Die Arbeitsgrundlage der gesamten Jugendarbeit bildet das VIII. Sozialgesetzbuch, das Kinder- und Jugendhilfegesetz (im folgenden KJHG). Die in diesem Gesetz festgeschriebenen Maßnahmen sind sehr vielfältig und können in vielen Fällen schulische Angebote unterstützen. In §81 KJHG fordert der Gesetzgeber explizit die Zusammenarbeit der Jugendhilfe mit den Schulen und der Schulverwaltung. Einen Überblick über die Maßnahmen gibt die folgende Einteilung (nach Jordan & Sengling 2000):

```
                      Jugendhilfe
                    SGB VIII (KJHG)
        ┌──────────────┬──────────────┬──────────────┐
  Allgemeine      Beratung und    Hilfen zur      Hoheitliche Aufgaben
  Förderung      Unterstützung    Erziehung
  z.B. Jugendarbeit z.B. Jugendsozialarbeit          z.B. Vormundschaft
  § 11 SGB VIII   § 13 SGB VIII   §§ 27-35 SGB VIII  §§ 42-60 SGB VIII
```

206

Zu den Maßnahmen der Allgemeinen Förderung zählen Tagesbetreuung (Angebote öffentlicher Kinderbetreuung, öffentliche Kleinkinderziehung, Angebote für Migrantenkinder, Angebote für behinderte oder von Behinderung bedrohte Kinder) sowie die Jugendarbeit (Spielplätze, offene Jugend- und Kindertreffs, Ferienfreizeiten). Diese Angebote richten sich an alle Kinder und Jugendlichen.

Im Gegensatz dazu richten sich die Maßnahmen von Unterstützung und Beratung vor allem an gefährdete und sozial schwache Kinder und Jugendliche, dazu zählen Erziehungsberatung, Jugendsozialarbeit, Sozialpädagogische Krisenintervention (Inobhutnahme, Notfallhilfe), sowie eine Reihe schulbezogener Erziehungshilfen (Hort, Hausaufgabenbetreuung, Tagesgruppen in Jugendclub, Schulsozialarbeit).

Die in der dritten Spalte genannten Hilfen zur Erziehung (HzE), sind familienbezogene Hilfen, die Familien mit Erziehungsschwierigkeiten unterstützen sollen. Hierbei ist es wichtig zu wissen, dass diese Hilfen erst nach Antrag der Sorgeberechtigten einsetzen können. Der Staat besitzt nicht die Möglichkeit, diese Maßnahmen mittels eines Verwaltungsentscheides einzusetzen, da die Familie nach Artikel 6 des Grundgesetzes unter besonderem Schutz steht. Diese Regelung erscheint in der schulischen Praxis oft befremdlich, da die Jugendhilfe familiären Missständen, die in der Schule sichtbar werden, vermeintlich hilflos gegenüber steht, wenn die Eltern jede Zusammenarbeit mit den Sozialarbeitern verweigern. (Besonders einschneidend scheint diese Regelung vielen Kollegen aus den neuen Bundesländern, welche die deutlich schnelleren Eingriffe zu DDR-Zeiten noch kennen). Zu den HzE zählen ambulante und teilstationäre Hilfen (soziale Gruppenarbeit, sozialpädagogische Familienhilfe, Tagesgruppe). Ebenfalls zu den HzE zählen eine Reihe von stationären Hilfen wie Unterbringung außerhalb der Familie (Pflegefamilie, Heim, Adoption, Einzelbetreuung), Hilfen für seelisch behinderte Kinder und Hilfeplanung.

Grundlegend für alle HzE ist der Hilfeplan. Er wird im Hilfeplangespräch vom Jugendamt festgelegt und strukturiert und koordiniert alle den Einzelfall betreffenden Maßnahmen. Viele Sonderschullehrer werden zur Gutachtenerstellung für diesen Hilfeplan herangezogen. Leider sind die Lehrer, die oftmals genaue Kenntnis über das Kindes haben, nur selten an Hilfeplangesprächen beteiligt. Dabei sieht der Gesetzgeber in §36 KJHG eindeutig das Zusammenwirken mehrerer Fachkräfte vor.

Eine vierte Gruppe bilden die hoheitlichen Aufgaben der Jugendhilfe. Dazu zählen alle Maßnahmen, die in Persönlichkeitsrechte eingreifen, wie Vormundschaftswesen (Beistandschaft, Amtsvormundschaft) oder die Arbeit als sozialpädagogische Fachbehörde für Gerichte (Jugendgerichtshilfe, Familiengerichtshilfe, Vormundschaftsgerichthilfe).

Die Auflistung macht deutlich, dass sich die Jugendhilfearbeit nicht auf die vielen Lehrern bekannten Maßnahmen der Erziehungshilfen (hier Punkt 3) beschränkt, sondern eine Vielzahl von Angeboten bereithält, die eine Kooperation mit der Jugendhilfe nutzbringend für die schulpädagogische Arbeit erscheinen lassen und laut Gesetz auch noch weiter zu entwickeln sind.

Denkbar sind z.B. folgende Projekte und Modellversuche zur Kooperation mit der Jugendhilfe:
- Beratung (Drogenberatung, lebenspraktisches Know-How der Jugendverbände, etc.)
- Betreuung (Schule als Jugendtreff)
- Aktivität (Sportverbände, Vereine und Chöre in Zusammenarbeit mit Schulen)
- Lernen und Problemorientierung (Sozialpädagogisches Lernen in Schulen, z.B. in Projektwochen und Seminaren)
- Öffnung von Schule (Im Stadtteil lernen, den Stadtteil in die Schule holen)

Ein Beispiel für Kooperation zwischen Schule, Elternhaus und Jugendhilfe:
Marcel besuchte den Hauptschulbildungsgang einer Sekundarschule. Sein Anschluss an die Klasse war sehr schlecht, da Marcel häufig die Schule schwänzte und aufgrund seiner Unsauberkeit oft von seinen Mitschülern gehänselt wurde. Die Klassenlehrerin hat die erheblichen Schulschwierigkeiten von Marcel vor allem auf Defizite und Probleme im Elternhaus zurückgeführt. Häufige Fehltage wurden von den Eltern stets entschuldigt und da oftmals die benötigten Unterrichtsutensilien fehlten, "konnte Marcel nur das lernen, was ihm zufiel."
Um die Umstände für Marcels schulische Laufbahn zu verbessern, wandte sich die Klassenlehrerin an das örtliche Jugendamt und meldete die Auffälligkeiten von Marcel und seiner schulischen und familiären Situation. Nachdem das Jugendamt Kontakt zur Familie aufgenommen hatte und aus Gesprächen mit den Eltern eine eigene Situationsanalyse (Problemdarstellung) verfasste (sog. psychosoziale Diagnose), wurde den Eltern eine Maßnahme, die auf die Problembeschreibung bezogen ist, zur Hilfe zur Erziehung angeboten. Marcel erhält für ein Jahr einen Erziehungsbeistand nach §§27 i.V.m. 30 SGB VIII. Mit 10 Stunden wöchentlich kümmert sich eine Sozialarbeiterin um die Familie und versucht, durch regen Kontakt zur Klassenlehrerin die schulischen Probleme von Marcel aufzuarbeiten. Da die Zusammenarbeit von Schule und Elternhaus noch immer sehr mangelhaft ist, nimmt die Sozialarbeiterin eine Vermittlerposition zwischen beiden Lebensräumen Marcels ein. Nur durch die regelmäßigen Absprachen zwischen der Lehrerin und der Mitarbeiterin der Jugendhilfe können aktuelle Nachhilfe und Förderpläne für Marcel erstellt werden, die das übergeordnete Ziel haben, dass Marcel die Schule mit dem Hauptschulabschluss verlassen kann.

Schule zur Erziehungshilfe im Erziehungshilfeverbund

Mit dem Art. 3. Abs. 3. Satz 2 des Grundgesetzes ("Niemand darf durch seine Behinderung benachteiligt werden"), hat der Gesetzgeber den Schutz behinderter Menschen vor Diskriminierung auf Verfassungsebene neu geregelt. Das Prinzip der Integration wird damit Verfassungsnorm.
Die Empfehlungen der Kultusministerkonferenz zur sonderpädagogischen Förderung (1994) binden die besonderen Erziehungsbedürfnisse von Schülern mit Be-

hinderungen nicht mehr an einen speziellen Förderort (die Sonderschule), sondern eröffnen vielfältige Beschulungsmöglichkeiten, die sich an Stelle von schulorganisatorischen Standardangeboten primär an den besonderen Erziehungsbedürfnissen von Kindern und Jugendlichen mit Behinderungen orientieren. In der Interpretation dieses Gesetzes und den Empfehlungen der Kultusministerkonferenz nahm das Bundesverfassungsgericht[2] eine Klage von Eltern auf, welche die Einweisung ihres Kindes in eine Sonderschule als Benachteiligung und damit seine Grundrechte gemäß Art. 3. Abs. 3. Satz 2 des Grundgesetzes verletzt sah. Das Gericht stellte fest, dass die Schulverwaltungen für die Ablehnung einer integrativen Beschulung "eine erhöhte Begründungspflicht" haben. Es genügt laut Verfassungsgerichtsurteil nicht, "die Möglichkeit einer integrativen Beschulung mit dem pauschalen Hinweis auf die Funktionsfähigkeit der Allgemeinen Schule bei begrenzten organisatorischen und personellen Mitteln zu verneinen". Im Sinne der neuesten Rechtsprechung des Bundesverfassungsgerichts erfordert die Ablehnung der Regelbeschulung eines an Integration interessierten Schülers in einer Sonderschule eine "substanziierte Begründung".

Diese juristische Debatte zeigt noch einmal deutlich, dass auch die Schule zur Erziehungshilfe keine Monopolstellung hat, sondern *eine* Möglichkeit des pädagogischen Umganges mit Verhaltensauffälligkeiten darstellt. In den vorherigen Abschnitten wurden Vorschläge gemacht, wie sonderschulische Arbeit mit anderen pädagogischen Ansätzen verknüpft werden kann. Die Schule zur Erziehungshilfe sollte sich also stets ihrer vielen "Nachbarn" bewusst sein und der zahlreichen Möglichkeiten, mit ihnen zu kooperieren. Andererseits wird auch diese Schulform von Anderen gesehen und beurteilt, wird als Zentrum sonderpädagogischer Kompetenz erlebt oder auch kritisch gewertet, ist also niemals isoliert zu betrachten. Das folgende Schema stellt ein flexibel gestuftes Modell der schulischen Erziehungshilfe dar und versucht, die besprochenen Kooperationsbeziehungen in einer Kaskade zu integrieren.

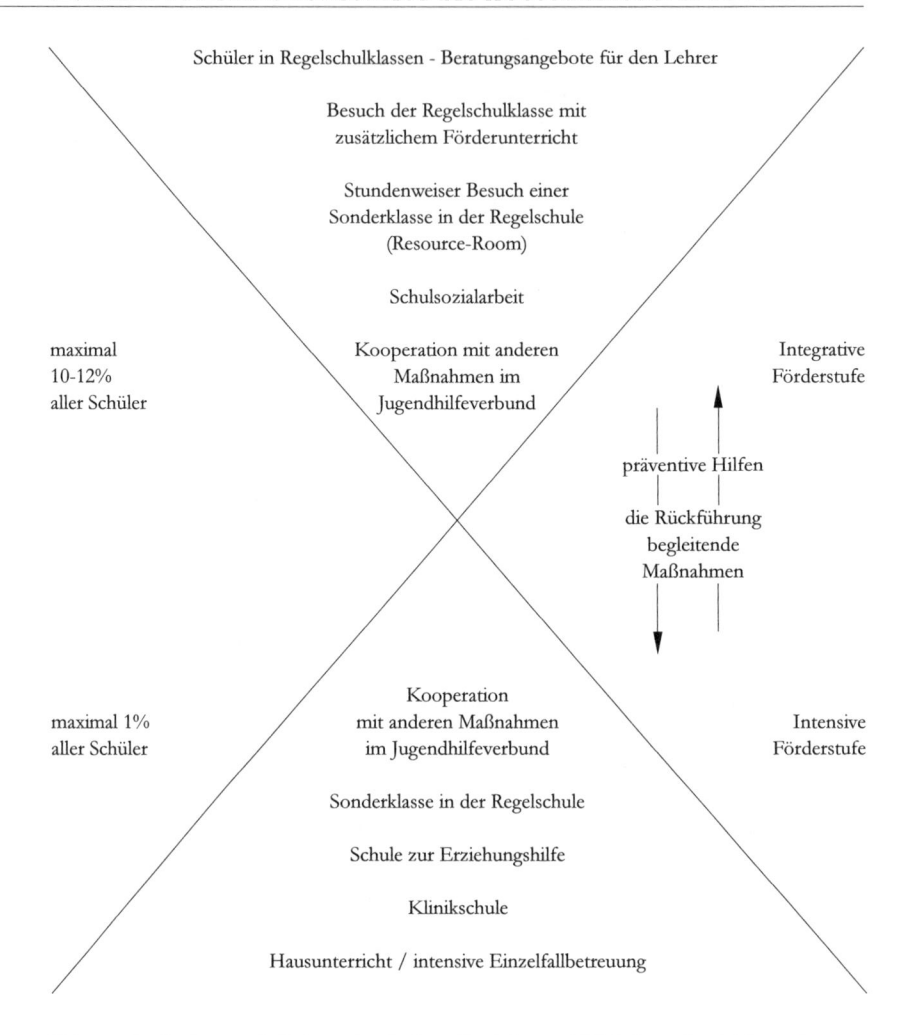

6. Schule zur Erziehungshilfe als Kooperationspartner...

```
                Schüler in Regelschulklassen - Beratungsangebote für den Lehrer

                        Besuch der Regelschulklasse mit
                           zusätzlichem Förderunterricht

                          Stundenweiser Besuch einer
                          Sonderklasse in der Regelschule
                                 (Resource-Room)

                                Schulsozialarbeit

   maximal              Kooperation mit anderen                    Integrative
   10-12%                   Maßnahmen im                           Förderstufe
 aller Schüler            Jugendhilfeverbund

                                                       präventive Hilfen

                                                         die Rückführung
                                                          begleitende
                                                           Maßnahmen


                                 Kooperation
   maximal 1%           mit anderen Maßnahmen                       Intensive
  aller Schüler           im Jugendhilfeverbund                    Förderstufe

                     Sonderklasse in der Regelschule

                         Schule zur Erziehungshilfe

                                 Klinikschule

                   Hausunterricht / intensive Einzelfallbetreuung
```

Dieses Kaskadenmodell der schulischen Erziehungshilfe[3] fasst das bisher Gesagte zusammen.

Es zeigt die sonderpädagogischen Maßnahmen in ihrer unterschiedlichen Intensität und macht deutlich, dass Maßnahmen intensiver Förderung (unterer Teil des Schaubildes), zu denen auch die Schule zur Erziehungshilfe gehört, nur bei einem sehr kleinen Teil der verhaltensauffälligen Schüler angewandt werden, und der weitaus größere Teil der Population in der Allgemeinen Schule unterrichtet wird. Ein erheblicher Teil sonderpädagogischer Arbeit liegt (zumindest von der Zahl der betroffenen Schüler her) im Bereich der integrativen Hilfen, d.h. in den Regelschulen. Das Modell zeigt aber auch, dass die beiden Schulformen vielfältig aufeinander bezogen sind und (im Idealfall) mit der Jugendhilfe einen Erziehungshilfeverbund bilden.

Perspektiven moderner Schulverwaltung: Die (teil)autonome Schule[4]

Pädagogische Freiheit ist eine unverzichtbare Voraussetzung professionellen Erziehungshandelns. Und natürlich strebt die Pädagogik bei der Erfüllung ihrer Aufgaben wie jede Profession nach Autonomie, also der Unabhängigkeit gegenüber äußeren Einflüssen. Erziehung als professionelles Handeln basiert auf der pädagogischen Freiheit der Professionellen (Methodenfreiheit) und auf Autonomieräumen gegenüber äußeren Einflüssen. Dies hat im Arbeitsfeld der schulischen Erziehungshilfe noch gesteigerte Bedeutung. Hier sind die Pädagogen täglich mit völlig überraschenden und unerwartbaren Verhaltensweisen von Kindern und Jugendlichen konfrontiert, die Beziehungen testen, innere Konflikte ausagieren, Grenzen suchen und überschreiten. Der professionelle Umgang mit diesen Herausforderungen erfordert pädagogische Gestaltungsräume sowie Freiräume und Flexibilität, kurzgefasst professionelle Freiheit und Autonomie. Dabei wird sich diese professionelle Autonomie insofern selbst zum Problem, als sie sich professionellen Routinen und Standards und damit auch notwendiger Handlungssicherheiten tendenziell entzieht. Professionelle Autonomie muss deshalb in einem professionellen Ethos begründet sein, eventuell auch in einem Code professionellen Handelns formuliert werden.

Während pädagogische Freiheit, vor allem im Sinne der Methodenfreiheit und individueller Schutzrechte der Pädagogen, einen wesentlichen Teil des traditionellen pädagogischen Professionsverständnisses darstellt, wird in den letzten Jahren verstärkt die Forderung nach der autonomen Schule laut. Was ist darunter zu verstehen? Im Grunde genommen geht es dabei um eine Neuvermessung schulischer Verantwortungs- und Selbstbestimmungsbereiche. Es geht um die Entwicklung neuer organisatorischer Steuerungsmodelle schulischer Arbeit, insbesondere um die Dezentralisierung von Entscheidungsstrukturen im Sinne der Stärkung von Selbstverwaltung und Selbstständigkeit auf Schulhausebene. Dadurch können Schulen in die Lage versetzt werden, flexibler und situationsangemessener auf die sich rasant verändernden pädagogischen Problemstellungen zu reagieren, mit denen sie konfrontiert sind. Unter Berücksichtigung eigener Traditionen, lokaler und regionaler Spezifika sollten Schulen lernende Organisationen werden (siehe zum Problem des Schulprogrammes Kapitel 7), die in Bezug auf diese Voraussetzungen und die situativen Besonderheiten ihrer Aufgaben ein eigenes Profil bilden. Dadurch kann die Schulqualität verbessert und die Partizipationschancen von Lehrern, Schülern, Eltern und Gemeinden an den schulischen Prozessen gestärkt werden.

Dem Grundgedanken unseres Arbeitsprogramms entspricht die Forderung, dass Schulen entsprechend ihrer spezifischen Situation, ihres Kontextes und ihrer spezifischen Aufgaben Arbeitskonzepte auf lokaler Basis entwickeln müssen, um modernen Erfordernissen an die pädagogische Arbeit entsprechen zu können. Dabei ist es sinnvoll, von einer Teilautonomie zu sprechen, denn im Rahmen der staatlichen Gesamtverantwortung für das Schulwesen, der staatlichen Sorge um Schulqualität und der Einlösung individueller Bildungsrechte, sowie auch der staatlichen Finanzierungsgarantien für die Schulsysteme, kann es keine volle Autonomie für Schulen geben. Auch künftig wird staatliche Schulaufsicht nötig sein. Wir sollten deshalb von einer teilautonomen Schule sprechen und nach den institutionellen Rahmenbedingungen fragen, die für eine teilautonome Schule geschaffen werden müssen.

Die Forderung nach schulischer Autonomie ist vor allem eine Forderung nach der Veränderung von Entscheidungs- und Verantwortungsstrukturen. Im Rahmen bestimmter Grenzen sollen die materiellen und rechtlichen Rahmenvorgaben so verändert werden, dass die Schulen mehr Selbständigkeit und Gestaltungsmöglichkeiten erhalten, um damit vorhandene Ressourcen effektiver und effizienter einsetzen zu können. Rechte und Kompetenzen der Schulaufsicht werden auf die Einzelschule und eventuell den Schulträger verlagert. Die Vorstellung von pädagogischer Freiheit wird von einem individuellen Frei- und Schutzraum des Pädagogen auf die Organisation der pädagogischen Arbeit auf Schulhausebene hin erweitert. Dadurch soll insbesondere auch die Kultur der Vereinzelung und der professionellen Isolation vieler Lehrer aufgebrochen werden.

Mit der Vorstellung der teilautonomen Schule verbinden sich einige grundlegende Veränderungen der pädagogischen Arbeit:

1. Die Schulaufsicht muss sich mehr als bisher von einer Regulierungsbehörde zu einem Unterstützungssystem für die Einzelschulen entwickeln. Verwaltungshandeln entwickelt sich von einer hoheitlichen Tätigkeit zur Dienstleistung für die lokale Schule
2. Die teilautonome Schule ist auf kontinuierliche Weiterentwicklung hin programmiert und muss ein eigenes pädagogisches Profil oder Arbeitskonzept entwickeln, das Lernkultur fördert, soziale Erfahrungsräume eröffnet, Prozesse der professionellen Identitätsbildung (professionelle Selbstbeschreibung) und die soziale Inklusion der Schüler unterstützt.
3. Die Einzelschulen übernehmen mit ihren erweiterten Selbstgestaltungs- und Entscheidungsmöglichkeiten auch mehr Selbstverantwortung. Die Schulen müssen Rechenschaft ablegen über ihr pädagogisches Handeln und ihre Resultate. Sie stehen in der Pflicht zu interner und/oder externer Evaluation.
4. Die erweiterten Selbstgestaltungs- und Entscheidungsmöglichkeiten auf der Schulhausebene gehen Hand in Hand mit der Notwendigkeit veränderter Partizipationsformen, der Suche nach neuen Mitgestaltungsbalancen und geteilter Verantwortung zwischen Lehrern, Schulleitungen, Schulaufsicht, Schulträgern, Schülern und Eltern.
5. Die teilautonome Schule basiert auf einer Vertrauenskultur, auf Eigenverantwortung und Eigeninitiative, die eine "Misstrauenskultur" enger Vorgaben und der Kontrolle ersetzt.
6. Da all dies nicht verordnet werden kann, muss etwas Gemeinsames, nämlich ein Schulethos in einer Kultur des Verhandelns entstehen und geschaffen werden.

Zu den weiteren Perspektiven der Schulentwicklung, die im Zusammenhang mit Schulautonomie diskutiert werden, gehören:
- erweiterte Kompetenzen der Schulleitungen, insbesondere in Personalfragen und in der Mittelbewirtschaftung,
- erweiterte Mitwirkungs- und Mitbestimmungsmöglichkeiten der Lehrer, Schüler, Eltern (Leitungsteam, Klassen- und Stufenteam o.a.),
- Einrichtung eines Schulbeirates,
- Entwicklung eines Schulprogramms (Schulprofils),
- schulbezogene Stundentafel auf der Grundlage des Schulprogramms (Schulprofil),
- größere Mitspracherechte der Schulkonferenz und Möglichkeiten der Substituierung von Personal- und Sachmitteln,
- Ausschreibung von Wettbewerben, um zusätzliche Mittel für Projekte und Evaluationsmaßnahmen auf Schulhausebene zu bekommen,
- die Verpflichtung der Professionellen zur Teilnahme an Fortbildungen (Fortbildungspass),
- befristete Übertragung von Leitungsfunktionen,
- Wahl der Schulleitung durch die Schulkonferenz und
- Personalbeurteilung durch die Schulleitung oder das Schulleitungsteam.

Folgeprobleme bei der Umsetzung des Konzeptes der teilautonomen Schule sind zu erwarten. Das Konzept der teilautonomen Schule wird unvermeidlich zu einer größeren Varianz in der Qualität einzelner Schulen führen. Es wird Schulen geben, die aus ihrer neu gewonnenen Autonomie großen Gewinn ziehen. Andere Schulen werden sich schwer tun mit der Umstellung auf die neue Freiheit und Verantwortung. Im Sinne der staatlichen Verpflichtung zur Sicherung gleicher Bildungschancen erwachsen den Schulverwaltungen hier wichtige neue Aufgaben der Qualitätssicherung durch Schulberatung. Lokale Schulentwicklung könnte durch Einrichtung pädagogischer Dienste und regionaler Förderfonds unterstützt werden. Personalentwicklung, das Lernen voneinander (kollegial geteilte Reflexivität), schulinterne Fortbildungen, entwicklungsorientierte Personalführung, leistungsbezogene Karrieren und ein feedbackbezogener Führungsstil sind Leitlinien der Entwicklung teilautonomer Schulen. Es ist wohl notwendig, festzustellen, dass das Konzept der autonomen Schule die Politik nicht aus der Verantwortung einer adäquaten Finanzierung der Schulen entlässt, und es ist auch hinzuzufügen, dass trotz gegensteuernder Maßnahmen die verschärfte Varianz von Schulqualität und die unterschiedlichen Schulprofile eine neue Herausforderung bezüglich der Sicherstellung gleicher Bildungschancen darstellen werden.

Beispiel „Schatzsuche statt Defizitfahndung": [5]
Lehrer wünschen sich für die Bewältigung der vielfältigen Anforderungen, denen sie sich im Schulalltag zu stellen haben, von der Schulaufsicht Hilfe und Entlastung in Form von „Soforthilfe", aber auch als präventive Beratung. Die folgenden Wünsche einer Schulleiterin an die Schulaufsicht spiegeln dies wider:

- Sie soll nicht ausschließlich kontrollieren und prüfen, ob alle Vorgaben eingehalten werden.
- Sie soll kooperativ sein.
- Sie soll nicht durch Amtsautorität anordnen, sondern durch sachlich und fachlich fundierte Anregungen die Schulentwicklung mit gestalten.
- Ihre Beratung soll auf Verständnis und Vertrauen basieren.
- Sie soll aufgeschlossen gegenüber pädagogischen Vorhaben sein und die Möglichkeit des Ausprobierens gewähren.
- Sie soll pädagogisch Sinnvolles möglich machen, nicht bürokratisch rechtlich verhindern.
- Sie soll die an der Schule geleistete Arbeit schätzen und moralisch honorieren.
- Sie soll Schulleitung und Lehrkräfte mit Sorgen, Nöten und Schwierigkeiten ernst nehmen.

Diese und andere Wünsche signalisieren:
Helft uns, aber bevormundet uns nicht! Beratet uns, aber wisst nicht alles besser! Akzeptiert, dass kurze Schritte und lange Wege notwendig sind, um soziale Verhaltensweisen zu ändern!
Wer von Amts wegen die schulische Aufsicht über eine Schule zur Erziehungshilfe ausübt, sollte wissen und verstehen, dass sich Lehrer hier oftmals besonders belastet fühlen. Sie wollen einen Dienstvorgesetzten, der sie auf ihrem „Schulweg" begleitet, ihnen hilft, wenn etwas schief geht, der ihnen Mut macht, sie motiviert und aufbaut. Dazu ist es wichtig, sich ein umfassendes Bild von der Schule zu verschaffen. Ein Schulrat wird gut daran tun, vorausschauend und sinnvoll mit der Arbeitskraft seiner Lehrerinnen und Lehrer umzugehen. Er kann sich nämlich keine neuen Lehrer „backen".

Fußnoten Kapitel 6

1 Diesen Bericht über ihre ersten Erfahrungen mit integrativen Hilfe in Grund- und Sekundarschulen schrieben die Pädagogen der Astrid-Lindgren-Schule Parchen.
2 Entscheidung des Bundesverfassungsgerichtes zur integrativen Beschulung vom 8. Oktober 1997
3 Deno, E. N.: special education asa developmental capital. In: Exeptional children, 1970, 37
4 Eine umfassende Diskussion dieser Fragestellungen findet sich in Bildungskommission NRW, Zukunft der Bildung - Schule der Zukunft. Neuwied Luchterhand 1995
5 Die folgenden Gedanken zur Kooperation zwischen Schulbehörden, Schulleitung und Lehrkräften an Schulen mit Ausgleichsklassen schrieb Frau Lüthy (Dezernentin) für diesen Reader. Als Überschrift wählte sie ein Zitat von G. Rosenbusch, Schulverwaltung 1996 (4)

„Spielplatz-Turm", Zeichnung von Christoph Sch., 3. Klasse, zum Thema: Was mir an der Schule am besten gefällt

7. Realisierung und Evaluation eines Schulkonzeptes

Wie schaffen wir das alles? Was können wir bei der Renovierung und Instandhaltung unseres Hauses noch beachten?
Wir haben uns viel zusätzliche Arbeit vorgenommen. Dies kostet uns zusätzliche Zeit und zusätzliches Engagement und auch unser Alltag wird deswegen nicht weniger arbeitsintensiv. Aber wir investieren in die Zukunft unseres Hauses, in die unmittelbare und in die etwas fernere. Das Neue und das sorgsam Instand gehaltene Bewährte machen das Haus ein bisschen mehr zu unserem Haus, in dem wir uns wohlfühlen.
Ja, wir sind gern hier, in unserem gemeinsamen Traumhaus, das sich jeden Tag ein bisschen verändert...

Welche Prinzipien müssen bei der Umsetzung eines Schulkonzeptes bedacht werden?

Schritte der Realisierung eines Arbeitsprogramms

In diesem Kapitel wenden wir uns an Sie persönlich als Professionelle in der schulischen Erziehungshilfe.
Wir gehen an dieser Stelle davon aus, dass sich das Kollegium Ihrer Schule mit konzeptionellen Fragen der pädagogischen Arbeit auf der Grundlage dieses Arbeitsprogramms auseinander gesetzt hat. Als Ergebnis dieser Diskussion in Arbeitsgruppen oder auch im Plenum wurde ein Konzeptentwurf für die Schule ent-

wickelt, der die Leitlinien der praktischen Arbeit enthält. Die Schulkonferenz hat diesen Konzeptentwurf angenommen. Die Problemstellung, vor der Ihr Kollegium jetzt steht, ist die Frage, wie die theoretischen Leitlinien des vorgeschlagenen Konzeptes in der alltägliche Erziehungspraxis Ihrer Schule umgesetzt werden können. Nach der Zustimmungen des Schulträgers und/oder des Schulamtes zu Ihrem Schulkonzept kann mit der Realisierung des Konzeptes und des daraus abgeleiteten Arbeitsprogramms begonnen werden.

Die Beachtung einiger grundlegender Prinzipien entwicklungsfördernder kollegialer Austauschprozesse kann dabei hilfreich sein.

Weniger ist oft mehr
Arbeitsprogramme als Entwicklungsgrundlage für gestalterische Veränderungen des Lebens in der Schule zur Erziehungshilfe oder der pädagogischen Inhalte beinhalten Arbeitsschwerpunkte und Teilaufgaben, nicht das gesamte Spektrum des Schulprofils. Die wenigen Elemente, auf die sich solch ein Arbeitsprogramm beschränkt, ermöglichen es, die angestrebten Veränderungen überschaubarer zu machen. Das entlastet den Gesamtprozess und kann die Basis für eine größere Entwicklungsvielfalt schaffen.[1]

Vertrauen und Solidarität schaffen
Ob sich in einer Schule etwas verändert, hängt im Wesentlichen davon ab, ob es gelingt, sich auf ein gemeinsames Vorhaben zu verständigen und sich dabei anzuregen und zu akzeptieren. Erfahrungsgemäß spielt die Schulleiterin/der Schulleiter in diesem Prozess eine wichtige Rolle. Sie bzw. er kann durch einen offenen, von Vertrauen und Zuversicht geprägten Führungsstil, das Anbieten von Verantwortungsübernahme, durch Akzeptanz anderer als der eigenen Lösungswege, durch Vermeidung von Erfolgszwang, durch Gewährenlassen und durch viele Gespräche die Veränderungsprozesse entscheidend unterstützen.

Bewährtes nicht vorschnell aufgeben bzw. Bewährtes berücksichtigen
Natürlich ist Qualitätsentwicklung Veränderung. Aber da es in der Pädagogik niemals nur „die eine Lösung" gibt, sollten Innovationen sorgfältig angegangen werden. Ausprobieren verschiedener Möglichkeiten oder Neues mit Bewährtem zu verknüpfen, sind gangbare Wege.

Kleine Schritte gehen
„Veränderungen zu akzeptieren und tatsächlich vorzunehmen, erfordert kleine verbindliche Schritte."[2]
Auf diese Prinzipien zu achten heißt, immer wieder daran anzuknüpfen, was an zuverlässiger pädagogischer Arbeit in Ihrer Schule geleistet wird und darauf aufzubauen.[3]
Kontinuität ist auch in Entwicklungsprozessen von Bedeutung. Bewährte Praktiken und Routinen dürfen und sollen nicht aufgegeben werden. Neue Antworten

auf veränderte pädagogische Problemstellungen müssen entwickelt werden. Aber viel mehr wird so bleiben, wie es war.

Betroffene werden zu Akteurinnen und Akteuren
Der Kerngedanke dieser Überlegungen ist die Vorstellung, dass alle Beteiligten an der schulischen Erziehungshilfe gleichzeitig Betroffene und Akteure sind. Dabei ist anzustreben, dass sich die Betroffenen zunehmend als Akteure verstehen und aktiv an der inhaltlichen Ausgestaltung und Weiterentwicklung schulischer Prozesse beteiligen. Dabei werden notwendiger Weise verschiedene Akteure unterschiedliche inhaltliche Positionen einnehmen. Im Rahmen eines komplexen Unternehmens wie der Weiterentwicklung von Schulkultur und schulischen Arbeitskonzepten haben diese inhaltlichen Differenzen ihre eigene Gültigkeit und Bedeutung für die Dynamik des kollegialen Diskurses. Kontroverse Positionen z.B. zwischen Reformbefürwortern und Systemerhaltern haben dabei nicht nur ihre eigene Gültigkeit, sondern auch komplementäre Funktionen. Die konstruktive Berücksichtigung von Kritik ist ein Schlüsselelement professioneller und institutioneller Weiterentwicklungen. Ausbalancierte Entwicklungsprozesse brauchen ein Gegenspiel der Kräfte und Argumente. Das setzt aber auch voraus, dass die Gegenspieler in diesem Prozess ihre Bedeutung füreinander anerkennen und die gegensätzlichen Positionen akzeptieren. Dabei ist die Berücksichtigung einiger Kriterien hilfreich:

Wie werden Betroffene zu Aktiven?

- Aktivierung
- Impulse und Unterstützung von außen holen
- Methoden für die Prozessgestaltung entwickeln
- Verlässliche Strukturen schaffen
- Pädagoginnen und Pädagogen nicht überfordern

Aktivierung[4]
Veränderungen auf den Weg zu bringen, erfordert einen Kreis engagierter Pädagoginnen und Pädagogen, die „eine Art aktivierende Infrastruktur im Kollegium bilden und den Motor der Schulprogrammarbeit ständig in Bewegung halten".[5] Damit Sie als Strategen, Ideengeber, Aktivierer und Gestalter Ihre Stärken nutzen können, müssen Sie sich zunächst auch gegen mögliche Vorbehalte und eingefahrene Gewohnheiten zu einem Initiativteam zusammenschließen.
Dieser Prozess kann auch in informellen Arbeitsstrukturen beginnen, und zwar indem interessierte Pädagoginnen und Pädagogen sich zusammensetzen und ihre Interessen und Ideen[6] austauschen und Möglichkeiten der Umsetzung unter den aktuellen Bedingungen der Schule bedenken. Indem Sie ihre innovative Arbeit dem Kollegium vorstellen und diskutieren, können Sie bei Kolleginnen und Kollegen Neugier und Interesse wecken, aber eben auch Widerstände. Deshalb brauchen Sie den besonderen Rückhalt und die Unterstützung der Schulleitung, um motiviert zu

bleiben, Ihre Rolle im Team ausfüllen zu können und nicht an den alltäglichen Problemen zu verzweifeln.

Impulse und Unterstützung von außen holen
Neue Ideen für Ihre Schule zur Erziehungshilfe zu finden, heißt nicht unbedingt, grundsätzlich Neues schaffen zu müssen. Eine Vielzahl von Ansätzen und Methoden sind bereits beschrieben und erprobt worden. Besuche in Projekten der schulischen Erziehungshilfe oder der Erfahrungsaustausch mit anderen Schulen können Sie dabei unterstützen, Ihre derzeitige Situation einzuordnen, Ihre Stärken und Probleme zu erkennen. Auch Fort- und Weiterbildungen können dem Entwicklungsprozess der Schule Impulse geben, wenn sie Reflexionen gezielt zu ihren aktuellen Themen ermöglichen. Für die Realisierung neuer Ideen ist die Kooperation im Jugendhilfeverbund und mit dem schulischen Umfeld von besonderer Bedeutung. Zum einen können Sie für Ihre Arbeit Anregungen und Unterstützung erhalten, zum anderen wird auch Ihre Arbeit von außen „mit anderen Augen" betrachtet.

Methoden für die Prozessgestaltung entwickeln
Konzept- und Programmarbeit gemeinsam zu organisieren ist eine mühevolle Arbeit. Weil häufig die strategischen Erfahrungen und das 'Handwerkszeug' fehlen, werden unnötige Energien verbraucht. Dem kann entgegengewirkt werden, wenn Sie als die Moderatorinnen und Moderatoren im Kollegium sich mit Techniken der Organisation, Strukturierung und Evaluation von Entwicklungsprozessen vertraut machen (z.B. der „Moderationsmethode" oder auch der Methode der „Zukunftswerkstatt" zur Ideenfindung) und dieses Wissen in die Entwicklung Ihrer Schule einbringen. Ihre Aufgabe als Moderatorin oder Moderator besteht darin, potentielle Mitarbeiterinnen und Mitarbeiter einzubeziehen, Kooperationen anzuregen und Vernetzungen zu organisieren. Deshalb sollten Sie überlegen, wer welche Aufgaben in welchen Arbeitsschwerpunkten übernehmen könnte und auf Ihre Kolleginnen und Kollegen zugehen. Dabei ist daran zu denken, dass zur Übernahme von Aufgaben in Eigenregie durch Pädagoginnen und Pädagogen die Übertragung der Verantwortung und der notwendigen Befugnisse gehören (das Gleiche gilt für Schülerinnen, Schüler und Eltern). Die Talente, Fähigkeiten und Erfahrungen von Schülerinnen, Schülern und Eltern (Interessen, Hobbys, Jobs, Mitarbeit in Initiativen oder Vereinen usw.) zu nutzen, kann für Sie als Teamworker dabei vor allem heißen, Schülerinnen, Schüler und Eltern bei ihren Aktivitäten zu bestärken und zu beraten.

Verlässliche Strukturen schaffen
Die Umsetzung neuer Ideen braucht viel Zeit und Energie. Wenn Sie als Qualitätssicherer in der Umsetzung des schulischen Arbeitsprogramms verbindliche veränderte Arbeitsstrukturen anregen, die Verlässlichkeit und die Perspektiven verdeutlichen, können Sie diesen Prozess zusätzlich unterstützen. Eine Möglichkeit dafür

sind regelmäßige thematische Gespräche sowohl in den Teams, die an einem bestimmten Entwicklungsschwerpunkt arbeiten, als auch für die Darstellung, Diskussion und Überprüfung der Programmarbeit im Plenum des gesamten Kollegiums. Grundsätzlich gilt, dass die Veränderung von Raum- und Zeitstrukturen auch soziale Beziehungen verändert.[7]

Ein Beispiel für verlässliche Strukturen
In der Schule zur Erziehungshilfe im Kinder- und Jugenddorf Belleben sind alle Pädagoginnen und Pädagogen von Montag bis Freitag immer von 7.15 Uhr bis 14.00 Uhr in der Schule. Allein durch diese Zeitregelung ergab sich ein veränderter Umgang miteinander im Kollegium. Neben der unkomplizierten Unterstützung bei Bedarf und der Erleichterung von Teamabsprachen durch die zeitliche Rahmenvorgabe sind es vor allem die viertelstündigen gemeinsamen Tagesauswertungen, die von allen Betroffenen als Bereicherung empfunden werden. Zum einen können Erziehungs- oder Organisationsprobleme schnell angesprochen werden, zum anderen entlastet das auswertende Gespräch mit den Kolleginnen und Kollegen, der andere Blick auf die scheinbar ausweglose Situation oder auch die gemeinsame Distanzierung durch Humor den Einzelnen.

Pädagoginnen und Pädagogen nicht überfordern
Die Entscheidung für die pädagogische Arbeit mit Konzepten und Arbeitsprogrammen wird aus unterschiedlichen Gründen auch in Ihrer Schule auf viel Skepsis stoßen. Solche Skepsis in den Entwicklungsprozess zu integrieren, ist eine wichtige Aufgabe der Moderation.
Ein wichtiges Argument gegen den scheinbaren Mehraufwand durch Programmarbeit ist die Zeitbelastung. Ein großer Teil der Arbeit, die Pädagoginnen und Pädagogen leisten, wird derzeit nicht als Arbeitszeit angerechnet. Insbesondere die Regelung der Arbeitszeit über Unterrichtsstunden für Lehrerinnen und Lehrer berücksichtigt nicht den tatsächlichen Zeitaufwand. So werden einerseits immer wieder unzumutbare Ansprüche an Pädagoginnen und Pädagogen gestellt, andererseits stehen Sie in der Öffentlichkeit ständig unter einem Rechtfertigungsdruck.[8]
Sowohl für die Einschätzung Ihrer eigenen Möglichkeiten und Grenzen als auch für die Außendarstellung erscheint das Modell der 40-Stunden-Woche sinnvoll, wie es derzeit vor allem in Projekten, in denen Lehrerinnen und Lehrer, Sozialpädagoginnen und Sozialpädagogen regelmäßig zusammen arbeiten, angewandt wird. Wenn Sie als Systematiker ein solches Modell für Ihre Schule erarbeiten, ist es besonders wichtig, allen Pädagoginnen und Pädagogen zu verdeutlichen, dass das Ziel der Analyse die Transparenz und Zumutbarkeit von Arbeitsaufgaben, nicht deren Kontrolle ist.

Ein Beispiel für das Modell der 40-Stunden-Woche:
Für ein solches Modell werden Aufgabenprofile erstellt über alle regelmäßigen Arbeiten, die entsprechend den Anforderungen an die schulische Erziehungshilfe

zur Gestaltung der Arbeit von Pädagoginnen und Pädagogen geleistet werden müssen. Im Sinne der Bestandsaufnahme fertigen Pädagoginnen und Pädagogen, die sich dazu freiwillig bereit erklären, Arbeitszeitdiagramme an. Für eine konzeptionelle Auswertung ist mit dem Vergleich von Aufgabenprofilen und Arbeitszeitdiagrammen eine wichtige Diskussionsgrundlage geschaffen. Diese kann auch als Argumentationshilfe in der Außendarstellung dienen.

Evaluation als Instrument von professioneller Planung und Entwicklung

Zum Begriff „Evaluation"

Was ist Evaluation? Die regelmäßige Evaluation von Entwicklungsprozessen ist ein integraler Bestandteil der Prozesse selbst, denn „Entwicklungschancen gibt es nur, wenn man weiß, ob der eingeschlagene Weg Erfolg versprechend ist. Es muss deshalb immer wieder nachgefragt werden, ob die Zielpunkte erreicht werden konnten und wo gegebenenfalls Sand im Getriebe liegt." [9]
Im Schulalltag hingegen löst der Begriff Evaluation oftmals Verunsicherung aus, da er häufig mit „technokratischem Datensammeln" Kontrolle oder gar Überwachung assoziiert wird. Die Frage, was unter Evaluation eigentlich zu verstehen sei, ist also der erste Schritt zum sinnvollen Einsatz dieses Instrumentes. Erste Definitionsversuche, die Evaluation als „systematische Untersuchung des Wertes und Nutzens eines Gegenstandes"(Joint Committee on Standards for Educational Evaluation 1994, hier zitiert nach Burkhard)[10] charakterisieren, legen tatsächlich den Gedanken an Überwachung und Kontrolle nahe, da offen bleibt, wer mit welchem Ziel die Schule evaluiert. Will man das Potential, das im Instrument der Evaluation liegt, besser erfassen, ist die von Burkhard vorgeschlagene Unterteilung in drei Grundformen der Evaluation im schulischen Kontext hilfreich.

Zum Ersten lässt sich Evaluation als Bewertungs- und Kontrollinstrument auffassen: Im Hinblick auf Schülerleistungen verfügt die Institution Schule, aber auch jeder einzelne Lehrer über eine Vielzahl von Kontroll- und Prüfinstrumentarien. Diese reichen von der Abschlussprüfung, welche die Lernleistungen eines ganzen Lebensabschnittes überprüft, bis hin zu Kurzkontrollen, die den aktuellen Kenntnisstand erfassen. Man könnte soweit gehen zu behaupten, dass die fortwährende, verschiedentlich organisierte Evaluation von Schülerleistungen ein zentrales Merkmal von Schule ist (von alternativen oder reformpädagogischen Schulkonzepten, die sich explizit von einer Kontrolle der Schülerleistungen distanzieren, einmal abgesehen). Jedoch sind auch die Lehrerinnen und Lehrer "Gegenstand" von Evaluationen, indem sie von der Schulaufsicht eingeschätzt werden. Zusammenfassend formuliert Burkard (ebd. 225): "Charakteristisch für diese Form von Evaluation ist, dass Kriterien und Standards vom Bewerter gesetzt werden. Evaluation ist jeweils auf die einzelne Person bezogen, die zum ´Objekt der Evaluation wird und auf deren Ablauf und Folgen nur geringen Einfluss hat´."

Zum Zweiten kann Evaluation im Sinne wissenschaftlicher Forschung bzw. wissenschaftlichen Erkenntnisgewinns begriffen werden. Diese Form der Evaluation soll vor allem die Wirkung pädagogischer Maßnahmen und Reformen untersuchen und hat viele Schulreformen begleitet. Eine so verstandene Evaluation arbeitet meist nach wissenschaftlichen Standards und wird von externen Wissenschaftlern geleitet und durchgeführt. Auch wenn die sog. Handlungs- oder Begleitforschung explizit versuchte und versucht, die Entwicklung der Schule als Ziel der Forschungsbemühungen zu definieren und die Praktiker in den wissenschaftlichen Prozess einzubeziehen so erscheint Evaluation so besehen doch meist „als etwas, das von anderen geplant und durchgeführt wird und das der betroffenen Schule in vielen Fällen Mehrarbeit und nur indirekt Nutzen bringt" (ebd.). Diese Sicht von Burkhard mag auf die Einzelschule bezogen durchaus berechtigt sein, für bildungsplanerische und strukturelle Entscheidungen sind jedoch Evaluationen in der hier genannten Form wissenschaftlicher Forschung unerlässlich.

Zum Dritten schließlich kann Evaluation aber auch im Sinne von (Selbst-) Reflexion als ein Instrument der Planung und Entwicklung begriffen werden. Hier wird Evaluation als regelmäßige und systematische Selbstreflexion pädagogischer Arbeit verstanden. Ziel ist dabei, angemessene Informationen über eigene Handelsstrategien und Organisationsformen zu erlangen und diese gezielt für weitere Entwicklungen nutzbar zu machen. Zwar zielt auch diese Form der Evaluation auf Erkenntnisgewinn und ihre Methoden können durchaus der wissenschaftlichen Arbeit entnommen sein, doch zielen die Bemühungen nicht auf verallgemeinerbare Ergebnisse, sondern auf die kontrollierte Veränderung einer konkreten Einzelschule. Damit eignet sich diese Form der Evaluation in besonderer Weise zur Initiierung und Begleitung von konkreten Schulentwicklungsprozessen.

In diesem zuletzt genannten Sinne ist Evaluation auf der Ebene der gesamten Schule ein wichtiger Bestandteil der Umsetzung eines Schulkonzeptes, bzw. wie Burkhard (ebd. 129) formuliert, ein „Selbststeuerungsinstrument zur Schulentwicklung".

Aber auch für die einzelne Pädagogin und den einzelnen Pädagogen kann Evaluation zu einem „Teil der Arbeitskultur" (ebd.) werden, indem Alltagshandeln hinterfragt und auf seine Angemessenheit geprüft wird. In Anlehnung an Heiner formuliert Burkhard (ebd.) drei Fragen, die eine solche Reflexion leiten können: „Weiß ich genug?", „Urteile ich richtig?" und „Stimmen meine Begründungen?". Eine solche Selbstevaluation geschieht im unmittelbaren Handlungszusammenhang bei der Entwicklung pädagogischer Handlungsstrategien.

Des Weiteren gibt Evaluation die Möglichkeit, sich selbst zu kontrollieren und Rechenschaft abzulegen.

Schließlich ist Evaluation auch als ein Beteiligungsinstrument zu begreifen, indem nicht nur Lehrerinnen und Lehrer, sondern auch Schüler, Eltern und andere „Kunden" befragt werden.

Diese vier angerissenen Begründungen zeigen, dass Evaluation im Sinne von kontrollierter Selbstreflexion ein unabdingbarer Bestandteil zur Umsetzung eines Arbeitsprogramms ist. Ein solches Programm, das die Aktivitäten Ihrer Schule nicht nur dokumentieren, sondern das im Sinne des Begriffs Arbeitsprogramm sein soll, wird jedoch einem kontinuierlichen Veränderungsprozess unterliegen. Zielstellungen wurden erreicht oder müssen verändert werden, neue Ziele und Vorhaben erhalten Aktualität. Erst mit der Evaluation schließt sich der Prozesskreislauf von Qualitätsentwicklung.[11]

Evaluationen in so verstandenem Sinn sind Feedback-Verfahren (Rückmeldungen) über Zustände und Veränderungen. Sie dienen hauptsächlich folgenden Zielen:
- der Auseinandersetzung mit der eigenen Arbeit,
- der Gewinnung von Informationen über die eigene Arbeit und deren Wirkungen,
- der sachlichen Legitimation der eigenen Arbeit,
- der eigenen Bewertung, Selbstkontrolle und der Entwicklung sowie der Sicherung der Qualität der Arbeit,
- der besseren Nutzung von Ressourcen und Innovationen,
- der Bestätigung und der Dokumentation von Bewährtem,
- der Sicherung und Weitergabe von Erfahrungen sowie
- der Infragestellung von scheinbar Selbstverständlichem.[12]

Evaluationsprozesse beinhalten die systematische Reflexion festgelegter Fragestellungen und Kriterien, die Überprüfung der Zielumsetzungen in der Praxis, die Auswertung dieser Praxiserprobungen sowie wechselseitige Beratung.

So wird der Prozess der systematischen Entwicklung Ihrer Schule nicht zum Stillstand kommen:
- Visionen und Leitideen der Hilfe und Unterstützung für Kinder und Jugendliche mit Gefühls- und Verhaltensstörungen werden in regelmäßigen Abständen kritisch geprüft.
- Schulprofile der Schulen zur Erziehungshilfe werden verändert, erweitert und konkretisiert.
- Die Inhalte der pädagogischen Arbeit werden entsprechend veränderter konzeptioneller, personeller und materieller Rahmenbedingungen modifiziert.
- Veränderte pädagogische Inhalte und erzieherische Herausforderungen erfordern die Überprüfung der Effizienz der Organisation und deren Anpassung an neue Situationen unter Berücksichtigung der Kompetenzen und Probleme der Kinder und Jugendlichen, die an Ihrer Schule lernen.
- Das Team/die Teams der Pädagoginnen und Pädagogen setzen sich mit immer wieder neuen Konflikten auseinander und suchen nach geeigneten Formen, mit diesen Konflikten produktiv umzugehen.
- Weil Förderangebote für Kinder und Jugendliche mit Gefühls- und Verhaltensstörungen auf der Komplexität individueller Problemlagen aufbauen, werden Schwerpunkte der Kooperation immer wieder neu gesetzt werden müssen.
- Die professionellen Ansprüche an Pädagoginnen und Pädagogen erfordern kontinuierliche Kompetenzerweiterungen.

Transparenz und offene Kommunikation ermöglichen die Beteiligung aller Mitarbeiterinnen und Mitarbeiter, der Schülerinnen und Schüler, der Erziehungsberechtigten und externer Helferinnen und Helfer bei der Gestaltung ihrer Schule als „fürsorgliche Gemeinschaft". So kann gemeinsames Handeln bewusster und zielgerichteter gestaltet werden. Dabei kann (vgl. Burkard ebd.) Selbstevaluation durchaus als Spirale begriffen werden. Hat eine Evaluation zu einer Modifikation des Arbeitsprogramms geführt, kann diese bereits wieder als Ausgangspunkt für die nächste Reflexionsphase begriffen werden.

Schrittfolge im Evaluationsprozess
Möchte man einen Prozess selbst evaluieren, ist es nötig, sich die Schritte des Verfahrens zu verdeutlichen, konkrete Fragen zu stellen, und diesen Fragestellungen angemessene Instrumente zu entwickeln. Phillip und Rolff (1999)[13] schlagen zur Gliederung folgende Grundschritte der Evaluation vor:

Welche Schritte gehe ich?

1. Grundfragen klären: Welche Bereiche, welche zu erwartenden Wirkungen sollen evaluiert werden?
2. Welches sind Anzeichen für das Eintreten solcher Wirkungen?
3. Welche Daten haben wir, welche Daten können wir erhalten, an denen wir solche Anzeichen absehen können?
4. Analyse und Bewertung der Daten
5. Schlussfolgerungen und Konsequenzen ziehen

Was Gegenstand des Evaluationsvorhabens ist, kann selbstverständlich nur am konkreten Schulprogramm formuliert werden. Eine genaue Formulierung der Fragen ist jedoch unabdingbar, um die richtigen Erhebungsmethoden festzulegen und auch, um nutzloses Datensammeln zu verhindern. So ist es zum Beispiel möglich, Ergebnisse von Prozessen (Erfolge oder auch Misserfolge) zu evaluieren. Es können aber auch Rahmenbedingungen oder Strukturen zum Gegenstand der Betrachtung gemacht werden.
Sind konkrete Fragen formuliert, ist zu überlegen, welche Methoden der Datenerhebung die geeigneten sind oder ob bereits vorhandene Daten genügen, um die gestellten Fragen zu beantworten.
Die sorgfältige Analyse bereits vorhandenen Materials erspart vielleicht aufwendige Untersuchungen und damit Zeit und Mühe. Bereits vorhandene Daten sind z.B. Daten über Schülerleistungen, Schulstatistiken, Krankenstand, Fehltage etc.
Reicht die vorliegende Datenbasis nicht aus, um die gestellten Fragen zufriedenstellend zu beantworten, müssen Indikatoren gefunden werden, welche die interessierenden Phänomene und deren Veränderung abbilden. Zur Erhebung dieser Indikatoren stehen verschiedene Methoden sowohl „qualitativer" als auch „quantitativer" Art zur Verfügung.
Quantitative Daten werden meist mittels standardisierter Fragebögen oder dem Einsatz von Tests erhoben. Diese Fragebögen sind meist keine umfangreichen sozialwissenschaftlichen Erhebungsinstrumente. Vielmehr werden kleine, gezielt zu-

Welche quantitativen Methoden können eingesetzt werden?

geschnittene und schnell auswertbare Bögen eingesetzt. Dennoch sind auch hier die Grundregeln der empirischen Sozialforschung einzuhalten, um sinnvolle Ergebnisse zu gewinnen. Ebenfalls kommen die aus der Moderation bekannten Kartenumfragen und Blitzumfragen zur Abbildung aktueller Befindlichkeiten zum Einsatz. Zur Gewinnung quantitativer Daten können aber auch Schulstatistiken ausgewertet werden. Quantitative Daten können, wenn sie korrekt erhoben sind, repräsentative Aussagen treffen. Damit sind sie auch für die Außendarstellung z.B. für die Mitteleinwerbung einsetzbar. Aufgrund der Standardisierung gehen jedoch die Eigenheiten des Einzelfalles und eine Vielzahl von Hintergründen nicht mit in die Auswertung ein.

Welche qualitativen Methoden können eingesetzt werden?

Deutlich mehr Verfahren stehen zur Verfügung um qualitative Daten zu erheben. So kommen Interviews, Checklisten, Hospitationen, Gruppendiskussionen und Videoaufnahmen, aber auch die Auswertung „expressiver Daten" (Philipp/Rolff a.a.O. 113) wie Bilder und Symbole zum Einsatz (eine Übersicht findet sich ebenda). Qualitative Daten liefern genauere Informationen über Zusammenhänge und Hintergründe und können Spezifika von Einzelfällen aufdecken. Sie dienen ebenfalls dazu, über ein Phänomen wie eine bestimmte Entwicklung in der Schule, erste Hypothesen zu bilden. Jedoch lassen sich qualitative Daten (etwa in Einzelgesprächen gewonnene Informationen) nicht ohne Weiteres verallgemeinern und sind damit selten repräsentativ.

Zur internen Evaluation

Was sind typische Beispiele für Selbstevaluationen im Schulbereich?

Klassenevaluation stellt eine professionelle Reflexionsmöglichkeit pädagogischer Tätigkeit dar. Dazu werden in einer Klasse Rückmeldungen über die eigene Arbeit gesammelt und Informationen über Klassenklima, Lernerfolg und Lehrerverhalten zusammengetragen. Die Ergebnisse können mit den Schülern diskutiert und als Grundlage für die weitere Unterrichtsplanung verwendet werden. Eine solche Klassenevaluation kann auch regelmäßig angewandt werden und damit langfristige Entwicklungen steuern. Wenn sie in mehreren Klassen parallel durchgeführt wird, kann Klassenevaluation auch der Fachgruppen- oder Jahrgangsarbeit dienen. Allerdings setzt eine solches Vorhaben einen „interessierten Lehrer oder [eine] Lehrerin" (ebd. 232) voraus, der/die bereit ist, sich einem offenen Feed - Back seiner/ihrer Klasse auszusetzen. Erweitert man Burkhard´s Hinweis, so sollte man neben dem Interesse an einer Evaluation auch die Bereitschaft voraus setzen, mit unliebsamen Antworten umzugehen.

Ebenfalls als typisches Beispiel für Selbstevaluationsvorhaben im Schulbereich gilt die Projektevaluation. Hierunter wird die systematische Auswertung von bestimmten Unterrichts- oder Schulprojekten verstanden. In den meisten Schulen werden derartige Projekte zumindest in Gesprächen zwischen Schülern und Kollegen unsystematisch ausgewertet und reflektiert. Eine systematische, methodisch geleitete Auswertung bietet demgegenüber den Vorteil, dass die Ergebnisse abgesichert und dokumentiert sind und sich damit um vieles leichter für die Planung zukünftiger Vorhaben einsetzen lassen. Eine Projektevaluation wird meist von Fragen wie „Was hat sich bewährt?", „Was muss verändert werden?", „Was ist wiederholbar?" geleitet. Zur Beantwortung dieser und ähnlicher Fragestellungen sollten sowohl Schülerinnen und Schüler als auch Pädagoginnen und Pädagogen befragt werden.

Als dritte Form soll schließlich noch die Bestandsaufnahme erwähnt werden. Diese Form der Evaluation dient meist dem Einstieg in Schulentwicklungsprozesse oder der Zwischenbilanz in einem solchen. Hier geht es darum, möglichst umfassend Daten zu einem Teilbereich oder auch zum Zustand der ganzen Schule zu erfassen und systematisch auszuwerten. Ziel ist die Erhebung eines möglichst genauen Ist-Standes, um aufgrund dieser Daten Planungs- und Strukturentscheidungen zu fällen. Eine Bestandaufnahme dient außerdem der Rechenschaftslegung nach innen und außen.

Zur externen Evaluation

Die bisher beispielhaft genannten Verfahren interner Evaluation können jedoch an ihre Grenzen stoßen. Stellt man dies fest, kann eine externen Evaluation als „Spiegel und Korrektiv" (ebd. 235) hilfreich sein. Auch wenn versucht wird, möglichst viele Sichtweisen zu berücksichtigen, kann der eigene Blick durch eingefahrene Wahrnehmungsmuster eingeschränkt sein. Relevante Bereiche werden dabei vielleicht übersehen und Nebensächlichkeiten überbewertet. Die sogenannte „Betriebsblindheit" kann auch dazu führen, dass erhobene Daten falsch oder zumindest einseitig interpretiert werden. Handlungsalternativen gehen eventuell verloren, wenn Entscheidungen stark innerhalb von Routineabläufen gefällt werden. Eine externe Evaluation kann hier neue Sichtweisen einbringen, aber auch auf nahe liegende, bisher übersehene Aspekte hinweisen. Des Weiteren ist ein externer Evaluator nicht in die Hierarchie der Schule eingebunden und damit in seinen Entscheidungen von eventuellen internen Problemstellungen nicht berührt.

Warum externe Evaluation?

Entschließt man sich zur externen Evaluation seiner Schule, ist unbedingt zu bedenken, dass die Person, die zur Leitung eines solchen Vorhabens eingesetzt wird, das Vertrauen des Kollegiums genießen und als „unparteiisch" gelten sollte. Einem Moderator, der diese Bedingungen nicht erfüllt, werden kaum wirklichkeitsnahe und unverzerrte Angaben gemacht. In einem Klima des latenten Misstrauens und mit unverlässlichen Angaben lässt sich jedoch – auch vom besten Moderator – keine sinnvolle Evaluation durchführen. Deshalb muss das Kollegium bereit sein, die externe Evaluation mitzutragen und sich auch aktiv zu beteiligen. Umgekehrt müssen sich deshalb alle an der Evaluation beteiligten Personen auf die Diskretion des Moderators in vollem Maße verlassen können. Die eigentlichen Erhebungsverfahren werden der jeweiligen Fragestellung entsprechend vom Moderator ausgewählt und weichen von den oben genannten Erhebungsmethoden nicht ab. Entscheidend ist die Hinzunahme einer der Schule fremden Person, die in Absprache mit dem Kollegium die Evaluation leitet.

7. Realisierung und Evaluation eines Schulkonzeptes

Wer soll das bezahlen?

Nutzung von Ressourcen[14]

Zusätzliche pädagogische Maßnahmen verursachen meist zusätzliche Kosten. Der Schuletat ist aber immer begrenzt. Mit dieser prinzipiellen Ressourcenknappheit müssen auch die Schulen zur Erziehungshilfe leben.[15] Dennoch gibt es auch für Schulen zur Erziehungshilfe einerseits durch den zielgenauen Einsatz der knappen Ressourcen, andererseits durch das Einwerben zusätzlicher Mittel Gestaltungsspielräume.

Einnahmen und Ausgaben

Der Schulträger oder die Kommune weisen der Schule einen Finanzhaushalt zu, der aus den Zuweisungen des Landes und dem Gemeindeetat finanziert wird. Während die regelmäßigen Zuweisungen des Landes sich nach der Art der Schule und der Schülerzahl richten, wobei auch außerordentliche Zuweisungen z.B. über Förderprogramme möglich sind, stellen die Zuweisungen aus dem Gemeindeetat keine feste Größe dar. Sie richten sich nach der Finanzkraft der Kommune, den Prioritäten zwischen den und innerhalb der Etatposten. Die offensive Interessenvertretung durch die Schulen, die Kenntnis der Problemlagen bei den Gemeindevertretern und die Bewusstmachung des öffentlichen Interesses an der Qualität schulischer Erziehungshilfe können auch Zuwendungsentscheidungen positiv beeinflussen.

Aber nicht nur als strategisches Werbeinstrument der Erziehungshilfe ist Außendarstellung ein wesentliches Element Ihrer Arbeit, sondern auch als Bestandteil der eigenen Organisationsentwicklung. Dass Schulen ihre Arbeitskonzepte und deren Evaluation, d.h. ihre Erfolge und Schwierigkeiten transparent machen, gehört bei uns noch nicht unbedingt zum Professionalitätsstandard. Wenn wir erwarten, dass andere die Arbeit der schulischen Erziehungshilfe unterstützen, sollten wir ihnen die Möglichkeit geben, sich schnell und sachlich über unsere Arbeit informieren zu können.

Ein Beispiel für flexible Schulprogramme:
Werden Konzepte, Arbeitsprogramme und Evaluationen trotz der ständigen Veränderungen schriftlich fixiert, z.B. in Form von Blattsammlungen zum Entwicklungsprozess, lässt sich ein kleiner Jahresbericht über die Gestaltung der Schule relativ leicht von einer Arbeitsgruppe (auch mit Schülerinnen und Schülern) erstellen. Neben der Klarheit und Transparenz nach außen, kann ein solches Vorgehen auch im Kollegium das Bewusstsein dafür stärken, was schon alles geschafft wurde und damit Motivation für die weitere Arbeit schaffen. Gerade bei der schwierigen Gestaltung des pädagogischen Alltags in einer Schule zur Erziehungshilfe geht über vielen Schwierigkeiten und Problemen manchmal schnell der Blick für die Erfolge der eigenen Arbeit verloren.

Die Einwerbung zusätzlicher Mittel gelingt einer Profession ohne Lobby nur, wenn sie eine starke Profession ist. Sie muss als Profession wissen, was sie tut und die Qualität ihrer Arbeit auch offensiv darstellen können, um die Legitimität der eigenen Arbeit und zusätzliche Mittelforderungen begründen zu können. Das kann nur gelingen, wenn sich die Profession mit ihren theoretischen Grundlagen und deren Relevanz in der Praxis auseinandersetzt.

Haushaltsspielräume
Wenn die Haushaltslage einer Schule sehr angespannt ist, wird es sicher eher als Zumutung empfunden, über Spielräume nachzudenken. Wir möchten hier das Gedankenexperiment eines Schulleiters in einem Brief an seine Kollegen wiedergeben.
Der Schulleiter fragt seine Kollegen in diesem Brief: „Müssten Sie Ihre Schule schließen, wenn der Schulträger die Zuweisungen der Mittel um 10 % kürzt?"
Die Antwort, die er auf diese theoretische Frage selbst gibt, lautet: „Die Schließung der Schule würde nicht eintreten, da die Schulleitung so lebenspraktisch orientiert ist, dass sie durch Setzung von Prioritäten bzw. entsprechende Mittelgestaltung Wege zur Finanzierung finden würde." [16]

Mitteleinwerbung
1. Der Elternbeirat
Für besondere Projekte, wie zum Beispiel ein Schulfest oder einen Tag der offenen Tür, kann der Elternbeirat bei den Eltern freiwillige Spenden (auch in Form von Sachspenden) einwerben, über deren konkrete Verwendung die Eltern entscheiden. Entscheidend für das Engagement ist dabei die Motivation, der Aufwand und der Ertrag. Die sinnvolle Verwendung der Spenden muss zudem für alle Beteiligten transparent gemacht werden.

2. Der Förderverein
„Gute Gründe für eine Vereinsgründung
- Vereine dürfen, im Gegensatz zu Schulen, Einnahmen (für gemeinnützige Zwecke) erzielen.
- Ein gemeinnütziger Verein kann Spendenquittungen ausstellen.
- Durch einen Verein können ABM-Kräfte beschäftigt und sachliche und personelle Mittel verwaltet werden.
- Die Schule kann durch einen Verein in ihrer Arbeit entlastet werden. Er kann z.B. Projekte finanziell und personell fördern und verwalten.
- Der Verein kann für die Schule gegenüber der Schulverwaltung, dem Gemeinderat, den Eltern u.a. wertvolle „Lobbyarbeit" leisten.
- Der Verein kann neben den Eltern weitere außerschulische Personen und Institutionen im Umfeld für die Vorhaben der Schule gewinnen und diese dauerhaft in entsprechende Programme einbinden." [17]

3. Spenden und Sponsoring
Spenden (Sach- und Geldspenden) werden meist aus gesellschaftlicher Verantwortung herausgegeben. Der Spender/die Spenderin erwartet in der Regel keine Ge-

genleistung. Die Gegenleistung des Empfängers erfolgt ohne Vertrag und ist somit freiwillig.

Sponsoring basiert auf dem vertraglich festgehaltenen Prinzip von Leistung und Gegenleistung. Für seine Leistungen, bei denen der Fördergedanke im Vordergrund steht, erwartet der Sponsor eine imagefördernde Gegenleistung.

Die Grundvoraussetzung für das Einwerben von Spenden, aber auch für ein Sponsoring, ist wiederum gute Öffentlichkeitsarbeit, zu der neben der Außendarstellung der Qualität der eigenen Arbeit auch das Stellen von Anträgen gehört. Mit Hilfe solcher Anträge sollen potentielle Förderer davon überzeugt werden, dass es sich bei dem Vorhaben um eines handelt, dass ihren inhaltlichen Interessen entgegen kommt.[18]

4. Stiftungen

Gesetzesvorlagen für die Vereinfachung des Stiftungsrechtes sind gegenwärtig in der Diskussion. Grundsätzlich kann durch die Einrichtung von zweckgebundenen Stiftungen die Arbeit der schulischen Erziehungshilfe eine wichtige Unterstützung erhalten.

Drei wesentliche Aspekte zur Realisierung eines Schulprogrammes haben wir diskutiert:
- die Einhaltung wesentlicher Punkte zur konkreten Umsetzung eines Schulprogrammes,
- die Evaluation als Methode der Selbstreflexion und schließlich
- einige Fragen zur Finanzierung.

Selbstverständlich konnten die genannten Themen nicht erschöpfend behandelt werden. Dennoch hoffen wir, einen Überblick und einige Hinweise gegeben zu haben und verweisen im Übrigen für darüber hinaus gehende Fragen auf die angegebene Literatur.

Fußnoten Kapitel 7

1 Für die Schule zur Erziehungshilfe in der Erich-Weinert-Strasse in Halle erarbeitete eine Lehrerin einen Konzeptentwurf zur Schulsozialarbeit. Der Schwerpunkt bot sich für diese Schule besonders an. Die beantragte Schulsozialarbeiterin wurde der Schule nicht genehmigt. Die inhaltlichen Aufgaben der Schulsozialarbeit sind dem Kollegium aber so wichtig, dass sie nach anderen Wegen der Realisierung suchen wollen. Einige pädagogische MitarbeiterInnen der Schule bilden sich universitär zum Thema weiter, so dass auch das theoretische Fundament gegeben ist.
2 Die Prinzipien sind entnommen aus „Entwicklung und Realisierung eines Schulprogramms". In: schul-management 1997 (2)
3 Die Bedeutung der verschiedenen Rollen im Team haben wir oben diskutiert.
4 Folgende Elemente und Prinzipien sind zit. nach Haenisch, H.: Wie Schulen ihr Programm entwickeln. Bönen 1998, 53ff
5 ebd. 61
6 Diese Gespräche zielen auch darauf ab, die besonderen Kompetenzen und Fähigkeiten, auch die Hobbys und außerschulischen Neigungen in die Gestaltung der Schule einzubringen.
7 Schule mit Ausgleichsklassen im Kinder- und Jugenddorf Belleben
8 Die Anerkennung von pädagogischer und konzeptioneller Arbeit in der Schule zur Erziehungshilfe sowie die Kooperation mit dem außerschulischen Umfeld bzw. anderen Schulformen, Elternarbeit, Weiterbildung, Supervision u.ä. sollten mit entsprechender Zeitanerkennung bei schulpolitischen Entscheidungen über die Rahmenvorgaben an Schulen zur Erziehungshilfe bedacht werden.
9 Haenisch, H.: Wie Schulen ihr Programm entwickeln. Bönen 1998, 72
10 vgl. Burkard, C.: Selbstevaluation – ein Instrument zur Qualitätssicherung von Einzelschulen. In: Holtappels (Hrsg.): Entwicklung von Schulkultur. Luchterhand 1995
11 vgl. unter Absatz „Konzepte und Arbeitsprogramme" das Schaubild „Vom Ziel - zur Umsetzung - zum Ziel"
12 angelehnt an: Burkard, Ch.: Selbstevaluation - Ein Beitrag zur Qualitätssicherung von Einzelschulen? Bönen 1996, 2. Auflage
13 Philipp, E., Rolff, H.-G.: Schulprogramme und Leitbilder entwickeln. Ein Arbeitsbuch. Weinheim/ Basel 1999
14 Die folgenden Anregungen sind angelehnt an Schubert, G.: Schulentwicklung konkret - Projekte Organisieren Praxis. Eine Veröffentlichung im Auftrag des Vereins Praktisches Lernen und Schule. Baden-Württemberg e.V. Weinheim/ Basel 1998, 77ff
15 Schulen zur Erziehungshilfe sind wegen der Komplexität der Anforderungen im Unterricht und ihren besonderen Aufgaben über den Rahmen des Unterrichtens hinaus nicht mit anderen Schulformen vergleichbar. Trotz prinzipieller Ressourcenknappheit plädieren wir dafür, diese Aufgaben bei der finanziellen Ausstattung einer solchen Schule zu bedenken.
16 Schubert, G.: Schulentwicklung konkret - Projekte Organisieren Praxis. Weinheim/ Basel 1998, 98
17 ebd. 146
18 konkrete Hinweise zu Form und Inhalt von Anträgen ebenda 77 ff.

„Sportunterricht bei Frau R.", Zeichnung von Nadine W., 5. Klasse, zum Thema: Was mir an der Schule am besten gefällt

Schlusswort

Lehrerschelte ist zu einem Volkssport geworden. Die Kritik kommt dabei aus unterschiedlichen Richtungen. An den Schulen wird entweder kritisiert, dass sie zu leistungsorientiert arbeiten oder dass sie im internationalen Vergleich keine konkurrenzfähigen Leistungsergebnisse erbringen (TIMSS, PISA). Für die Einen leistet die Schule zu wenig im Feld der moralischen Erziehung. Andere fordern, den Schwerpunkt auf die Entwicklung von Medienkompetenzen zu legen. Die Liste der Forderungen, mit denen Schulen konfrontiert sind, ließe sich ad ultimo fortsetzen. Immer mehr Lehrerinnen und Lehrer fühlen sich von diesen ausufernden Erwartungen, die von außen an die Schule gestellt werden, überfordert. Die Lehrer immunisieren sich gegen diese Außenansprüche und beteiligen sich nur in einer Minderzahl an aktuellen Bildungsdiskursen. Das kann daran liegen, dass viele Professionelle angesichts der Problemkomplexität resignieren, was nicht verwunderlich ist, wenn man betrachtet, was Schule zu leisten hat. Im Kern besteht der Auftrag der Schule in der Vermittlung sachlicher, fachlicher und sozialer Kompetenzen. Im Wesentlichen erfüllen Schulen diese Verpflichtung im Rahmen von Unterricht und dem Umfeld von Unterricht.
Ein Lehrer, der sich engagiert auf seinen Unterricht vorbereitet, berücksichtigt zunächst nicht nur die Rahmenrichtlinien, sondern auch jeden Schüler seiner Klasse mit seinen individuellen Stärken und Lernproblemen. Dabei kann der Lehrer nicht mehr einfach davon ausgehen, dass ihm seine Schüler zuhören und mitarbeiten. Er muss sie auch unterhalten und zwar entlang seiner thematisch vorgegebenen Unterrichtsziele. Dabei ist die Durchführung eines zielgeleiteten Unterrichts durch die Komplexität des Klassenzimmers bedroht (Doyle 1986). Denn im Klassenzimmer ereignet sich Leben immer in vielen verschiedenen Dimensionen (Multidimensionalität), in Ereignissen und Aktivitäten, die gleichzeitig (Simultanität), mit hoher Geschwindigkeit (Unmittelbarkeit), in unerwarteten Verhaltensweisen unterschiedlicher Intensität (Unvorhersagbarkeit), unter Beobachtung aller Interaktionspartner innerhalb der Klasse (Öffentlichkeit) ablaufen und sich zu Klassenzimmeratmosphäre verdichten (Historizität). Die Vorstellung einer Planbarkeit von Unterricht ist im Rahmen dieser Komplexität des Klassenzimmers im Prinzip eine Fiktion. Der Unterrichtsablauf ist permanent von Störungen bedroht. Der Lehrer muss auf solche Störungen permanent reagieren, muss sie berücksichtigen in seinem Unterrichtsplan.
Die Kunst des Unterrichts kann hier noch als strukturelle und normale Problemlage von Unterricht verstanden werden. Aber die Dinge sind komplizierter. Die

Unterstützung schulischer Operationen durch die Familien kann nicht mehr selbstverständlich vorausgesetzt werden. Damit brechen die Voraussetzungen schulischen Agierens im Sinne seiner Akzeptanz zumindest teilweise weg. Des Weiteren haben sich die direkten Adressaten der Schulen signifikant verändert. Die Unterrichtsstörungen, mit denen sich die Lehrer heute auseinander setzen, sind längst ernsterer Natur. Dabei geht es um Lernblockaden, um Aufmerksamkeitsdefizite, leistungshemmende Motivationslagen, Lern- und Lebensprobleme von Kindern und Jugendlichen, die konträr liegen zu schulischen Verhaltenserwartungen. Dies hat häufig seine Ursache in belasteten Lebenswelten und vielfältig erfahrenen Beziehungsabbrüchen der Kinder und Jugendlichen.

Diese Problemstellungen des Unterrichts potenzieren sich in Schulen zur Erziehungshilfe. Die Lehrer an diesen Schulen klagen darüber, dass sie angesichts der Vielfältigkeiten und des Ausmaßes von Störungen des Unterrichts kaum noch Wissen vermitteln können. Die Probleme, die diese Kinder haben und machen, sind von der schulischen Normalpraxis so weit entfernt, dass sie in ihrem Rahmen nicht gelöst werden können. Nicht zuletzt spiegelt diese Situation die Folgeprobleme der an Leistung orientierten schulischen Selektionsfunktion wider. Das heißt, dass die Schüler dieser Schulform von höheren Bildungsgängen mehr oder weniger dauerhaft ausgeschlossen bleiben und für schulische Leistungsanstrengungen kaum noch zu motivieren sind. Angesichts der wachsenden Bedeutung von Bildungsentscheidungen für die zukünftigen Lebenschancen der Schüler haben die Schulen den Folgeprobleme ihrer Selektions- und Exklusionsoperationen immer weniger entgegen zu setzen.

Unter der Hand werden solche Schulen zu sozialpädagogischen Einrichtungen, die sie im Rahmen ihrer rechtlichen Verfasstheit gar nicht sein können, denn Unterricht ist die Kernaufgabe jeder Schule. Anderseits müssen diese Schulen aber sozialpädagogische Einrichtungen werden, um überhaupt noch einen Teil ihrer Vermittlungsfunktionen aufrecht erhalten zu können. In einer markanten Zuspitzung sehen wir dieses Problem in der Sekundarstufe der Schulen zur Erziehungshilfe.

Welche Aufgaben sollen und können Lehrer in Schulen zur Erziehungshilfe angesichts dieser Situation übernehmen? Vor einer inflationären Ausweitung von Ansprüchen an die Schule, die sich in der Öffentlichkeit – bei aller Kritik – großer Beliebtheit erfreut, ist zu warnen. Die Schulen können familiäre Nähe nicht ersetzen, sie sollen auch nicht zur Jugendkultur werden und sie sind keine Unternehmen. Helsper (2001) machte jüngst darauf aufmerksam, dass eine Schule, die ihre Aufgaben nicht begrenzt, zu einer Deprofessionalisierung der Lehrerschaft beiträgt. Grundsätzlich basiert Professionalität auf Spezialisierung:

Das heißt für jeden einzelnen Lehrer und für das Team einer Schule, sich mit der eigenen pädagogischen Praxis in einer neuen Form auseinander zu setzen.

Dazu gehört
- die Offenhaltung pädagogischer Situationen für Alternativen auf Schüler- und Lehrerseite,
- die Umformulierung pädagogischer Probleme in pädagogische Herausforderungen (es gibt keine Erziehung ohne Scheitern),
- eine weitgehendere Fallbezogenheit, die individuelle und lebensweltliche Problemlagen von Schülerinnen und Schülern berücksichtigen kann,
- verstärkte Kooperation mit anderen Disziplinen (z.B. der Sozialpädagogik)
- eine Intensivierung kollegialer (kollegiale reflexive Professionalität) und
- kontinuierliche professionelle Weiterentwicklung.

Dabei erfordert diese Offenheit pädagogischer Handlungssituationen gleichzeitig eine Rahmung durch Konzeptentwicklung, um strukturelle Überforderungen zu vermeiden.
Die Bewältigung immer schwieriger werdender Erziehungsprobleme ist aber nicht nur Aufgabe der Schulen und der professionellen Erzieher. Dies braucht gesellschaftliche Unterstützung und die soziale Anerkennung der Bedeutung von Bildung und Erziehung als Investition in die Zukunft einer Gesellschaft auch im Sinne einer sinnvollen Finanzierung. Auch die Hochschulen sind hier in der Pflicht, ihre Ausbildungsgänge der Lehrerbildung auf Praxistauglichkeit zu prüfen und sich durch die Entwicklung von Weiterbildungsangeboten zu profilieren.
Die Praxis der schulischen Erziehungshilfe ist durch erhebliche Theoriedefizite erschwert. Dieser Umstand war ein zentraler Impuls für die vorliegende Arbeit. Wir haben versucht, den Institutionen der schulischen Erziehungshilfe eine systematische und dem aktuellen Theoriestand entsprechende Zusammenfassung konzeptioneller Grundlagen ihrer Praxis vorzulegen. Es handelt sich dabei um Bausteine der schulischen Arbeit, die sich letztendlich in einem Schulhaus als Ort des Lebens und Lernens für Kinder mit Gefühls- und Verhaltensstörungen zusammenfügen sollen. Die Bausteinmetapher drückt aus, dass vielfältige Elemente ineinander greifen und aufeinander aufbauen müssen, damit ein Schulhaus entsteht, in dem sich die Schülerinnen und Schüler wohl fühlen können und sich als Individuen wahrgenommen und anerkannt erleben.
Dies ist die Basis engagierter Lernprozesse. Damit wird die Schule für viele Kinder zu einem „Zufluchtsort vor chaotischen Lernumwelten" (Werner 1996), an dem sich Vertrauen in die Welt, zu sich selbst und ein optimistischer Blick in die Zukunft entwickeln lässt. Von der alltäglichen Lebensqualität einer Schule sind auch die Lehrer betroffen. Die Schule, in die Kinder gerne gehen, ist auch eine Schule, in der sich die Lehrer wohl fühlen, gut zusammenarbeiten und Zufriedenheit mit ihrem Beruf entwickeln. Beim Bauen und Weiterbauen an einer solchen Schule wollten wir Ihnen mit dieser Schrift helfen. Wir hoffen, dass wir Ihre alltägliche Sicht der Dinge ein bisschen in Frage stellen, Sie zum Nachdenken anregen und neue Impulse geben können. In diesem Falle hätte dieses Buch sein Ziel erreicht.